谢彦君◎著

旅游体验研究

一种现象学的视角

中国旅游出版社

前　言

　　20 世纪的后 30 年，在西方旅游学术界，旅游体验研究开始逐渐成为旅游理论研究的重要领域，中国的旅游学术界在最近几年也逐渐呈现出对这一领域愈益关注的势头。本书就是在这样一种背景下展开的一次初步的理论尝试的结果。

　　国外目前的旅游体验研究，主要分散在对旅游体验的某些侧面进行，对旅游体验的整体性、展开式的研究还很不够。本书的研究，试图在构建旅游体验研究基本的理论框架的基础上，展开对各种相关现象的考察，探讨一些基本的问题。概括地说，本书的基本架构是：

　　首先，我们探讨了旅游体验研究的现象学基点：旅游现象世界的建构问题。本着从旅游体验的角度出发，我们将旅游现象从日常生活世界中剥离出来，从而构建了一个相对独立、可以对其展开旅游研究的领域——旅游世界以及构成旅游世界的各种体验情境范畴。

　　其次，我们为了理解旅游行为的意义，展开了对旅游内驱力的研究。在这种研究过程中，我们所采取的方法或所坚持的特色，是力求对传统的相关研究进行梳理。通过构建一个旅游行为的动力学模型，我们解决了长期以来旅游动机研究领域在概念范畴上的混乱，实现了对各种理论的适当归类和定位。我们的基本结论是：旅游的根本内驱力是匮缺补偿和自我实现；旅游的需要是对愉悦的追求；旅游动机是旅游需要的工具性实现，因此，它也是结构性的、具有指向性的；旅游行为是实现旅游需要的具体方式或手段，因此是极其多样化的。

　　再次，我们进一步讨论了旅游愉悦的形成过程。根据我们的研究，旅游愉悦的获得是一个十分复杂的心理过程和社会过程，这种愉悦既体现在情感范畴，也体现在认知范畴。因此，旅游愉悦是对人的情感和精神的双重回报。在探讨旅游体验的愉悦形式时，分类学上的努力最终使我们获得了一个得以在概念上审视旅游体验结构的机会。换言之，这一部分的研究结果，形成了对旅游体验目的和方式的更加精致化的知识。

再其次，我们探讨了影响旅游体验质量的三个主要的、备受争议的范畴：舞台化、本真性和商品化。在探讨这几个问题时，我们借助于拟剧理论，拓展了对旅游体验的认识空间和深度。由于将整个旅游体验过程置放到一个剧场模型当中，对旅游者体验行为的认识就非常自然地被梳理出来了。

最后，旅游体验的质量，实际上是旅游体验的根本性问题。如果仅有旅游体验的过程，而无法达到旅游体验的高质量，旅游者的心理感受就会扭曲于愉悦度这个其负极的一端。这对于旅游体验产品的生产者和消费者来说，是非常不利的事情。所以，旅游体验质量问题将旅游体验的所有理论和实践问题又重新予以整合，使我们原来出于认识旅游体验性质的目的而进行的分析，重新被旅游体验质量这个范畴的整体感给予综合，在最高和最终层次上回归到旅游体验研究在方法论上的现象学使命。

本书在形成研究结论的过程中，一贯是以体现现象学方法为原则的。

谢彦君

Preface

In the last 30 years in the 20th century, tourist experience study has emerged as an important and serious field of research in the western academic society. Contrastively, this topic has gained the gaze of scholars since the recent years in China, and the trend has showed a promising future so as to position the conception of tourist experience as the core concept of tourism study. This paper is devoted to explore some fundamentals of tourist experience study, and intentionally efforts have been made to the construction of theory in the field of tourist experience.

The main frame of this study is organized as the following:

Firstly, we discuss the phenomenological base for the study of tourist experience: the theoretical approaches of constructing the phenomenological world of tourist experience. The outcome of this theoretical effort is the model of tourist world that is a counterpart of the so-called life world or life space. Tourism world encompass a set of conceptions like tourist situations, tourist field, tourist settings, etc., which server as the important process of conceptualization for tourist experience studies.

Secondly, the study is devoted to probe the ladder of motives of tourist behaviors. We featured the study with a comprehensive and hierarchy model of tourist motives, which repositions the traditional paradigms of tourist motives that we critiques after a careful going through the literatures. Based on the established model, some important conclusions are reached relevant to the intrinsic motives of tourist behavior, tourist needs, and tourist motivations.

Thirdly, we make some efforts to probe the mechanism of pleasure resulted from the process of tourist experience. We see this mechanism as a complicated emotional and cognitive process that rewards tourists with the "tourist pleasure" in the emotional and mental sense. A new typology of tourist experience helps the author in probing the structure of tourist experience in detail, and contributes to the accumulation of real knowledge in the field of tourist experience study.

Fourthly, we include three conceptions that have been the most vexed areas in tourist studies: staged performance of tourist experience, authenticity of tourist quest, and commoditization of culture. In the whole discussion we base the hypothesis on the dramaturgic theory from Goffman, which expands and deepens our view to a great extent.

Finally but not least, the discussion is focused on quality of tourist experience. We view this conception as an important approach through which we could be consistent with the methodology of analysis and synthesis. The quest for a quality tourist experience is a key goal both for tourists and suppliers of experiential products. This fact reminds us to pay much more attention to the study of tourist experience.

We have tried to feature the study with the application of phenomenology through the research and conclusions.

Yanjun Xie

目 录
CONTENTS

第一章

导　言

一、为什么进行"旅游体验研究"

在 1995 年的时候,我着手筹划写一本关于旅游学的书(《基础旅游学》1999 年由中国旅游出版社出版)。当时,在可资参考的国内相关出版物寥寥无几,在仅有的几份国内旅游学术期刊上发表的旅游学文献,以及在其他相关刊物上发表的文章,不管是数量还是质量,都还有所局限,因为绝大部分是研究应用问题的,关于旅游学基础理论问题的研究成果非常少。所幸的是,在这之前的 1993—1994 年,我曾在英国 Bradford 大学做了一年的访问学者,这期间,我有机会涉猎大量旅游学文献。但可惜那时由于自己的无知,对这些文献可以说是囫囵吞枣,不知道取舍,辨别不出精华,因此,在那个时候,我对旅游体验这个课题还几乎一无所知,更谈不上兴趣。就在我回国一年之后想写这部书的时候,由于朝思暮想地去揣摩旅游现象的构成,突然强烈地意识到,在所有的纷繁复杂的旅游现象当中,如果抽掉了旅游体验(当时在国内确实是被所有人给抽掉了,或者说几乎没有人意识到它的存在,除了零星的心理学的认识和审美文献的提及之外),旅游现象(旅游者的需要、动机和行为,旅游产业存在的目的和形式,以及旅游教育的核心内容,等等)的大厦不是会自然坍塌吗?这种想法越来越强烈,于是,在 1999 年该书完稿付印的时候,我破天荒地将"旅游体验"纳入到旅游学研究领域,并给予它以最突出的学术地位。此后,随着研究的逐渐深入,我越发体会到,在旅游的整个现象世界,如果没有旅游体验,各种其他旅游相关活动就没有发生的理由,也不可能发生。传统上对旅游体验研究的漠视,无疑是学术研究在方向上的某种偏离。

正如米德尔顿在他非常畅销的著作《旅游营销学(第三版)》的序言中所说的那样,写书就像是走夜路,谁知道能走到哪里去?——他为他的那部书的受欢迎表示出一丝儿意外。而对于我来说,今天看来,我庆幸当时能"很盲目地"将旅游体验纳入到我的研究视野。在此后这几年的教学与科研工作中,我不仅没有后悔当初的这一"偶然"之举——其实它是基于科学直觉的某种顿悟,而且还在不断地发现这个领域所展示的广阔的研究空间和优雅的学术魅力。我开始认定，"旅游体验研究"将是整个旅游学研究最核心、最基本、最纯粹的学术宝藏，值得毕生去为之奋斗。就在这样一个意识状态中，我已经与这个论题结下不解之缘了。

2002 年，我利用到美国做访问学者的机会，着手将这个计划付诸实施。可是，就在我开始为这个专题做文献上的准备时，我惊讶地发现，我实际上还几乎是一个无知的门外汉，自己是贸然闯进了一个已经相当繁华热闹的学术街市：在西方世界，旅游学术界对旅游体验的关注已经至少有 30 年了，此后尽管有阶段性的式微，但在 20 世纪 90 年代，又明显地呈现一种快速上升的势头，而且这个态势到今天已经渐成潮流。这种情况，我相信在国内也已经蠢蠢欲动，虽然没有多少严肃的学术成果出现，但目前一定是在积极酝酿之中。据我所知，有一些学校，也已经在研究生教育当中，积极地将旅游体验研究纳入到培养框架，或者引导研究生们关注这个领域。所以，旅游体验研究，在我国，可谓正当其时。

概括起来，我对旅游体验研究的关注，建立在以下几方面思考的基础之上：

首先，我认为，旅游体验研究可以作为旅游学基础理论研究的内核。目前旅游学研究的迫切使命是要为它找到一个可以使其自立的理论内核，用这个内核来统驭整个旅游学术研究，整合旅游学科关系，推动旅游学科建设。① 直到今天，这种努力不仅在国内没有达成目的，在国外也没有。我曾经在以前的文章中表达过这样的观点：国外旅游学术成果在旅游学各个分支领域的积累已经相当丰富，而问题是，目前还没有一个集大成者，能寻找到最恰当的视角，将这些分隔的知识加以整合，因此，国外的旅游学科体系也照样没有建立起来。② 我国旅游教育 20 多年来所遭遇的连我们自己都不敢面对的教育质量低下的问题，在很大程度上可以溯源于学科体系上的不自立、不成熟。国内学者对此都有认识，大家也都在孜孜以求地寻找这个突破口。笔者个人认为，在目前阶段，旅游体验研究可以作为旅游学研究的主体部分，经过大家的努力，使其成为旅

---

① 陈愉秉：旅游成学，《旅游学刊》，2005（2）。

② 谢彦君：旅游与接待业研究：中国与国外的比较——兼论中国旅游学科的成熟度，《旅游学刊》，2003（5）。

游学术研究中的显学，从而起到统领旅游学科体系的作用。

其次，旅游体验研究是最能够体现旅游学作为一个跨学科的体系架构的研究视角。在旅游学术界内部，现在已经很少有人会否认，旅游学是一门跨学科。按照皮亚杰的说法，跨学科具有学科超越特征，是在一种有效的视角统辖之下的学科有机整合，它不能容忍学科内部的知识体系之间处在一盘散沙的状态，甚至也不满足于那种多学科研究的被动的学科关联方式。所以，在学科融合、分解如此频繁和常见的今天，要想对一些学科进行整合，没有一个恰当的、有效的研究视角，恐怕很难做到这一点。长期以来旅游学研究就处在多学科（包括地理学、文化学、经济学、心理学、管理学、环境科学、生态学、伦理学、人类学和美学等）各自为战的研究状态之下，没有一个视角能够统领各个学科，而一旦这些学科呈现各自为战的局面，旅游学科内部的科学沟通就成了问题，更不用说在整个科学界会造成旅游学研究的小儿科局面。旅游体验具备这种视角的潜质是因为，尽管旅游体验已经变成一个相当纯粹的范畴，但它依然是旅游学传统各学科借以表现的重要学术平台，因为很显然，不仅从旅游体验外部关联来看，对它的研究不是单一学科所能胜任，而且从其内部来看，也有各个学科施展的空间。这样，旅游体验这个单纯范畴似乎就具备了两种品质：其单纯性使其可以作为一个理论的内核，其丰富性以及可拓展性又赋予它可以作为统驭一个跨学科的视角的潜质。它的地位，由此而一点点得以彰显出来。

再次，从旅游的理论研究的角度，我感到旅游体验研究是一个富矿，有广泛探索的空间，有可以深入发掘的魅力。在学术研究过程中，一个学者在为自己确定研究方向时，并非都是很幸运的。有时，错误地踏进了一个没有研究前景的学术领域（我的老师卢昌崇先生在谈及这个问题时非常精辟地将这种命运比喻成抓住了一根老鼠尾巴），可能会葬送自己一生的学术前途，因为他不得不到处打洞，到处挖坑，而又不得不浅尝辄止。在旅游学研究过程中，我注意到有很多这样的老鼠尾巴，包括一些迎时应景的研究（我把诸如加入 WTO、假日经济、分时度假、"旅游房地产"等均归入此类，当然前提是针对那些并没有打算在这些领域好好干一辈子的人而言的），这些领域其实耽误了不少优秀的学者。但是，通过对旅游体验的初步研究，我感受到了它所拥有的巨大空间。对它的研究，使我们有机会动用一些非常成熟的学科的知识，来深入地、独特地探讨旅游现象。这是一个可以容纳一大批人来共同投身去做的领域。

最后，就目前我国旅游学研究状况来看，我认为展开旅游体验研究可能是当前解决旅游研究理论空洞化的最有效的途径。在一定程度上，我们不能否认的一个事实（最起码在我国的旅游教育领域）恐怕是：旅游学研究是一个没有理论的领域。有的人会对此不以为然甚或以此为满足，但当我们意识到这个学科被纳入到高等教育阵营的时候，这样的状态是不能长期持续下去的。试想，一个没有理论的学科能教给学生什么？当我们听到自己的毕业生纷纷说在他们的四年大学生涯中什么像样的知识都没有学到时，难道我们还能无动于衷吗？果真如此，作为一个教育工作者，一个科学研究人员，就等于近乎麻木状态了。目前旅游学术界都普遍有了危机感，但却苦于找不到理论研究的有效切入点。在这种情况下，根据个人的初步体会，我把希望寄托在旅游体验研究上。我感觉，由于它自身的资质使然，旅游体验研究或许可以成为解决这个问题的最有效的途径。

正是基于这些考虑，我选择了"旅游体验研究"这个课题。但实际上，现在所做的工作还非常有限，目前所完成的这些工作，多为对前人成果的一种梳理，或者是在这种梳理过程中受前人的启发而得到的一些未经验证的理论判断。所以说，这个成果的形成过程如果说是一次创新的过程，毋宁说是一个学习、体会并企图将心得昭示他人以唤起对这个领域予以注意的一番努力。这样一个过程所形成的东西，或许可作为一块砖头，聊可供人们借以投石问路。

二、为什么选择"现象学视角"

本人对现象学方法的关注，在 10 年前构思《基础旅游学》一书的时候就已经开始了。此后，在我讲授"旅游研究方法"这门课程时，又经常性地考虑这个问题。但是，真正谈得上对这种方法在旅游研究中的价值有了比较深刻的理解，或者说，能够坚定地将这种方法看作旅游体验研究的基本方法，主要还是因为一次旅游研究实践。

2004 年 10 月到 2005 年 8 月，我主持了一个由大连市政府下达的旅游研究课题：大连市旅游资源详查、分类与评价。这个课题的基本工作框架建立在国家旅游局于 2003 年颁布的《旅游资源分类、调查与评价标准》（以下简称《国标》）的基础上。为了摸清大连旅游资源的家底，我们遵从国家标准，开始了艰难的旅游资源普查、分类和评价工作。说这个过程艰难，不是指野外作业的辛苦，不是指案头工作的枯燥和乏味，甚至也不是指这样的工作是如何限制了我们的创造力展示。这个艰难的过程来自于对《国标》执行的困难。在整个普查过程中，我们产生了很多无法破解的疑惑。其中最突出的问题有：将旅游资源"分析"为资源单体的科学依据到底是什么？将旅游商品纳入旅游资源的范畴是否科学？《国标》中的旅游资源分类为什么如此不周延、不完备、不互斥，甚至如此错位？《国标》中的旅游资源评价权数和标准的确定有什么依据？什么样的旅游对象物才能算作旅游资源单体，什么样的不算？作为《国标》，依据它所得到的旅游资源普查结果在全国进行横向比较的可能性有多大？旅游资源单体"科学"描述的意义到底有多大？换言之，有关旅游资源单体描述中强调的所谓的"科学语言"能否真正代替"旅游语言"？等等。这些在《国标》中暴露出来的问题，使几乎所有曾经开展过旅游资源普查的地区都陷入了工作困境。①

　　在面临如此多的困惑的过程当中，我开始思考旅游研究的方法论问题。在中国的学术界，自从改革开放之后，我们开始了一个近乎补课性质的科学研究方法的探索过程。在这个过程当中，难以避免的一种现象就是对西方科学哲学思想的一种借鉴甚至模仿，一种功利性的"拿来主义"意识如影随形地左右着一些研究人员的科学研究实践。由于几十年的相对封闭，所以在学术开放刚刚开始的时候，国内学者首先能够借鉴到的，自然是主流的西方科学研究思想，主流的研究方法。所谓主流，在近代西方社会，无疑是科学实证的思想。因此，我们就看到，从 20 世纪 80 年代起，中国的自然科学和社会科学，都陆续开始用这种科学实证的方法来推动中国的学术研究。客观地说，这种方法也确实推动了中国的科学研究的再度昌明和崛起。

---

　　① 我们在全国旅游资源普查工作的示范省份河南的取经过程中，从他们那里听到了一个惊人的结论：对《国标》的解释权，大如天！试想，一种国家公布的技术标准，竟然容许或不得不默许各种随意性的解释，只能从反面说明这种标准的科学性是值得怀疑的。

　　然而，随着研究主题的深入，随着研究领域的扩展，人们也逐渐发现，单一的实证分析方法，并不能解决所有的学术问题。甚至可以说，这种方法所能解决的学术问题还相当有限。面对人类社会当中的一些意识形态领域的问题，面对人的心理，实证分析方法的应用有时会受到更多的限制。这一点，在本次旅游资源普查实践中都以各种操作层面的问题一一暴露出来。换言之，《国标》在哲学层面存在着方法论上的问题：正是由于方法论的偏差，才导致了标准在实践层面的困境偏差。具体体现在：

　　首先，我们发现，在探讨类似旅游体验这样的问题时，所谓的"科学实证"的方法实际上像是一把锤子，它毫不迟疑地将作为意识整体的旅游体验敲打成碎片化的单体。科学实证方法可以追溯到弗朗西斯·培根的功利主义科学世界观和归纳法。这种方法在反对经院哲学、推动自然科学的发展方面，具有不可否认的历史意义。但是孔德将这种方法纳入到社会研究之后，随之而来的问题便是对人类理性的某种践踏。当前的《国标》在根本（一般）方法论层面，坚持的基本就是这种实证主义。但是，它在迷信"实证分析"而将旅游的对象物过度细化为所谓的"单体"的同时，却没有注意到，这种哲学取向已经像一把锤子一样，把旅游者的旅游体验的整体敲打成了碎片。

　　其次，至今仍风靡全球的"定量分析"方法有时可能是个骗子，或者近乎一种智者的数字游戏。定量分析是科学实证的嫡生子。本人在长达20年的统计学教学过程中也曾非常迷恋定量分析方法。然而，《国标》在操作层面所遭遇的问题，使我第一次警醒地意识到，多元统计分析方法、定量的赋值和加权努力，在面对意识问题、心理体验问题时，会显得十分幼稚，因为旅游者的需要通常难以用数量尺度加以测度。

　　再次，所谓的"国家标准"有时或许是一种梦想：旅游资源明显地是区位相对优势的产物，要在全国范围内进行比较是不大可能的，也没有多少必要。而既然是国家标准，其结果就应该在全国范围内有可比性。但是，我们发现，那棵生长在少林寺的古银杏树，没有被河南列入旅游资源单体。而在大连，我们踏破铁鞋，四处寻找这样的古木，却始终找不到。而如果真的幸运地发现了，《国标》会允许我们把它列为至少三级单体！这种十分矛盾的结论，暴露了《国标》所存在的问题，同时也向那些多少有些标准崇拜的人提出了警示。

最后，对旅游资源价值的评价，《国标》所采用的方法也存在着严重的问题:《国标》将旅游资源的价值硬性分裂成并列的几个方面或维度，显然是不合适的。我们曾经按照《国标》的定量评价方法对"黄果树瀑布"这个中国最著名的自然景观之一进行打分评价，结果，由于它完全缺少"历史文化"价值而得分很低——甚至不如二流的复合型旅游资源单体。其实，只要根据常识来判断，就不难得出这样的结论:并非每一种旅游资源都必须同时具备所谓的观赏价值、科学考察价值、历史文化价值等。对于旅游者来说，他们更关心的是，只要有一种价值非常突出，就足以吸引他们前来旅游。而这种价值在本质属性上，完全不同于各个相关领域的科学工作者视野中的那种学术考究价值，而是一种表现为可以带给普通旅游者心理愉悦的、被重新整合了的价值范畴。因此，笔者认为，在衡量旅游资源的价值的时候，就可能只有一个主导的维度——可能就是一个观赏价值，其他价值都依附于这个根本维度。只有这样，才能解释人们为什么还会前往某些只有单一价值的地方旅游的事实。

《国标》在操作层面的这种失败，其实是个哲学问题，是一个涉及本体论、认识论和方法论的问题。在这方面，我们可能过于笃信科学实证方法对一切自然和社会人文现象的普适性。而现象学大师胡塞尔在 20 世纪初期就已经很清晰地看到了欧洲社会在哲学和科学领域所存在的这种危机。胡塞尔对"人之此在"的关注，最终通过追问"意义"何以可能而把我们所面临的问题归结为相对于生活经验的生活形式（意向结构），从而在认识论上给主体性的回归留下了一片天空。由此我们体会到的一个十分重要的结论是，任何时间性的存在，只是经验世界的自我生活形式，在客观时间中的对象，只有作为意向的相关项的内涵才能被主体体验到。

在胡塞尔的现象学那里，除了这种对意向性的正视之外，还包括对现象本身（实事）的尊重，即强调本质直观的重要性。在胡塞尔的思想中，一个基本的信念就是，只有通过向直观的原本源泉以及在此源泉中汲取的本质洞察的回复，哲学的伟大传统才能根据概念和问题而得到运用，只有通过这一途径，概念才能得到直观的澄清，问题才能在直观的基础上得到新的提出，尔后才能得到原则上的解决。于是，胡塞尔的现象学呈现出两个明显的特征:其一，它排斥中介的因素，把直观的把握或这个意义上的直观看作一切知识的来源和检验一切知识的最终标准；其二，现象学在经验的事实的基础上要求通过直观来获取本质洞察，即获得对本质因素以及在它们之间的本质关系的把握。这样一种哲学方法，在面对人类生活经验、心理体验、意识形态等问题时，很容易就表现出其不同寻常的适用性。这种哲学方法已经有别于简化主义或思维经济原则（该原则推崇分析主义的实证方法），而是坚持认为，要想真正认知，所需要的是宽宏的精神，而不是经济的精神；是尊重而不是征服；是透镜而不是锤子。由此使我们想到，在《国标》中所表现出来的过度分析的倾向——将旅游资源"分析"为单体、将单体的价值"分析"为各种不同价值的物理组合——其实是错误的，甚至也不符合为很多实证主义者所非常推崇的奥卡姆剃刀原则（即实体不应该增加得超过必需的程度）。因为就这个禁令本身而言，其实也并不赞成对材料进行极端的简化。现象学更反对在奥卡姆剃刀的名义下无原则地缩小经验范围的做法。

三、本文所关注的几个基本问题

旅游体验研究在国内还是一个比较新的课题，前人在这方面的探讨比较有限，关于旅游体验的诸多基础理论性的范畴和命题，都还没有人涉猎。在这种情况下，笔者的探索就需要在这些方面做一番努力。在本文的写作过程中，笔者力图对以下这几个问题展开探讨：

（一）旅游体验研究框架问题

作为国内第一项以旅游体验为题所进行的比较大型的专门研究，或许我所提出的旅游体验研究的框架有可能会对后人产生一些影响。在这种情况下，自己便努力思考、谨慎处理有关旅游体验研究框架的问题。我不希望我的研究最终告诉人们这是一个已经完结的领域，因为它事实上也不是。为了达到这样一个目的，我必须向人们展示一个相对宏大的研究框架。于是，这种框架性展示成了我努力要表达的一个特色，同时，它也允许我不在所有问题上全面展开，我把文字用于充分阐释每一个浮现出来的问题，不管这个问题是框架本身的问题，还是框架所包容的诸多范畴的问题。前者的努力要使旅游体验研究的理论框架确立起来，后者的努力是希望唤起人们对旅游体验研究的兴趣，因为我发现，这是一个让你既可以实施深度观察又可以施展细腻情感的学术领域。

建立在这种准备的基础上，我在旅游体验研究框架上所做的努力体现在这样一个结构性的安排上：

首先，从现象学的视角，有层次地构建起有关旅游体验的各种相关范畴。这些范畴既是旅游体验现象多角度、多层面特征的自我描述工具，也是从事旅游体验研究必须仰赖的概念化手段。为此，在本书的第二章，用了全部篇幅讨论了：如何把以旅游体验为内核的旅游现象从日常生活中剥离出来？我们努力的结果是塑造了一个"旅游世界"，它于是便与"生活世界"相对，并包容着诸多的"旅游情境"。这个独特的旅游世界的构建，为展开更为深入细腻的后续旅游体验研究搭建了一个非常宽敞的平台，一切后续努力都有了施展空间。

其次，在整个文章的写作、组织以及观点的构建方面，我们都努力建立在现象学的基础上。现象学是研究意识问题的，并且强调整体意识，强调主观体验的不可分析性，强调洞察行动的动机对理解行动的真实意义的重要性。因此，为了使我们对所有旅游体验行为层面的问题的认识符合这种现象学观点，我们在构建了基本的旅游世界之后，从奠定理解行动意义的基础的角度，展开了对旅游动机和行为的考察。在这里，最突出的努力是梳理旅游内驱力研究领域中国内外纷繁复杂的学术观点。通过构建自己的理论模型，终于为这些不甚调和的各种理论找到了适当的位置。

再次，建立在动机理论基础上、运用心理学的其他理论以及其他学科的理论，对旅游体验的价值进行了更深层次的考察，由此解决的问题包括：回答了旅游体验行为对社会个体情感和精神世界的双重价值；详细分析了旅游体验的类型，这些类型既可以作为目的，也可以作为手段，但在最终意义上，它们应该统一在旅游体验的目的是为了追求愉悦。应该说，这一部分的分析旨在丰富旅游体验研究的内容，增进深度，拓展广度，使相关知识更加精致化。

再其次，把旅游体验过程中出现的特殊的问题提了出来：旅游体验的舞台化、本真性和商品化。对这三个领域人们是有争议的，而它们实际上有密切联系。从旅游体验过程的角度来说，这都是影响旅游体验质量的方面。由于这三个领域的研究在国内还没有多少人涉足，因此，这部分内容也带有探讨的成分。

最后，对于旅游者来说，旅游体验总是归结为一件事，就是在情感上满意与否，快乐与否。快乐、满意这种以个人主观评价为主的现象，最适合现象学的研究方法。所以，这一章在内容上是旅游体验研究的终结，而在方法上，则是现象学研究方法在本文中借助体验质量这样一个整体概念而得到回归：我们从构建旅游世界这样的现象学手法开始，现在又从整体地衡量旅游体验质量这样的现象学哲学回归，于是，我们似乎完成了一次学术旅行，由此也完成了笔者自己所尝试的旅游体验研究框架的构造。

（二）旅游体验研究内容问题

旅游体验研究在主体上是对旅游者心理进行的研究。由于旅游目的的规定性，旅游体验这个心理问题突出地展现在情感层面，以愉悦的程度最终反映着旅游体验的质量。这是一个总体的思路。要想把这个思路有效地展示出来，并解决与这个思路相关的所有问题，旅游体验研究还需要落实到一些具体内容上。作为一次初步的探索，笔者认为，旅游体验所涵盖的研究内容主要包括以下几个大的方面。需要说明的是，在本文对这些研究内容的探索过程中，具体的组织方式并没有严格地按照下面的布局，其理由是，一方面，为了文章自身行文表达的方便；另一方面，笔者也知道，一部著作，不可能解决旅游体验的所有问题。这样，必然是作者采取更为自由的形式来组织自己的研究成果。

第一，旅游体验范畴的提出和界定问题。这是一个理论体系在其生成和发展当中必须要做的工作，本书作为草创之作，在这方面做了一些尝试，也留下了大量的问题或对问题的质询空间。本书提出的诸如生活世界、旅游世界、旅游情境（旅游氛围情境、旅游行为情境）、旅游场、旅游愉悦、旅游体验的舞台化模型、旅游表演等范畴，在一定程度上构成了本书特色的一个方面。

第二，旅游体验的动机、行为和意义问题。这是一系列相互关联的问题，也是从现象学的角度把握旅游体验研究方向时需要着力关注和体现的问题。为了获得对行为意义的理解，一定要洞察行为的动机。在这个很大的问题域当中，能够展开的研究方式是多种多样的，可以运用的研究类型也是可以彼此兼顾或遥相呼应的，既可以从事纯基础理论研究，也可以进行应用研究。

第三，旅游体验过程中的主客互动问题。一直以来，人们都把旅游现象视为一种由东道主社会的主人和外部社会而来的客人彼此互动所产生的现象。现在，从旅游体验的角度来看待这个问题，这种主客关系依然存在，而且以更为积极的方式建构着，因此也就依然构成了一个重要的问题域。

第四，旅游体验过程中愉悦的生成机制和表现形式的问题。获得愉悦是旅游体验的目的，获得接近"酒神""高峰体验"或"畅爽"的愉悦是旅游体验者的终极幸福。而这种愉悦的产生是怎样一种过程、一种方式、一种途径、一种结构？这些问题显然是重要的。对于这些问题的研究，将使我们对旅游体验的目的能够从情感—精神—情感这样一个轴线展开再回归，从而既丰富我们的认识，又统一我们的认识。

第五，旅游体验的外部效应问题。旅游体验虽然发生在旅游世界，但毕竟旅游世界是宏观的因此也是关涉甚广的，而且，旅游世界毕竟是一个暂时的世界。这样一种性质，使旅游体验的外部效应会变得复杂，而且也显得重要。这个领域会积累大量的问题需要研究。在这些问题当中，其大者会凸现为国家政策应该予以关注的问题，其小者会成为润滑或阻塞旅游利益关系的建立、发展、维持和互动的问题。

第六，旅游体验质量也是一个问题。这个问题常常以非常实用的课题形式摆在旅游体验各种利益相关者面前，因此，就这个问题的研究，不仅有纯粹理论上的思辨的空间，而且，还主要体现在对它的操作层面的解读。在这种情况下，自然也构成了值得关注的一个问题空间。

（三）旅游体验研究方法问题

对于旅游体验研究的方法，目前还很难做出方法论上的系统评价。正是由于旅游体验研究作为一种刚刚兴起的重要的学术领域，因此方法的积累并不充分。在这项研究中，我体会到了方法的重要性，同时，也意识到旅游体验研究方法存在着层次上的区分。

从一般方法论的角度，旅游体验研究可以启用的研究方法存在于社会科学领域当中的几个重要学科里边，其中包括现象学、民族学、社会学、心理学、历史学、拟剧理论和符号互动理论。这些学科在提供方法论贡献方面，突出的一点是，这些方法能够对旅游体验进行"深描"，并且尽可能少地割裂现象的关系。

从具体研究方法来看，旅游体验研究最倚重的，应该是田野工作的方法。我相信，旅游体验研究领域的纯粹的、精致化的知识积累，一定依赖于来自对旅游体验进行田野调查所得到的学术成果的积累。只有我们深入到旅游者的体验情境中去，我们才能认识这种（而不是那种）体验，理解这种体验，并描述、揭示这种体验。

当然，在具体的研究方法层面，可资利用的旅游体验研究方法很多，既有定性的，也有定量的，还有二者特别结合的。由于旅游乃至旅游体验的跨学科性质，这种可以移植来的具体研究方法就不胜枚举了。

第二章

现象世界的旅游体验：
基本范畴的建构

　　我们为什么要把旅游体验作为研究的对象呢？是否真的存在一个相对独立的被叫作旅游体验的领域，值得我们去研究呢？如果是在 10 年前，这个问题还不好回答，或者说，还没有确切的把握来回答这个问题。但今天，我们已经完全可以给出肯定的答案了。

　　如果我们回味一下自己的亲身经历，就会发现，我们都曾有过这样的经验：

　　当我们决定去旅游的时候，我们的生活便发生了一些微妙的变化（或者说，这样的变化只发生在我们决定去旅游的时候），比如，出行的头一天甚至头几天，我们的心态、我们的行为都被笼罩在某种兴奋之中。

　　当我们开始出游的时候，我们的意念或态度也开始不同寻常地处在某种张力之下，从而变得更加敏感、热情、积极而投入，同时，我们也仿佛在思想上戴上了一副旅游眼镜，移情地关注着我们平时并不留意的一些东西。比如，刚刚上路，我们就发现，今天所路过的那条平时天天要经过的街道（包括屋宇、行道树、来往的行人）以及照耀着这街道的阳光或月色，竟然有了新的意味和色彩——我们任由目光在车窗外漂移，竟然发现了一些平时熟视无睹的事物。

　　当我们在目的地流连的时候，我们自然会用一些新鲜的经验填充每一天——这本就是旅游的魅力所在，但我们也不排斥用我们熟悉的方式度过这段时光中的一部分，而其价值或意义，却已经不同于我们在常规环境中所为的价值或意义：这些活动由于处在一个新的环境而获得了全新的解释，具有新的意义或价值。

　　而当我们返回故里，重新开始常规的生活和工作的时候，旅游的经验就像橄榄的余味，伴随着轻松的步伐不断唤起我们回忆的情感。这样一个不完全闭合的或者说是螺旋状的循环，构筑了一个以个人经验为主导的时空框架。它是有特点的、有意义的，对我们个人和对社会他人也是重要的（而且越来越重要），所以，一点点地，这个时空框架被纳入到我们的研究视野当中，成为徜徉学术思想的佳境。

　　对于旅游，根据常识，我们都已经建立了一些最基本的概念性的认知，其中包括：尽管旅游者出行的具体目的可能不同（我们稍后会明确，在最概要的层次上，我们将要谈论的所有旅游者的目的都是为了寻求愉悦），但有一点是相同的，旅游者总是到异地去，并且之后还会回来；旅游者花掉的不仅有金钱，更重要的，还要花掉一整块的时间，而这个时间与平时的工作时间不一样，我们称之为余暇。由于这几个非常明显的特征，就可能会使旅游者在旅游过程中所表现的行为及其意义大异于日常生活环境。而恰恰是这种可能性，成了我们今天要深入探讨旅游体验的根本性的学术动力所在。

为了使这种探讨建立在牢靠的逻辑框架的基础上，首先我们就需要面对这样一个问题：将旅游现象与日常生活现象做某种区隔，以便凸显旅游的特征，使我们得以揭露旅游、旅游体验的规律。我想，目前我们可以做的一件事情，就是先建立几个基本概念：生活世界、旅游世界、旅游情境和旅游体验。

我们把生活世界理解成旅游者日常所居的世界。它包含了构成旅游者日常生活的所有事件的总和，但唯独不包含（或充其量仅仅局部地包含或重叠于）旅游世界的事件。因为在这里，我们不得不先行假定，旅游是不同于日常生活的一种经验过程。尽管我们知道，在一个人的生活世界当中，在个体所经验的各种事件当中，比旅游更具有"异常"性质的事件可能（或肯定）还有，但由于它们已经不是我们所关注的对象，因此，我们有理由把它们统合到其他更为主流的日常事件当中，并且可以忽略其独特的意义。这样一种处理，使我们得到一个常规性的生活世界的概念，它由日常的工作、学习、生活和一些偶然事件所构成，这些事件的集合可能形成对人的情感的影响，比如无聊、厌恶、羞愧、挫折和悲哀等，在很大程度上可能构成了旅游的动力。

由此，我们可以推知，旅游世界将是不同于日常生活世界的一个崭新世界。从表面上看，它在两个维度上展示了一种与日常生活世界存在某种张力关系的对立：首先，在空间上，旅游世界总是生活世界的一种暂时的隔离，先是离开它，然后再回归它；在这个背离和回归的过程中，旅游者发生了变化。其次，在时间上，旅游者在异地所度过的时间，相对于（日常）生活世界所拥有的完整（甚至圆满）的时间而言，将是永久性的逸出或漏损。如果人的全部生存意义由（日常）生活世界所给定的话，这就更是一种完全意义上的逸出或漏损。幸好，现实不是这样。人们不把旅游看作纯粹的消磨时间（killing time），而是借助旅游发现意义。这样，漏出于生活世界的这段时间，就具有了本体的和发现的意义。

这种本体的证明和发现的实现，借助的是旅游体验的过程。旅游体验既是一个心理过程，也是一个物理过程；既是一个时间现象，也是一个空间现象；既是一个个体行为，也是一个社会行为。旅游体验发生在旅游世界当中，因此它以旅游世界的边界为边界。而就其自身而言，它在经过一个物理的时间和空间变换之后，为体验主体带来的是心理上的变化。这种变化在某种程度上和某些方面，是预先期望的；但在某种程度上和某些方面，又可能是意外的获得。但不管怎样，在旅游体验过程中，旅游者个体都是一直在整体地把握着这个体验过程，其途径主要是通过努力实现事先建立起来的期望，或者通过积极调整体验过程而迎合原有期望最基本层面的要求，抑或是通过积极地营造并串联各个典型旅游行为发生的情境，最终实现旅游的目的。因此，在这个过程中，旅游者的主观能动性表现得十分突出，他也绝不会以物理的目光将旅游体验的客体肢解成破碎的断片，因为那不是旅游的目的所在，也不是旅游的意义所在。

在这个基本点上，旅游体验过程就是一个有一定自组织能力的连续系统。它将由一个个富有特色和专门意义的情境串联组合而成，旅游者的行为取向，在极大程度上受这些情境的影响，因此，要预测旅游者的行为，也就必然要先了解旅游者所处的具体情境。

根据这样一个思路，我们将生活世界、旅游世界、旅游体验、旅游情境这些基本范畴统一起来，构建一个可以解释旅游世界内部过程和结构的相互关联的话语体系。它们彼此之间的关系，可以用图形加以表示，见图 2-1。

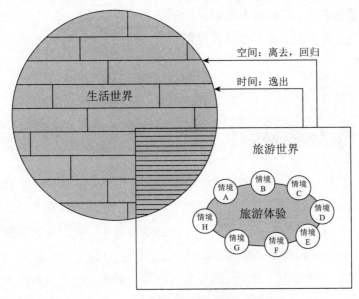

图 2-1　生活世界与旅游世界及其关系

本章的以下部分，我们将更深入地对这些范畴进行探讨。正如前面所说，旅游者不会将旅游体验的客体简单地看作物理的堆砌或组合，而是会将所有的对象统辖在主观情感的范畴当中去体验并评价。如果这是事实，那么，对这些范畴的研究，就同时意味着是对某种新的研究方法的探讨，这种方法停留在"现象"层面，既不会过度分析，也不会过度综合。在作者看来，这种方法在渊源上，就是现象学的方法。而事实上，在现象学那里，在胡塞尔那里，就曾经提出了"生活世界"的概念，正是这个概念，在以后得到了很多人的追随和发展，并启发人们提出了一系列其他相关概念。

但是，我们这里所提出的生活世界，从含义上看，应该稍微有别于胡塞尔以及他之后一些人的"生活世界"的含义。因为，我们这里的生活世界主要还是一种日常生活世界，一种被刻意区别于旅游世界的日常生活世界，而胡塞尔等人的生活世界，是人生全部事件的总和。因此，按理说，也应该包括旅游者所体验到的事件。但是，这里不必放弃我们的立场，因为我们所提出的这个"旅游世界"与"日常生活世界"的划分和相对，在本质上并不背离现象学的精神，因为现象学的主旨在于强调主观能动性所构建的意义的完整性，并不排斥对现象进行适当的分类。另外，下面有关对"生活世界"的讨论，还有一层目的，那就是在于导引出对旅游世界进行研究的现象学方法。不过，在以后的章节中，我们再提到生活世界这个概念时，主要指的是相对于旅游世界的"日常生活世界"。

一、生活世界中的自然态度与主体间性

从我们行事的方向和规则来看，我们的日常生活是依从于一个社会网络关系的种种制度性的约束而展开的，即使个别人的个别行动可能有与这种约束相歧异之处，但最终也挣脱不了文明所塑造的基本樊篱。我们每天的有目的的生活，构造了一个我们并不了解其目的的生活世界。在这个生活世界当中，人类自身经受着由文明的外界和自然的外界所施与的影响，也体验着作为主体的自我所遭遇的磨难和焦虑。人被包裹在一个情绪场当中，经受着快乐的洗礼和焦

虑的煎熬。

提出生活世界这样的概念，或者说，将生活世界直接作为研究对象，就其意义而言，来自于现象学的世界观。胡塞尔断言，生活世界将会产生出一种研究行动中的意向性的特别明显的线索。为了发现生活世界及其结构，某种特殊的初步的还原，对于科学的悬搁，是不可缺少的。[①]这种还原一定会把我们从生活世界的结构带回到隐蔽的意向性功能，然后，这些功能的发现就是我们能够去追寻生活世界所特有的特征和以它们为基础的其他客观性的构成。

胡塞尔在界定生活世界（lebenswelt）的时候，把生活世界等同于"生动的经验世界"[②]，认为生活世界不同于日常生活。生活世界是一个无目的的结构，而日常生活却离不开目的的驱使。我们任何的实践世界都不同于生活世界，它们一方面以无目的性的生活世界为前提和基础，另一方面又参与构成了这个生活世界。由此，胡塞尔得出了生活世界具有超验性的结论。[③]在图 2-1 中，我们用圆形和砖块图案，分别表达了生活世界的无目的性和结构性。

显然，这个生活世界不是客观科学或宇宙论意义上的世界，这是作为生活着的主体从其特殊的观点（不管怎样被歪曲）所体验到的世界，因此显然是主观的和相对的世界。对于研究者来说，很重要的一点，是要把这种生活世界看作一种定向的世界，它的中心是有人称代词标志的体验着的"自我"。世界是围绕着自我这个"极"并按照诸如"近的"和"远的"，"家乡"和"异国"这样一些特殊的形式构成的。它的空间的参照框架被体验为固定不变的，而这与哥白尼宇宙的科学构想是相反的。[④]

胡塞尔的这个生活世界的构想鼓舞了很多后来者在这个基础上对生活现象进行观察和研究。现象学社会学的代表人物舒茨在使用胡塞尔的"生活世界"时，仍然认为生活世界作为一个文化世界，是日常人们所作所为的基础，但他

[①]　还原和悬隔都是胡塞尔现象学中的重要概念。悬隔是还原的否定性含义。胡塞尔在《逻辑研究》中首次提到了还原这个概念，从否定的意义上说，它是对一切与超越物（即不是内在所予之物）有关的判断的悬隔。参阅泰奥多·德布尔：《胡塞尔思想的发展》，北京：三联书店，1995：第 301 页。

[②]　或者可以直接叫作"体验世界"，因为英文 experiential 的含义同时就是"体验的"。

[③]　赫伯特·施皮格伯格：《现象学运动》，北京：商务印书馆，1995。

[④]　赫伯特·施皮格伯格：《现象学运动》，北京：商务印书馆，1995：第 216-217 页。

放弃了生活世界的超验性这一观念。因此，舒茨认为生活世界是"包含人所牵连的种种日常事务的总和"。[①] 在舒茨对生活世界的分析中，生活世界是与自然态度和主体间性两个概念紧密联系在一起的。他认为，处于生活世界中的人，其基本特点就是自然态度。自然态度的存在，使人们认为生活世界是不言自明的现实，所以，抱有自然态度的普通人会想当然地接受生活世界。对于普通人来说，生活世界是毋庸置疑的，甚至许多时候是不可置疑的，它从未成为一个"问题"，引起普通人的注意；相反，普通人的任何社会行动，对世俗"问题"的任何考虑，却都是以这个不言自明的生活世界为前提的。正是在这个意义上，舒茨指出，人们的自然态度使生活世界这个"'我们的'世界"变成了"我们的'世界'"。生活世界经过我们的行动有所构成之后，逐步外化成为相对于我们而存在的一个世界，普通人的行动再转而以这种生活世界为基础。

普通人的社会行动之所以会以生活世界为基础，是因为社会行动就意味着和他人打交道，而生活世界正是我与他人的任何社会交往的前提。在日常生活中，尽管每个人在空间和时间上都占据了独一无二的位置，从而具有时间上和空间上的独特视角，但生活世界却使我们相信，不同的视角是可以互换的。我可以设身处地地站在你的立场上考虑问题，因为在社会世界中，根本的公理就是他人和我一样：我们每个人都在这同一个世界中出生，都在父母和其他成人的教导下由儿童成长为正式社会成员，都学习一种语言，都与同伴进行各种交往。正因为如此，我们关于这个世界的日常知识也就具有了"主体间性"，即社会成员对这个世界有着同样的认识，我们常常可以推膝及人地去思考问题。

在这里，使我们不禁想到《庄子·秋水》中的一则故事：

庄子与惠子游于濠梁之上。庄子曰："儵鱼出游从容，是鱼之乐也。"

惠子曰："子非鱼，安知鱼之乐？"

庄子曰："子非我，安知我不知鱼之乐？"

惠子曰："我非子，故不知之；子固非鱼也，子之不知鱼之乐，全矣。"

庄子曰："请循其本。子曰：'汝安知鱼之乐'云者，既已知吾知之而问我。我知之濠上也。"

---

① 那坦森：《现象学宗师：胡塞尔》，台北：允晨出版公司，1982：第159页。

　　文中惠子与庄子的对话，可以用舒茨的主体间性来加以考察，尽管表面上看其意义可能正好相反。首先，惠子的疑问带有对自然的求知心态，这是在人类发展史当中一直弥漫的一种倾向，通常这种设问是有道理的。而庄子的回答显然在狡辩。如果用舒茨的标准来衡量，他等于否认了他和惠子都生活在一个共同的"生活世界"这个事实，否认了在社会成员之间所存在的主体间性，或者叫互为主观性。不过，接下来庄子更为狡黠的"循其本"的过程，虽然利用了话语表达当中的偷换概念的伎俩，但还是回归到了他对人和人之间可以沟通理解的这个事实或多或少的认可上来了。

　　舒茨能够把自然态度和主体间性这两个概念确立起来，构成他有关生活世界的理论的基石，原因是他设定了这样的前提：生活世界的"结构性"就体现在具有不同视角的人能够相互理解，行动的意义通过与特定社会场景的制度化联系，使每个人的社会行动都成为可以理解的。每个相当清醒的正常的成年人都会根据一些日常生活原则来理解他人的存在。而这些被普通人想当然接受的自然态度包括：[①]

　　（1）他人是具有肉体的存在；

　　（2）他人的身体具有和我自身在本质上一样的意识；

　　（3）外在世界中的事物对于我们来说是同质的，意义也基本相同；

　　（4）我可以与他们打交道，并相互采取行动；

　　（5）我可以使自己为他人所理解；

　　（6）一个已经层化的社会文化世界是作为一个参照框架被预先给予的，这种给予方式使普通人想当然地将其视为"自然世界"；

　　（7）由于（6），我发现自己置身其中的情境只有一小部分是我个人创造的。

　　正是依据这些结构性的原则，在生活世界之中，我与他人的社会交往才可能在主体间性的基础上形成和发展。由于社会成员的行为都建立在这种自然态度和主体间性的基础上，生活世界当中的行动者就能够彼此理解行动的意义，从而也就可以比较轻松地应付日常生活当中的事务。因此，在舒茨看来，这个生活世界区别于一般人（尤其是自然科学家）所认为的那种外部世界，原因恰

---

　　① 李猛：舒茨和他的现象学社会学，见杨善华：《当代西方社会学理论》，北京：北京大学出版社，1999：第17–19页。

恰就在于，生活世界当中的一切都充满了社会成员所赋予的意义。这种意义对于社会成员自身的重要性不言自明。不能正确理解它，就难以适当地对它做出反应。而人们只有在某些特殊的场合下，通常只有在通览过日常生活的各种成分和各种存在形式之后，才会对这个世界的本质特征或真实含义做出严肃的解释。为了说明这个思想，舒茨把社会行动区分为以交往为目的的行动和不以交往为目的的行动，并举了两个例子来加以解释。

对不以交往为目的的行动的理解，舒茨举了韦伯曾经举过的例子——砍柴人的行动。舒茨指出，对于砍柴这一行动，人们可以分别做出这样的理解：

第一，可以把砍柴这一事实仅仅看作是物理的事实，即斧子落在劈柴上，劈柴被分成了小块。然而，这时候观察者所理解的不是砍柴的人在砍柴，而只是柴被砍了。站在这种角度，观察者所体会到的意义（如果有意义的话），可能是对一块完整的劈柴被劈成碎片的某种惋惜，甚至可能产生更不着边际的联想。

第二，可以把砍柴的人看作人的身体，从而把他的运动理解为一种证实他是活生生的、具有意识的生物的证据。但是在这种情况下，观察者实际上仅仅是对自己感受的理解。

第三，从砍柴人的主观意义上去理解他的行动。例如，可以提出这样的问题："这个人是按照预定的计划活动吗？这是个什么样的计划？他的动机是什么？在什么样的意义的前后联系中这些活动才能被他自己感知？"舒茨认为，只有从砍柴人的主观意义上去理解，才算是对"砍柴"的真正理解。否则，我们会把一个以劈柴作为泄愤、消遣甚或谋生手段的人及其行为完全误读，产生可笑的解释。

舒茨进一步提出，如果说把握行动者的主观意义对于理解不以交往为目的的行动来说已经是至关重要的话，那么，对于理解以交往为目的的行动——交往是人类社会化过程的必要途径——来说，把握行动者的主观意义则就是必不可少的了。

为此，舒茨举了这样一个例子：在什么意义上可以说，我真正理解了一个说德语的人呢？舒茨使用了与上例相同的分析方法：我们可以只注意说话人的面貌；知道对方是一个人，知道声音发自对方；我们可以只感知声音，理解对方是在说话而不是呻吟；我们可以根据对方发音的特点，指出对方在讲德语而不是其他语言。但是，所有上述理解显然都不能算是真正的理解，真正理解一个说德语的人必须明确这个人用他说出来的词所表示的意思，理解他所要表达的前后联系，理解要说这个词的动机。一句话，要理解这个说话人的主观意义。[①]

通过以上的描述，我们可以得出一个清晰的结论：如果我们构造一个日常生活世界模型，那么，在这个世界中，意义的存在基于行动者（agent）的主观意图，行动者的行为受制于其自身的主观特性和环境变量的综合影响。要想真正理解一个人行动的意义，一定要首先理解行动者的动机或主观意图。由于共同存在于生活世界中的个体成员抱有某种自然态度，以及他们之间存在的主体间性，就使这种理解成为可能。通过这种理解，或者说，只有通过这种理解，我们才可以在整体上把握行动的意义，而这一点，恰是现象学的精髓。

那么，日常生活世界与旅游世界是怎样联系起来的呢？或者从相反的角度来说，二者又是怎样不同呢？

根据前面的讨论我们已经知道，在胡塞尔和舒茨那里，他们都是将生活世界定义为与人相联系的一切活动现象的总和。或者说，生活世界是"一个人在其自己所居住的世界的各种直接参与活动的总和"（Lowenthal, 1961）。[②]这个生活世界的主体同时也包含着空间体验、地点体验、现象体验和审美体验（自然的和文化的）。但是，在我们借用胡塞尔的这个词汇时，我们仅仅借用了它的基本含义以及舒茨在此基础上所强调的自然态度和主体间性这两个范畴。这个基本含义主要表现在理解生活世界的现象学方法：一种对意义的整体把握。为此，我们对胡塞尔的生活世界做了小小的、仅仅表现在外延上的修正，那就是，我们所指的生活世界，是专指相对于旅游世界的日常生活世界。也可以这样来理解：如果我们依然要保留胡塞尔等人的生活世界的概念内涵和外延的话，那么，我们可以把这个世界分割成两个：日常生活世界和旅游世界。这样，如果从旅游的角度来看待生活世界，那么，可以将生活世界理解成由日常生活世

---

① Schutz: The Phenomenology of Social World. Evanston: Northwestern University Press, 1967.

② D. Lowenthal: Geography, Experience, and Imagination: Towards a Geographical Epistemology. Annals of the Association of American Geographers, 1961: 241–260.

界和旅游世界共同组成的一个时空连续体。[①] 但为了方便起见，我们不妨就用生活世界这个词汇来代替日常生活世界。

有关旅游世界的描述，我们后文再行探讨。这里先来对日常生活世界的特征做一番描述。当然，这种描述的基点，会始终建立在与旅游世界的比较之上：在我们的探讨过程中，日常生活世界（以后简称为生活世界）是且仅仅是旅游世界的相对。

从旅游的角度来重新审视生活世界，它将是什么样子的呢？克瑞潘道夫（Krippendorf, 1986）曾用这样的词语来概括日常生活的内容：垃圾、噪声、工作、忙乱、学校、勤奋、污染，所有这些词汇，都是日常生活当中司空见惯的。这些词汇所传达的情感色彩，也往往是灰暗的、沉闷的、忧郁的和枯燥乏味的。[②] 我们之所以能够禁受得住漫长的日常生活中的这一切，原因在于我们梦想中还怀有一个假期，还怀有一个到远方旅行的承诺。旅游的作用，就仿佛一个美丽的点缀，是灰暗的日常生活中的亮点。它意味着康复，意味着新生。只有经过这样的旅行，我们的存在才能得到证明。我们为了这个假期而工作，而假期才使我们能够工作。当我们对日常生活世界怀有如此的认识时，旅游世界就翩然而至了。

二、逸出并独立于生活世界的旅游世界

如果我们浏览一下目前的旅游学著作，审视一下各家各派的观点，斟酌一下每个作者对这个问题的表达，甚至联想一下由于旅游定义的泛滥而造成的学术和实践领域的影响，我们就不得不承认，关于什么是旅游、旅游是什么这样一个问题，还没有一个适当的答案。而对于本书的立论来说，我们必须交代给读者的，是要明确：在作者眼中，他是如何看待旅游的。

---

① 其实，在人生当中，旅游是对日常生活世界的一种逸出或违反。但在我们以探讨旅游体验为主的问题当中，其他各种与日常生活世界的特征不同的行为在此都可以略而不论。这等于我们假定，生活世界主要就是由两部分构成的：日常生活世界和旅游世界。

② Jost Krippendorf: The New Tourist: Turning Point for Leisure and Travel. Tourism Management, 1986, June.

维里（Wyllie）[1]在谈到世界旅游组织（WTO）对旅游者的定义时，曾这样写道："用一个在目的地停留时间的长短作为标准来区别过夜旅游者和不过夜旅游者，对于主要对旅游者的行为方面感兴趣的研究者来说也没有多少价值。试想，一个只在阿卡普尔科（墨西哥南部港市）度过几个小时的邮轮乘客就是一个不过夜旅游者，而他的行为与那些在这个墨西哥度假地度过两周的过夜旅游者有什么区别呢？我们很可能从前者那里观察到更集中的观光、购物等行为模式，但这些根本不能说明他们与别的旅游者不一样。如果我们考虑乘客在邮轮上度过的情形时，这种区分就更成问题。邮轮既是一个漂浮的饭店和娱乐中心，又是一个交通工具。确实，像有人会认为的那样，乘邮轮旅行是一种特殊的逃逸型大众旅游，在邮轮上，乘客被包裹在豪华的设施当中，与目的地的文化相隔绝，并在一个匆忙的行程当中上岸与当地的人们邂逅，并做一点肤浅的交流。所以，我们看到，世界旅游组织的定义对研究旅游的人类学家和社会学家来说并没有多大用处。不过，对于类似于地理学这样的学科而言，世界旅游组织的这种宽泛的定义不会有什么问题。"

在这里，维里十分明确地指出了世界旅游组织所给出的旅游（者）定义所存在的缺欠。可以理解的是，世界旅游组织作为一个官方机构，对于推动旅游产业发展进程怀有十分浓厚的兴趣。它在界定旅游的外延的时候，宁愿涵盖更多和更广大的范围，因此，在旅游的目的的限定上，也非常宽泛。这种流行的观点，可以溯源于瑞士学者汉泽克尔等人，即把旅游看作"非定居者"的行为所引起的"关系和现象的总和"。但是，这种观点对于洞察旅游的本质、对于研究旅游者的行为和各种旅游交往关系，没有实际的指导意义，甚至是不科学的。

不难想象，旅游的过程是一个时空交错的有意义的过程。对于任何一个人来说，如果他的目的清晰地呈现为就是要在这样一个时空当中度过这样一个过程，那么，这个过程就具有一个非常完备的结构。旅游作为一个表面上具有开放性和结构张力的行为，实际上它却在构筑一个相对封闭的世界：展开来，就是人们生活世界的延伸；掩闭上，就是一个与日常生活迥异的世界。我们可以把这个相对

---

① Robert W. Wyllie: Tourism and Society: A Guide to Problems and Issues. Venture Publishing, Inc. 2000.

封闭并具有自己特色的现象空间称为旅游世界，它是一个完整的系统，有着独特的结构。这是一个特殊的世界，在这个世界当中发生的旅游现象，是一种不同于日常生活的现象。作为旅游者，他是在一个许多方面都与生活世界不相符合的特殊世界中生活着、思考着、感觉着、运动着和行动着。因此，在生活世界当中所形成的生活经验以及由这些经验所提出的问题，在旅游者所经历或处在的这个特殊世界当中，或者不存在，或者改变了性质或形式，或者改变了强度和方向，因为旅游者的根本动机和表象系统使他们对这些问题产生了新的价值判断标准。

尤瑞（Urry）在分析吸引旅游者目光的各种要素时，曾对旅游的特征进行了归纳。概括起来有如下几点：[①]

（1）旅游是一种休闲行为，它的存在以那种与之相对的、被迫的、有组织的工作为前提。借助于它，我们可以发现，工作与休闲在"现代"社会是如何被组织成两种分离的、不同的社会实践领域。

（2）在旅游过程中，人们向各种目的地的移动，以及在其中的逗留，引发了各种旅游关系。这自然要包括空间的变换和时间的流转，前者就是旅行过程，而后者则是在一个新地方或各地逗留所经历的时间。

（3）旅行的目的地是旅游者日常居住和工作的环境之外的地方。在这种地方的逗留，性质上总是短期的和暂时的，用不了多长时间，旅游者"回家"的心情就非常明显了。

（4）为旅游者目光所及的这些地点，并非直接出自工作的目的；相反，它们提供的是与工作（有报酬的或无报酬的）截然不同的东西。

（5）在现代社会，很大一部分人都投身于这种旅游活动，所以，就出现了一些新型的社会供给条件，以便迎合旅游者那种具有大众特性的目光（与以往那种个别的"旅行家"的目光有所不同）。

（6）各种被选定以迎合旅游者目光的地方，都是一些能极大地满足人们愉悦期望的地方，这种满足可能要借助于某种"白日梦"或"狂想"的途径来实现。而这种愉悦期望的构建和维持，一般要借助于各种非旅游的活动，比如电影、电视、文学、杂志、录音带和录影带等，恰恰是这些媒介，建构并强化了

---

① John Urry: The Tourist Gaze: Leisure and Travel in Contemporary Societies. SAGE Publications, 2000.

旅游者的目光。

（7）旅游者的目光一般是指向那些使城乡风景不同于日常体验的特征上去。旅游者关注这些方面，是因为这些方面被从日常意义当中提炼出来了。观赏这样的旅游景观，通常包含着不同形式的社会类型化过程。人们流连于这些景观，而接下来这些景观通常会以照片、明信片、电影和模型的形式被记录或体现出来。这些纪念品形式又会使得旅游者的目光被反复地唤起和体验。

（8）旅游者的目光是借助符号建构起来的，而旅游充斥着符号的采集过程。当旅游者在巴黎看到两个人当街接吻的时候，他们的目光所捕获的可能是"无时不浪漫的巴黎"；当他们看到英格兰的一个小村庄的时候，他们的目光体会到的是"真实的老英格兰"。

（9）有一大批旅游专业技术人员开始涌现，他们试图创造一些全新的、能娱悦旅游者目光的观赏对象，而每一个这样的观赏物通常都被安置在一个复杂而多变的景观层次框架当中。

尤瑞的描述，几乎给我们提供了一个有关旅游世界构成要素的完整菜单。从时间和空间的角度来说，这个世界有一个明确的起点，也有一个可期望的终点或回归点。它的起点是旅游者动身旅行的时间和地点，而它的回归点则是在时间上延迟了的同一个空间位置。由这个起点和终点所包裹的完整的时空连续体，构成了旅游世界的外壳，它为旅游世界的丰富性、独特性、独立性和新奇性提供了存在的凭借。正是这个相对的外壳的存在，旅游世界才不同于生活世界，具有了令人向往的品质。

为了离析旅游世界的基本结构和内容，我们这里借用一篇游记，通过对这个文本所展现的旅游现象的类型化过程，试图理出旅游世界丰富多彩的内容和关联紧密的结构性要素。

一次亲身旅游体验[①]

我支持旅游产业变革的原因来自一次亲身旅游体验。很多年前，我就开始筹划到牙买加度假。我前半生听到很多有关这个岛国的故事，一直渴望到那里

---

① Deborah Mclaren: Rethinking Tourism and Ecotravel: The Paving of Paradise and What You Can Do to Stop It. Kumarian Press,1998.

去。在孩提时代，我就看到了有关我祖父在牙买加做传教工作的家庭电影。我记忆犹新的是电影里那段有二十几个人在户外大树下跳舞的情节，其中给我印象最深的是人们表现出来的那种精神状态和欢乐情怀。

随着时光的流逝，我对牙买加和牙买加文化的兴趣从未间断。20世纪70年代，当我在俄克拉荷马州东北部的一个小镇里居住的时候，我的一些朋友已经开始组建起一个乐队，并唱起了鲍勃·马利的瑞格歌曲。住在一个经济不景气的乡下小镇，终日与自己的社会和文化问题纠缠不休，使我对挣扎的含义有了更多的认识。10多年以后，当我有了些经验，也积攒了足够出去旅行的钱，我便去了牙买加，想寻找机会更好地理解革命精神的意义。可是，我所见到的却完全不是我所想象的。我没有意识到种族偏见和压迫竟如此根深蒂固，没有意识到很多牙买加人每天的生活是如此贫困，也没有意识到这种文化所经历的受压迫和如此艰难的历史。我的想象完全美化了这些东西。我怀着一种梦想，以为跟着一个旅游团去牙买加，就能获得与当地人深入接触的体验。

实际上，我真的有过很深刻的体验，但那不是我要找的那一种。当飞机在蒙蒂哥湾（Montego Bay）着陆时，我甚至连环顾一下周围的时间都没有，马上就被小贩子、皮条客以及一些自称是企业家的人（他们为旅游而生）给围上了。"要女伴吗？""你需要一个像约翰这样的小伙子给你带路。"

我在一家饭店住下，它是我所购买的"组合产品"的一部分，另外的部分就是一家航空公司。这个度假饭店在广告里宣称自己坐落在"昔日的牙买加种植园"里，它的篱笆和高尔夫球场让人想起殖民地时代的种植园，那是一个时代的象征，对某些人而言，永远值得缅怀。它是一处美丽的海滨度假饭店，各种舒适的设备都从我的家乡进口，而当地人却不得靠近海滨，只能住在路对面简陋的村子里。在饭店所在的海滨尽头靠近篱笆的地方，一个牌子赫然在目："当地人禁入。"在纪念品商店，里边的 T 恤衫和比基尼都是从美国进口的，餐馆里的食品是从佛罗里达运来的。

我几乎没有机会在"老种植园"里碰见当地人。大多数人都忙于他们的服务性工作。有一天早晨，我决定要去看看这个岛国的更真实的一面，便穿过马路，想搭上当地开往蒙蒂哥湾的公共汽车。饭店门口的警卫人员满脸狐疑地看着我，而一些年纪稍大正在等公共汽车的妇女却向我投来欣悦的一瞥。一辆破旧的校车在我面前停下，我跟着这些老年妇女和一个手里拎着一只活鸡的汉子一起上了车。在司机座位上用手画的一个符号反映了现代牙买加人的社会问题，"旅途当中请大家保持肃静"。我那天的整个体验就是面对一个皮条客，一个贩毒者，和更多的皮条客。不接受一个"导游"，我就别想四处去逛，别想买什么"烟"抽，也别想着到木雕商店里看看。其时正值淡季，旅游经济正是不景气的时候，人们濒于绝望。有的商店甚至在街上安排一些人跟踪游客，想把他们拽回到商店来。

一天晚上，我到蒙蒂哥湾去听某种瑞格舞音乐。找了老半天，终于找到一处为当地人提供的小俱乐部。当我们正听着音乐的时候，一辆满载游客的公共汽车闯了进来，旋即向演奏者抱怨音乐难听。不久，米切尔·杰克逊、麦当娜和惠特尼·休士顿开始在喇叭里低声吟唱，而游客们则翩翩起舞。过了大约一小时，游客们走了，美国流行乐曲也靠边站了，直到下一拨游客袭击这个小俱乐部。"这些游客，哼。"演奏者解释说："他们喜欢美国音乐。"鲍伯·马利的革命歌曲在寻求轻松愉悦而又有钱的外国旅游者当中几乎没有市场。

在整个剩下的时间里，我曾想不通过任何中间人而直接接触牙买加的当地人。但我不得不跟着团队迁到岛上别的同样属于我的"组合产品"的另一些度假饭店去，去访问像达恩斯河瀑布这样的"旅游目的地"。在那里，我和其他旅游者一起，爬到瀑布顶端，但却没有见到一个度假的牙买加人。相反，我看到了很多使旅游者与当地人相互疏远的社会差异。我注意到，当地人对待我的方式，就好像我是一个被钱烧着的阔佬；我注意到，旅游所创造的虚幻的文化绝不能代表真正的牙买加文化；我还注意到，海滨那些被饭店不加任何处理便排放出来的污水所销蚀的礁石；高价出卖的黑色珊瑚由于供不应求，一露面便被抢购一空；在那些美丽的、艺术化的饭店后边，是不断延展的成堆的垃圾；土地都被各种旅游住宿设施所占用；还有，那些将当地人与海滨隔离开来的篱栅。

在牙买加的最后一天，我顺路走到一个租马处，在那里我遇见了乔赛夫，他是一个导游。当我们骑马沿着山脚一路穿过许多与我所住的天堂一样的饭店截然不同的村庄时，乔赛夫开始讲起了他的故事。他在牙买加长大，并在一家邮轮公司和渔船上做了4年工。乔赛夫乐于与人交往。他说，这实际上是他以前在渔船上和如今在祖马处工作的主要动机。他想周游世界，尤其想看看美国。他说，在那里，"人们有更多的机会……不必过穷苦日子。在美国，人们有好的工作，好的生活方式，比在牙买加强多了。"他告诉我，就在邮轮计划到美国去之前，他被辞退了，这使他大为沮丧。他已经盼望这个机会好多年了。他的颓丧心情溢于言表。尽管如此，他对美国的兴趣从那以后却有增无减。当我们骑着马穿过一个贫民区时，乔赛夫对他失去的这个机会做了一个总结："咳。我会再多做一些准备，这样，等我到了那里的时候，我会更好地理解美国。"

我与乔赛夫共度的时光是我这次旅行最好的记忆之一：这是一种人和人之间的接触，尽管由于存在着导游—游客的关系而使真正的友谊难以发展，尽管我们对对方都抱有成见。在我们双方，由于旅游的本质使然，令我们对彼此的文化都赋予了理想化的形象：我所想象的牙买加是一个欢娱的革命圣地；他所想象的美国是充满了有钱的度假者的国度，人们在家里没有什么责任要负。旅游业创造和扩大了旅游者与当地人之间的距离，而且还使乔赛夫产生了消极的自我形象感。旅游未能提供某种机制来培育旅游者与当地人之间的友谊，或者加深对当地文化的理解。甚至连我自己也未能尝试做到这一点。我想告诉乔赛夫，美国并非像他想的那样美好，但是，我在跟谁谈话？从那以后，我好几次想着乔赛夫那些明智的话。我决定，为了我可能要访问的那些文化，我要做好充分的准备，并寻找能更加真实地反映我自己的表现方式。

其中，以下几个构成旅游世界的基本要素和内容，是值得我们关注的：

（1）作为外壳的旅游时空关系。旅游是在一定的时空条件下进行的，这既是一种约束，也是一个条件。在通常情况下，这种时空框架的特点展示为暂时和异地这两个基本特性。在这里所引述的文章中，即使作者没有明确指出，我们也已经能够明确地感受得到，作者的旅游过程（其他旅游者的旅游活动也一样）就是在这样一个特定的时空关系框架当中发生的。对于旅游者而言，他的旅游过程的发生、持续和终结，不可能脱离这个时空框架；对于旅游目的地而言，它所承受的任何影响、遭受的任何牵连，以及它主动和被动地接受的任何来自旅游力量的推动，都和这个时空框架保有关系，有些就直接发生在这个时空框架当中。在这篇游记中，这个时空框架就是由作者麦克莱恩（Mclaren）的这段动人经历所串联的一个时间和地点的双重集合体：有限时间的牙买加度假。

（2）作为旅游发生的外部动因而存在的旅游吸引物系统。旅游是一种有清晰目的和明确意义的活动。这种目的和意义是由旅游者（严格说来，是潜在旅游者）的需要和动机所决定的，而这种目的和意义的实现，离不开作为旅游发生的外部动因的旅游吸引物系统的存在。在这个系统中，各种要素外在地服务于旅游者，有的是没有被旅游产业开发利用的旅游对象物，如旅游资源；有的是经由旅游产业所开发的旅游对象物，如旅游产品。[①] 这些因素外在于旅游者而存在，构成了旅游世界当中包裹于旅游时空关系之下的基本旅游元素。对于麦克莱恩来说，这些吸引物在她的童年时代就已经深嵌在头脑当中了：那种充满了欢乐情怀和感人精神的舞蹈，那种革命精神的意义，那种对原汁原味的瑞格歌曲的依恋，以及那些富有史诗情调的老种植园……总之，那种令人神往的另类文化。这些，罗织了一个对异国他乡的怀乡梦——旅游期望，催促麦克莱恩去寻求认同并有所发现。当然，对于麦克莱恩来说，她这一次旅游体验并没有令她满足这些期望：她失望了。对于旅游体验研究而言，深入地去发现麦克莱恩旅游体验失败的原因，构成了非常重要的课题。在这当中，各种社会因素（甚至包括她个人的后期成长或成熟的因素），都应该予以考虑。

（3）作为旅游发生的主导因素的旅游者。旅游只对于或首先对于旅游者有意义，或者说，是旅游者赋予旅游以意义。旅游的发生，一定是潜在旅游者主动追求的结果，因此，旅游者就成了旅游活动的主导者、设计者、履行者和实现者。在整个旅游世界当中，旅游者的需要以及这种需要的满足，构成了制约旅游世界内部要素的相互关系以及旅游活动发展方向和模式的基本动力，也是引发和解除各种旅游矛盾的主导方面。没有旅游者，就无所谓旅游，无所谓旅游世界，无所谓旅游体验，也无所谓旅游情境。从这一点看，旅游者是旅游世界的主角。旅游世界的根本意义或价值，在于满足个体旅游者的需要，而这种需要的满足程度，又带有很大的主观性。试想，与失望的麦克莱恩相比，其他旅游者——即使他们与麦克莱恩同行共游，他们或许怀有不同的期望或意图而来，看到的是意义不同的景象，感受到的也许是相反的情感历程，最终，他们

---

① 在这里，作者所采用的观点，是在拙著《基础旅游学》（2版，北京：中国旅游出版社，2004）中所坚持的观点。参见该书有关章节。

得到了完全不同的体验。这个事实只能说明，在旅游世界当中，旅游者个人体验质量的生成机制是极其复杂的，值得深入研究。我们不妨这样问：为什么麦克莱恩会喜欢"革命的牙买加"？麦克莱恩在家乡的时候，也不喜欢米切尔·杰克逊、麦当娜和惠特尼·休士顿吗？别的旅游者站在达恩斯瀑布顶端的时候，也会因为没有见到一个度假的牙买加人而感到奇怪吗？等等。这样一些复杂问题，在旅游研究中如何借助于知识的类型化而求得比较圆满的解答，是富有挑战性的。

（4）作为关系存在的旅游者与他人。在旅游世界当中，旅游者与他人的互动，构成了旅游世界最主要的人文现象。这些互动有的表现为旅游目的的既定依托，有的表现为旅游过程的偶然嵌入，有的则属于契约性的交易关系。所有这些互动，构成了复杂的旅游交往关系，包括旅游者与东道主的互动关系，旅游者之间的互动关系，旅游者与旅游经营商之间的互动关系。这些关系仿佛是一张网，既罗织了旅游的社会网络，也孕育了旅游行动的情境，因此，这种关系也就成了制约旅游体验质量的基本参照甚或表现框架。让我们来揣摩一下麦克莱恩眼里出现的这些人物的形象的隐喻意味吧：小贩子、皮条客、冒牌企业家、贩毒者——朽烂？饭店警卫、普通妇女和"我"——阶级的对立？"导游"、商店店员——吸血鬼？别的旅游者——时髦的奴隶？乔赛夫——生活在梦幻中的人，与自己一样？显然，在这种交往过程中，旅游世界呈现的面貌是令人惊异而复杂的。要想理解这种关系的实质，需要深入旅游情境当中，并且洞悉旅游者的旅游动机或意图。

（5）作为支持旅游发生的媒介性因素。在旅游过程中，存在着一些媒介性的因素。由于这些因素的存在，旅游过程才会得以顺利展开并形成意义、提高品质，它们是构成旅游工具性实现途径、使旅游过程更为方便的各种基础性或接待性设施和机构。在现代社会的旅游实践当中，这些媒介性因素主要表现为旅游产业和部门以及延伸的其他相关部门，包括交通通信业、餐馆饭店业、购物品经营业和旅行社业等。在麦克莱恩的旅游经历过程中，她不得不仰赖这些因素，尽管她有时并不心甘情愿。她跟着旅行社的旅游团，乘坐飞机，住进饭店，逛纪念品商店，在餐馆就餐，挤公共汽车，访问音乐俱乐部，在租马处租马并雇请导游，这一系列活动，都在利用作为媒介的旅游产业来促成自己的旅游体验。

（6）作为形成和传达旅游意义的符号性因素。在旅游体验过程中，对于旅游主体（旅游者）来说，意义的获得或形成，要借助于旅游体验过程中存在的一些基本的象征性工具来实现。这些基本工具带有符号的性质，它们仿佛是旅游世界的质素，与旅游主体、旅游客体以及旅游媒体一道附立于这三种要素之上，不断地推出一个个具体的旅游情境，从而建构着旅游世界，也展示和形成了旅游的意义。通常，这些符号性因素都具有某种象征意义，充当着能指的角色，它们在建构旅游世界的过程中就像是在具体时空条件下搭建旅游体验的舞台，展现旅游体验的道具，控制旅游体验的节奏，使旅游者既能冷眼旁观也能移情表演。这样组织起来的一个个旅游情境，在很大程度上具有舞台或剧场的性质。在麦克莱恩的旅游体验过程中，我们可以看到至少有六个这样的情境，同时也看到了那些自觉或不自觉成为形成和传达旅游意义的质素：刚下飞机的时候——小贩子、皮条客、自称企业家的人；入住饭店的时候——广告、篱笆、高尔夫球场、来自家乡的饭店设备（还有 T 恤衫、比基尼和食物）、"当地人禁入"的牌子；乘坐公共汽车的前后——警卫人员的狐疑表情、老年妇女的欢迎神态、破旧的校车、"旅途当中请大家保持肃静"的告示牌（再想想那只活鸡）、那些纠缠不休的人；音乐俱乐部的遭遇——米切尔·杰克逊、麦当娜、惠特尼·休士顿、鲍伯·马利；达恩斯瀑布——清一色的外国旅游者；与乔赛夫共处的时光——路过的村庄、乔赛夫的故事和梦想。显然，正是这些符号性因素，成了旅游世界当中最丰富的内容，构成了旅游体验的基本成分。积极主动地面对这些符号性因素并正确地解读他们，是达成旅游体验之意义的关键。对于麦克莱恩来说，她从这次旅游体验中所解读出来的意义，具有深刻的人文关怀思想。她开始意识到，在牙买加，"种族偏见和压迫竟如此根深蒂固……很多牙买加人每天的生活是如此贫困……这种文化所经历的受压迫和如此艰难的历史"，"旅游未能提供某种机制来培育旅游者与当地人之间的友谊，或者加深对当地文化的理解"。

经过这样一个拆解和剖析过程，我们看到，旅游世界是一个有着复杂结构的世界。在这个世界当中生活着的主角，往往是社会的宠儿。尽管在旅游世界当中同样存在着自然态度和主体间性，但是，由于这个世界同生活世界有着种种功能上的不同，因此，这个世界实际上是生活世界的一种逸出，同时，它也具有相对独立的意义。

三、格式塔心理学与旅游场

发生在旅游世界当中的具体旅游体验行为是千差万别的。这种差异的形成原因也是极其复杂的。换言之，旅游者的行为是如何发生的？旅游体验是如何实现的？要回答这些问题，答案并不简单。

旅游行为发生之前，客观地存在着影响这种行为的特征和取向的某种环境或情境因素。在这个环境当中，一切与旅游行为相关的事实都或多或少地占据着显著的位置。这些事实即使是单独存在的，它们所呈现的面貌和意义也是整体的。以现象学为方法论基础的格式塔心理学将这种环境看作制约行为特征的关键因素，并明确地指出，构成这种环境的各个质素的形式和特征，并不能构成环境的整体特征。换言之，整体大于局部的物理叠加之和。所谓格式塔性或完形性，就是指存在于整体中但又游离于构成整体的任何部分的特性。

可以说，这样一种观点或视角，对于理解旅游体验的意义、制定旅游产业供给战略，都是十分重要的。根据这种观点，一切自觉或不自觉地将旅游者在旅游世界中生成的经历加以肢解的努力都是错误的。[①] 从现象学和格式塔心理学的角度来看，这个旅游世界是一个由主观世界所主宰、由客观世界所构筑的连续综合体，是由行动者所体会的主观意义加以统驭的一个独特的、整体的世界。旅游者的体验行为是环境和个人特征互动的产物，不是一个简单的刺激—反应行为，更不是可以用无机世界和无目的的生命现象简单类比的东西。

为了深入说明这个问题，我们需要在格式塔心理学的基础上为旅游体验的情境构建一些基本的范畴。

德语中的"格式塔"（Gcstalt）一词有两种意义：一是指形状或形式，亦即物体的形质；二是指一个具体的实体和它具有一种特殊形状或形式的特征。格

---

① 2003年5月，国家旅游局颁布了《旅游资源普查、分类和评价标准》，这个标准在实践中遇到很多问题，究其根源，就是在研究方法上过度仰赖"科学的实证分析"造成的结果。

式塔心理学综合这两种含义，用格式塔表示物体及其形式和特征，以及这种特征中表现出来的"完形"倾向。所以，在我国，格式塔心理学又被译为完形心理学。

格式塔心理学诞生于1912年，以威特海默发表的一篇名为《似动的实验研究》的论文为标志，这篇论文成了格式塔心理学派创立的宣言，也成了对构造主义心理学和行为主义心理学发起挑战的檄文。

在此之前，由冯特所领导的构造主义心理学和以华生为代表的行为主义心理学大行其道。冯特提出了被格式塔心理学家称为"束捆假设"（bundle hypothesis）的元素说，认为复杂的知觉是简单感觉的束捆，意识经验是各种简单元素的群集。1912年，就在行为主义对构造主义这样一种基本的理论假定发动猛烈进攻的时候，格式塔心理学从侧翼加入了这场批判和讨伐。格式塔心理学家将冯特的构造主义心理学叫作"砖泥心理学"（砖指感觉元素，泥指接近联想），说它是用联想过程的泥把感觉元素的砖黏合在一起。格式塔心理学认为，用无意义联想将一些被剥去意义的感觉元素胶合在一起，是对人类有意义的经验的一种歪曲。他们指出，一个往窗外观望的人直接看到的是树和天空，而不是看到了组成这些树和天空的感觉元素（如亮度、色调、线条和面积等）。在视野中呈现的是树和天空的意义，而不是元素的意义。而在冯特看来，正是这些感觉元素构成了天空和树木的知觉。格式塔心理学家坚决主张，当感觉元素聚合在一起时，就形成了某种新的事物。"整体比构成它的各部分的总和多"，这就是格式塔心理学的精髓。能够使这个基本假定为人们所接受的理由很明显：人类的各种行动都出自某种目的性，或者客观上总能生成某种意义。如果你承认你在往窗外观望的时候看到的不是元素而是某种整体①，那么，构造主义的大厦就自然会坍塌。米勒（G.A. Miller）曾经举过一个很有趣的例子，用以说明当时格式塔心理学的声势和构造主义的困境②：当你走进心理学实验室时，一个构造主义心理学家问你，你在桌子上看到了什么。

---

① 当然，在某种情况下，树木和天空也可能就是元素，而不是整体。这时的整体是比树木和天空更吸引你注意的某种知觉，比如和谐、美丽，或许丑陋。这个结论不仅不能推翻格式塔心理学的观点，反而能进一步强化它的观点。人在审美过程中，就典型地呈现出这样的规律性。

② 杜·舒尔茨：《现代心理学史》，北京：人民教育出版社，1981：第283页。

"一本书。"

"不错，当然是一本书。""可是，你'真正'看见了什么？"

"你说的是什么意思？我'真正'看见什么？我不是已经告诉你了，我看见一本书，一本包着红色封套的书。"

"对了，你要对我尽可能明确地描述它。"

"按你的意思，它不是一本书？那是什么？"

"是的，它是一本书，我只要你把能看到的东西严格地向我描述出来。"

"这本书的封面看来好像是一个暗红色的平行四边形。"

"对了，对了，你在平行四边形上看到了红色。还有别的吗？"

"在它的下面有一条灰白色的边，再下面是一条暗红色的细线，细线下面是桌子，周围是一些闪烁着淡褐色的杂色条纹。"

"谢谢你，你帮助我再一次证明了我的知觉原理。你看见的是颜色而不是物体，你之所以认为它是一本书，是因为它不是别的什么东西，而仅仅是感觉元素的复合物。"

那么，你究竟真正看到了什么？格式塔心理学家出来说话了："任何一个蠢人都知道，'书'是最初立即直接得到的不容置疑的知觉实事！至于那种把知觉还原为感觉，不是别的什么东西，只是一种智力游戏。任何人在应该看到书的地方，却看到一些暗红色的斑点，那么这个人就是一个病人。"

黎炜在评价这个故事时说，显然，"在格式塔心理学家看来，知觉到的东西要大于眼睛见到的东西；任何一种经验现象，其中的每一成分都牵连到其他成分，每一成分之所以有其特性，是因为它与其他部分有关系。由此构成的整体，并不决定于其个别的元素，而局部过程却取决于整体的内在特性。完整的现象具有它本身的完整特性，它既不能分解为简单的元素，它的特性又包含于元素之内。"[①] 由此可以看出，在格式塔心理学看来，知觉本身具有一种整体性、一种形式、一种格式塔，如果武断地对它进行分析，这种整体性就会被毁坏。从元素着手进行分析，这在根本上就是错误的，因为这些元素是反省和抽象的产物，是从直接经验辗转推导出来的，它们还需要加以解释。格式塔心理学力图

---

① 黎炜：序言，见考夫卡：《格式塔心理学原理》，杭州：浙江教育出版社，1997：第 5 页。

回到朴素的知觉，回到"未受学习伤害的"直接经验。并坚持认为，它不是元素的集合，不是感觉的群集，而是树、云和天空。而且这种知觉，不管是谁，只要在他的一般日常生活中张开他的眼睛，注视他的周围世界，它就能被证明。

格式塔心理学对行为主义的主要指责是行为主义所遵奉的刺激—反应（S-R）公式。实际上，刺激与反应在很多心理学家那里都是被认可的一种心理现象，但是，行为主义者所界定的刺激（S），是指一定的时间内作用于感官的刺激总和，而反应（R）是指运动性反应。刺激和反应之间的破折号或箭头，似乎意味着感受的刺激和运动性反应之间有一种直接的联结，而不存在任何起中介作用的过程。对此，格式塔的创始人之一苛勒做了这样的批评："刺激—反应公式，乍然听来，颇有诱惑力，而实际是引人走向迷途的。它所以似有可接受性，只是由于行为主义者如此宽松地使用'刺激'这一名词……按严格意思理解，它一般不是指引起"一反应"的'一刺激'……一人的行动通常是和一种'结构完整的'场相关联的，更多的是和特殊事件相关联的。所以正确的心理学公式是：刺激样式—组织过程—对组织过程产物的反应……刺激—反应公式忽视刺激和反应之间所发生的组织过程，特别忽视部分在整体中获得新特性的形成过程。"[1] 显然，苛勒的这种主张将行动的意义置放到具体背景当中加以理解的思想，一方面强调了行为动机的意义，另一方面也强调了背景的作用。这种思想不是仅仅将行动看作是简单的刺激—反应模式的结果，而是注重行为主体的主观能动性，但同时又没有忽略行动现场的制约和激发作用。这实际上是现象学心理学的一贯思想。

在苛勒的批评当中，他还明确地提出了"场"（field）的概念。这个概念被研究群体动力学的著名心理学家勒温深入地予以阐发，并相继被格式塔心理学的另一位代表人物考夫卡在格式塔心理学中借用并全面地推演出一系列相关范畴。

勒温认为[2]，在个体行为的表象背后，存在着决定行为的内在动力，而这种决定力量可以界定为心理场或称为生活空间（life space），即行为主体所处的整个主观环境，也就是个体的心理经验的总和。勒温认为，个人的生活空间，或

---

① 吴伟士：《西方现代心理学派别》，北京：人民教育出版社，1963。
② 章士荣：《心理学哲学》，北京：社会科学文献出版社，1996：第171页。

其在特定时间内所体验的整个世界（即心理场），乃是"在该时刻内决定个体行为（B）的全部事实的总和。生活空间（L）表示各种可能事件的全体，它包括人（P）和环境（E）两大部分。"[①] 根据这种思想，人的行为就成为生活空间的函数，用符号表示就是：

$$B = f(P,E)$$

在勒温的公式当中，人这一项包括人的遗传性、能力、个性和健康状况等，而环境则指人所处的社会状况。勒温的场论在心理学史上的理论贡献在于从心理分析学派注重对个体的人的解剖转向对行为及其情境的总体强调。根据这种观点，个体在特定时间所体验到的世界，就是他的生活空间。这个空间包括人和他的心理情境，即他当时感知的环境。生活空间总是人和环境相互作用的产物，而行为则是这个生活空间的一种功能，所以，上述行为公式也可以表示为：

$$B = f(s)$$

其中 s 为心理情境。

在勒温看来，生活空间就是制约行为所引起的心理场，心理场制约行为与个体的关系就是场的认知结构。

勒温的理论深受现象学的影响，具有浓厚的现象学色彩，因为勒温所描述的生活世界也不是客观的物理世界，而是个体所体验到的心理环境。外部存在的事实，只有成为主体心理的实在，才能影响主体的行为；而外部不存在的事实，如果已成为主体心理的实在，也能影响主体的行为。这样，正像胡塞尔将哲学的思索对象从客观的外部世界转向了人的主观经验一样，勒温也将心理学的研究对象限定于心理事实，即个体对外部客观环境的主观感知、理解和解释。因此，尽管勒温采用了许多具有物理学色彩的概念，如紧张、力、流动性等，但他的理论取向却始终是心理的。这种重视主体的主观感知和理解，强调主体的理性和能动的特征，关注心理事实和心理过程的方法论原则，在根本上就是现象学的方法论原则。这使得勒温的心理学在很大程度上不同于行为主义的心理学。

沿着勒温的场论，考夫卡在《格式塔心理学》中采纳并坚持了两个重要概念：心物场（psycho-physical field）和同型论（isomorphism）。根据考夫卡

---

① 周晓虹：《现代社会心理学史》，北京：中国人民大学出版社，1993：第 203 页。

的观点，世界是心物的，经验世界与物理世界是不同的。他把观察者知觉现实的观念称为心理场（psychological field），而把被知觉到的现实称作物理场（physical field）。该书译者黎炜在对考夫卡的这一对概念进行评价时，举了一个视错觉的例子（见图 2-2）。在图 2-2 中，不论观察者对该图观看多长时间，或如何刻意调整观看的心理状态，观察者都会发现，图中的线条似乎都呈现向内盘旋直到中心的状态。这显然不是事实。发生这种错觉的原因是什么呢？是观察者的心理场在发生一种螺旋效应，是心理场对本来属于圆周线的物理场产生了心理暗示效应。再比如，当我们正对着窗户观看的时候，我们知觉到的是一个矩形，而当我们侧面对着窗户观看的时候，虽然看到的是梯形的窗户，但知觉到的依然会是矩形。由此可见，在心理场与物理场之间，并不存在一一对应的关系，但是人类的心理活动却是两者结合而成的心物场。用考夫卡的话说，那就是，同样一把老式椅子，在年迈的母亲眼里，可能是值得珍视的宝贝，因为它可能蕴含着一段历史，一个故事。而在时髦的儿子眼中，它可能是一件破烂，它可能蕴含着在女友面前陷于尴尬境地的危机。

图 2-2　心理场与物理场：视错觉的例证

资料来源：引自考夫卡《格式塔心理学原理》。

在考夫卡的心物场的概念当中，包含着自我（ego）和环境（environment）两个组成部分，这和前文引入的勒温的场论几乎是一样的。考夫卡认为自我和环境构成了心物场的两极，而它们的每一部分各有自己的组织。这种组织说明，自我不是欲望、态度、志向、需要等的简单的、物理性的束捆，环境也不是各种单纯感觉的镶嵌。自我和环境之间的联系所组织出的现实是一种具有新的特征的现象，是心物合一的。考夫卡把发生在环境中的行为称为克分子行为（类似于学生出席听课、教师讲授、飞行员的领航、足球比赛中观众的兴奋状态、巴比特先生的调情、伽利略使科学发生急剧变革的研究工作、猎犬追踪猎物以及野兔的奔跑等），把发生在有机体内部的行为称为分子行为（比如行为开始前感觉器官的兴奋、兴奋的神经传导、肌肉的收缩或腺体的分泌等）。他进而认为，如果心理学以分子行为开始并以分子行为结束的话，就无法赋予行为以意义，无法真正理解行为。只有用克分子行为作为心理学的研究对象，才能解释行为的意义。而且，在以克分子行为开始和结束的体系当中，还可以为分子行为找到位置。为此，他认为行为主义的心理学由于用分子行为取代克分子行为而将现实归因于部分，从而否认它属于由这些部分构成的新的整体。他警告说，这样做的结果是，心理学将会永远受到道德科学的批判。①

　　为了说明环境对行为的影响，考夫卡又把环境具体分为地理环境（geographical environment）和行为环境（behavioral environment）两个方面。地理环境是现实的环境，行为环境是意想中的环境。考夫卡用一个生动的德国传说来说明，克分子行为发生于行为环境当中。这个故事是这样的：

　　　"在一个冬日的傍晚，于风雪交加之中，有一个男子骑马来到一家客栈。他在铺天盖地的大雪中奔驰了数小时，大雪覆盖了一切道路和路标，由于找到这样一个安身之地而使他格外高兴。店主诧异地到门口迎接这位陌生人，并问客从何来。男子直指客栈外面的方向。店主用一种惊恐的语调说：'你是否知道你已经骑马穿过了康斯坦斯湖？'闻及此事，男子当即倒毙于店主脚下。"②

　　对于这个故事，考夫卡分析道，从地理学家的角度看，陌生男人的行为发生在一个地理环境中——康斯坦斯湖。但这并非全部事实。事实是冰冻的湖面而非坚实的地面一点也没有对他的行为产生影响。而且，那个人在了解了他"实际"做过的事情后纯粹死于后怕，这毫无疑问会使心理学家得出这样的结论：如果骑马者事先了解情况的话，它的骑马行为将会与实际发生的情况大不

① 卡尔·考夫卡：《格式塔心理学原理》，杭州：浙江教育出版社，1997：第31~33页。
② 卡尔·考夫卡：《格式塔心理学原理》，杭州：浙江教育出版社，1997：第34页。

相同。由此，心理学家将不得不说：环境一词具有第二种意义了，根据这一意义，骑马者宁可穿过被雪覆盖的平原也不会过湖了。他的行为是骑马过平原而不是骑马过湖。"行为是随着环境的变化而调整的。"这是考夫卡的结论。

　　但行为究竟是对哪一种环境做出了调整呢？是地理环境还是行为环境？考夫卡用两只被关在笼子中面对悬挂的香蕉的黑猩猩的行为（据考夫卡的观察，一只黑猩猩把笼子中唯一的物体当作凳子，而另一只黑猩猩却把它当作座位）对此做了解释，并得出结论说：行为发生于行为环境当中，行为由行为环境来调整。但是，需要明确的是，行为环境有赖于两组条件，一组是地理环境中所固有的，另一组是有机体内所固有的。这样，行为环境也有赖于地理环境，行为环境处于地理环境之中并受地理环境的调解，从而产生实际的行为。由于行为直接受行为环境（近因）的影响，因此，这种行为可能具有不同于在某种地理环境（远因）中的实际状态（reality）的某种表象（appearance）。由此，考夫卡引入了两个术语：表象行为（apparent behavior）和现象行为或经验行为（phenomenal behavior or experienced behavior）。这两种行为都是实际行为（real behavior）的表现，但它们有所不同。表象行为仅由动作（accomplishment）予以反映，是"某人的其他行为环境中的我的行为（或者说是我自己行为环境中的某人的其他行为）"，是处于不同地理环境中的他人也能观察到的运动，但很可能这种观察由于没有理解其动作主体的行为环境而产生误解。比如，像考夫卡由于戴着帽子而觉得头皮发胀于是摘下帽子却被朋友误认为是向女士脱帽示意一样。现象行为虽然也由动作予以反映，但加入了主体的目标和意义（或意识），是"我自己行为环境的我的行为（或者说是某人自己行为环境中的他的行为）"。由此可见，现象行为对于了解实际行为是一种极具价值的线索，实际行为在某种程度上从现象行为中表现它自己，尽管是"在某种程度上"。因此，为了了解实际行为而抛弃现象行为是错误的，同样，排他地和盲目地使用它也是错误的。①

　　将行为环境解释成行为的近因，将地理环境解释成行为的远因，甚至企图

---

　　①　在写作这一部分时，正是星期天的早晨，阳光刚刚斜射进屋里。我的妻子一边戴着耳机听音乐，一边匍匐在地板上频频地挥动着握有抹布的手。我问："你是在做一种动作，还是进行一种行为。"她抬头不屑地说："当然是行为。我要把地弄干净。"我于是隐约地体会到行为与动作是不同的。

通过表象行为和现象行为来理解实际的行为，这些努力还没有最终解决考夫卡的一个关键问题：这些概念当中，哪一个是格式塔心理学中最基本的概念呢？都不是。为了寻找这个能够统辖所有格式塔心理学概念并表达格式塔心理学思想的最基本概念，考夫卡于是求助于物理学中的力和场。为此，考夫卡提出的结论是：一个物体的行为是和具有力的特性的场相互关联的，场决定着物体的行为，因此这种行为也就可以用作场的特性的指标。物体的行为不仅意指与场有关的物体运动，它还同样涉及物体将经历的一些变化，比如，一块铁在磁场中被磁化就是这种情况。于是，考夫卡用场的概念来意指它是决定实际行为的应变和应力的系统。①

　　有关场的特征，我们不妨就直接借用考夫卡用以表达他的思想的例子，因为这个例子本身几乎就是一个旅游情境。考夫卡写道："想象一下你在山间草地上或在海滩上晒日光浴，神经完全放松，而且与世无争，你什么事情也不干，你的周围环境如同一块柔软的斗篷，将你罩住，从而使你得到休息和庇护。现在，你突然听到尖叫声：'救命啊！救命！'这时你的感觉变得多么的不同，你的环境变得多么的不同。让我们用场的术语来描述这两种情境。起先，你的场对于一切意向和目的来说是同质的（homogeneous），你与场处于一种平衡状态。既没有任何行动，也没有任何紧张。实际上，在这样一种条件下，甚至自我（ego）及其环境的分化也变得模糊不清；我是风景的一部分，风景也是我的一部分。因此，当尖叫声和意味深长的声音划破平静时，一切都变了。在此之前处于动力平衡中的一切方向，现在只有一个方向变得突出起来，这便是你正在被吸引的方向。这个方向充满着力，环境看来在收缩，好像平面上形成了一条沟，你正在被拉向这条沟。与此同时，在你的自我和那种尖叫声之间发生了明显的分化，整个场产生了高度的张力。"②就在这样一个生动的描述当中，考夫卡于是建立起了场的概念。③在这个例子中，我们看到，有关场的描述，前半部分主要描述的是同质的场（homogeneous field），后半部分描述的是异质的场（inhomogeneous field），而主要篇幅还是着墨于异质性的场。这一点也与实际

①　卡尔·考夫卡:《格式塔心理学原理》，杭州：浙江教育出版社，1997：第53页。
②　卡尔·考夫卡:《格式塔心理学原理》，杭州：浙江教育出版社，1997：第54页。
③　当然仅有这一个例子是不够的，他还拥有大量的实验结果可以作为佐证。

生活中经常发生的各种场景是一致的，因为这种异质的场存在更大的张力。换言之，正是活动才预示了异质的场，它是一系列力的场，是具有变化潜力的场。这个场在某一个方向上具有一种极性结构（a polar structure），是一个矢量，它决定了整个场，没有任何其他特征可以完全摆脱它。这样一种特征赋予了场以力的能量。如果再补充一句的话，这种力的来源在于存在不平衡，而不平衡则造成张力，不平衡则引发运动（流动或移动），运动则构造一种场环境或场现象，包括物理场（比如压力的差异）、经济场（比如供求的失衡）乃至行为场（比如生理或心理的失衡），它们都有其力的系统。尤其是行为场，它的力的来源就是生理或心理失衡所形成的内驱力。

格式塔心理学对于心理场和物理场以及心物场的描述，向我们展现了一个可以用来勾画旅游情境的概念丛。旅游体验作为一种主要由个体赋予其意义的主观心理过程，对物理环境和心理环境都有着极大的依赖。旅游者从出行那一刻开始，就不断经历着"场"的变化：随着物理场的迁移和变更，旅游者的心理场也在变化。而每一个使旅游者的心理场与外在的物理场相交融的时空框架，都构成了旅游场的物理寄托，而旅游场的灵魂，是此时此地的心理场，它统辖着旅游者旅游体验的地理环境和行为环境，赋予其以整体的色彩，指引以一定的方向，并因此使自己的行为与这个旅游场的特性保持协调。在这个旅游场之下，旅游者的旅游体验行为的组织过程，就可以由这样的公式来描述：

旅游场刺激（地理环境刺激→旅游者心理组织过程）→旅游者行为反应

这样一个公式表明，在这里，构成旅游场刺激的因素非常复杂，其中首先是来自外界的地理环境刺激因素，而这些因素会作用于旅游者心理，先是引起旅游者心理与这种地理环境之间的相互浸染——也许通过知觉或移情，从而逐步使地理环境的心理意义得以呈现，旅游场便在这个基础上形成了。所以，旅游场是心物的统一，是作为远因而存在的地理环境和作为近因而存在的行为环境相互作用的产物。这种心—物结合而生的旅游场，表达了旅游需要和旅游景观之间的互为因果、互为存在的特性，它也说明，当旅游者的行为环境在受到地理环境调节时，以自我为中心的心理场也在活动着，由此形成的是一个由自我—行为环境—地理环境等进行动力交互作用的心物场。

　　为什么我们要用类似"旅游场"这样的范畴来描述旅游发生的情境与环境条件? 这个问题似乎还需要做一些解释。在我们的研究中,旅游场概念的构建,无疑是能够体现我们所采用的现象学方法的又一个关键的范畴。根据以上我们所阐述的格式塔心理学的基本原理,我们已经知道,现象的质存在于整体当中,而组成整体的单个部分无质可言。因此,作为整体的现象,大于构成现象的部分之和。这个关键的思想,现在就体现在我们所构建的范畴"旅游场"当中,它的确立,使我们在把握现象直观的时候,会把我们的目光放在旅游场这个现象层次。换言之,在千变万化的旅游者行为尤其是旅游体验行为当中,要想理解体验的本质,既不能像行为主义那样将这些旅游体验事实看作简单的刺激—反应模式或简单的因果关系,也不能用构造主义那把分析的刀子用到旅游体验的内部去解剖那些要素性的事实并指望得到有关整体的认识。

　　所以,从这一点看,我们的旅游场的概念,是一个对旅游情境的综合描述概念。对它的内容进行刻画,对它的类别进行划分,努力实现从旅游情境概念到旅游场概念的顺利过渡,是我们要做的初步工作。因此,在这里,我们首先要从对情境的含义的界定开始。

　　对情境的最为完整和具体的描述,当是像陀思妥耶夫斯基那样的作家所给予我们的描述。这些描述具备统计描述最明显缺少的东西,即它们用确切的词句来描述在个体的环境中,不同事实怎样相互联系,又怎样与个体本身联系。这种描述是对整个情境和它的特定结构一起进行描述。这意味着,不是把情境的单个因素描述为能够以"总结"方式而武断联合的特性。如果心理学要预测行为,那么它必须通过概念方法来努力完成上述这个任务。换句话说,我们的概念必须描述条件的相互关系。在旅游体验过程中,构成旅游情境的条件既有物理环境(地理环境),也有行为环境,对此所做的完整描述是构建旅游场描述的确切意义的前提。

　　从旅游体验的角度来看,旅游情境的功能在于对旅游者心理构成"周围型刺激"。在旅游者旅途过程中,这种刺激呈现不同的强烈程度,因此具有不同的描述价值。

　　我们这里把旅游情境划分为两种类型: 旅游氛围情境(tourist situations of

atmosphere）和旅游行为情境（tourist situations of behavior）。旅游氛围情境是一种概念性情境，它对行为者的心理影响主要以弥漫性的渗透为主，像是空气里的味道、海水里的盐分一样，包裹着行为者的外部心里感知世界，为这个世界涂抹上一层主观性的色彩。这里不妨用格雷伯恩（Graburn）的几句话来说明旅游氛围情境的作用。如果一个人"到著名的地方去进行长途的旅游或参观，拜访那些奇异的民族，在一种迷人的环境中，即使是一种最基本的活动，如在花园里进行野餐，也包含有某种旅游的魅力，尽管所吃的食物和饮料也许与平时在家吃的一样。但旅游的魅力却在于这种活动的本身，它与平时活动不一样，具有某种特殊的环境。"[①]这种环境其实就是旅游氛围情境。旅游行为情境是一种具体的操作性的情境，由于在这种情境中潜藏着乃至呈现着某种矢量因素，因此，它常常拥有一些动力成分，它对行为的影响也就更具有方向感和力度感。旅游者在旅游体验过程中的行为表现的直接情境因素，是旅游行为情境。

旅游氛围情境与旅游行为情境存在着关系。应该说，一方面，旅游行为情境中注定要浮泛着旅游氛围情境的色彩和味道，旅游氛围情境对旅游体验行为的影响是借助于对旅游行为情境的影响而发挥作用的。另一方面，旅游行为情境的统合特征常常有助于旅游氛围情境的形成，同时，旅游行为情境的歧异性变化，也会使旅游氛围情境受到很大的改变，甚至出现旅游氛围情境与旅游行为情境大相径庭的情况。比如，一个对旅游目的地充满期待、在内心世界对旅游目的地的旅游氛围早有投射的旅游者，等他处身在旅游目的地的时候，如果他始终不断地要以恶劣的心情应付各种不期然的、令人反感的旅游行为情境，那么，它的旅游氛围情境的质量就被彻底葬送了。有时，只要有一个这样的旅游行为情境，就足以产生这样的效果。

显而易见，在这里所界定的旅游行为情境，在外延和内涵上接近于上面通过格式塔心理学所推演出的旅游场概念；而旅游氛围情境的形成，在概念上可以归因于我们先前所建立的旅游世界这个特殊的结构。所以，下面我们结合旅游世界和旅游场两个概念，再对这两种不同类型，同时也是两个不同层次的旅

---

① 格雷伯恩：旅游：神圣的旅程，见瓦伦·史密斯：《东道主与游客：旅游人类学研究》，昆明：云南大学出版社，2002：第25页。

游情境做进一步的讨论，以期得出更具操作性的解释。

（1）旅游氛围情境：旅游世界。整个旅游世界是一个基本情境层次。旅游世界构成一个最基本的、最大的、最模糊的主观情境，这种主观情境主要是由旅游者的旅游需要、旅游动机、旅游期望等先在情感心理因素的作用引起的，是一种心理映照或投射，或者是一种移情，是一种只有当旅游者怀有积极的情境培育心态时才能够比较好地被建立起来的情境。在旅游过程中所发生的旅游行为都笼罩在这个情境中，其特征在很大程度上会影响旅游体验的方式、方向和力度。当然，比较旅游行为情境对旅游体验的影响，旅游氛围情境属于远因。所以，我们也可以把这个层次的旅游情境称为远因旅游情境。

从情境的意义上来理解旅游世界的时候，旅游氛围情境主要是建构了旅游世界的总体风格和意义。在这种氛围的笼罩之下，旅游世界仿佛一个有色而透明的屏障。倘若你以日常的、世俗的眼光，透过它去审视（或自省）旅游行为，结果就会发现，旅游世界赋予旅游期间的一切行为以特殊的色彩和意义，旅游世界中所发生的基本行为类型（即是它们与生活世界当中的没有本质差异，如吃饭、睡眠等）以及所使用的道具（哪怕它们是来自生活世界的），都由于这个屏障的存在而可以获得不同的诠释。旅游者那种积极的、欣赏的目光，使得他成了一个积极吸吮美和善的汁液，能宽容甚至利用一定程度的丑和恶的快乐的人。这种情况从旅游者筹划旅行到动身旅行再到回归家中，通常都有十分明显的表现。

旅游世界作为一个情境层次，它的格调主要是由旅游需要所形成的一种心理赋彩功能所厘定的。换言之，它主要以一种文化建构的动力形式存在于旅游者的头脑当中，那就是旅游需要，是一种心理诉求。这不同于更低层次的旅游情境。因为旅游情境的层次越低、越具体，就越具有现场特性，就越受到旅游吸引物（包括观念形态和物质形态）所在文化的烘托和渲染。旅游世界的情境特征主要以一种主题性的统领作用对较低层次的旅游情境进行引领、赋彩（如同淡淡地平涂或施加滤色镜一样）和约束。不管较低层次的旅游情境如何丰富、如何变幻，它们都既建构旅游世界的色彩和意义，也依从旅游世界的色彩和意义。

图 2-3 表明，与沉闷的生活世界相比，旅游给人的感受是鲜活而丰富的。

旅游者一旦成行，他的世界就呈现一种与生活世界相比近乎另类的色彩。在旅游世界，即使那些在生活世界当中天天发生的常规性的行为，只要发生在旅游世界，其意义也发生了一定程度的改变。

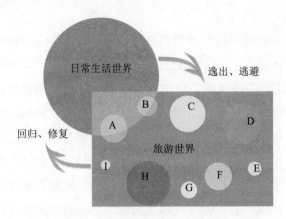

图 2-3　旅游氛围情境：旅游世界

（2）旅游行为情境：旅游场。串联在旅游过程中的各级、各类节点，以其对具体旅游行为的规定和引导作用而构成了旅游行为情境，这就是我们前面说的旅游场。旅游行为情境的特征，取决于旅游线路上各旅游目的地及其景观的自然、文化特征，这些特征虽然要依靠旅游者进行主观的识别和意识的融入，但基本上取决于客观的存在，而不是像旅游氛围情境那样主要是旅游者需要的主观映照或投射。见图 2-4。

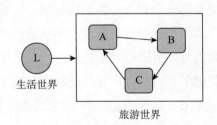

图 2-4　旅游行为情境：旅游场

旅游场作为约束和规定旅游行为发生的具体情境，与上一个层次相比，更加缺乏总体的计划性，或者说，具有更加明显的不可预期性。旅游者的行为更多地需要做出应激反应。这个层次是旅游氛围情境的基础，而旅游氛围情境的特征，有时存在于这个情境的特质当中，而有的时候，又有着明显的异变，表现出氛围情境在整体上对行为情景特性的质的超越。后面这种情况是经常的、一般的，而前面那种情况，只有当不同的行为情境的质却都相同时才会出现，而这是很少见的。

旅游场反映着旅游者在旅游期间所经验的各种不同类型的行为过程与当时的环境之间的互动关系。由于旅游者行为的多样性（有时甚至属于发生在旅游世界当中的日常行为），因此，旅游行为情境也是极其丰富多彩的。从功能上看，这些情境有的与满足基本生理需要有关，如饮食、睡眠；有的与空间移动有关，如旅行、歇息；有的与游览活动有关，如观赏、娱乐；有的与商业活动有关，如购物、服务；有的与社会交往有关，如访问、拜谒；等等。在功能不同的情境当中，旅游者的行为预期会有很大不同，旅游者的行为表现也会有很大不同。尤其是，旅游者行为与日常生活行为的歧离程度也会大不一样。一般情况下，越是那些具有"旅游"特性的行为情境，越容易激发旅游者歧离日常生活行为的旅游行为，而那些属于生活世界中的日常行为情境，往往只是被笼罩上了一层旅游的色彩，表现出"旅游世界"的倾向而已。

四、作为旅游世界的硬核的旅游体验

说到体验，首先需要把这个词与经验加以区别。经验属于表层的、日常消息性的、可以为普通心理学把握的感官印象，而体验则是深层的、高强度的或难以言说的瞬间性生命直觉。可以把经验看作行为的叠加以及由此获得的知识的积累，而体验一定是融汇到过程当中并且与外物达到契合的内心世界的直接感受和顿悟。从这一点来看（这一点也至为关键），我们不能轻易将日常经验过程与体验混为一谈。

体验这个概念，在历史上可以溯源到西方的古希腊哲学。除了神话中的"回忆"论以及关于"酒神"的说法之外，西方最早的有关体验或类似概念的阐述，可能就是柏拉图的"迷狂"论了。这位先哲对原始诸神世界的消隐、雅典社会理性的沦丧以及道德的颓败深感忧虑，因而把解救的希望寄托在对迷狂的体验上，渴望通过体验使人超越尘世的束缚而复归于理性的天国：雅典人失掉了神（理性），只有体验才能把它召唤回来。之后，经过中世纪的漫漫长夜，体验这个美学范畴在德国古典美学那里又进入了复苏期。这时，被长久禁锢的希腊人性精神苏醒了。继卢梭之后，席勒再次看到了现代社会的科学技术、工业文明对人的本性的摧残，痛感人的"完整体"正在被"分裂"为"断片"，对此，席勒提出了一个意义深远的思想：通过体验（游戏）这一绝对中介使人的被分裂的感性本能与理性本能重新融合为完整体。可以说，席勒远远超过了柏拉图和他的同时代的人，他把体验高扬到空前高度，试图用它来解决最根本的人生问题和社会问题。

19 世纪中叶以后，在叔本华、尼采、狄尔泰、柏格森等人那里，西方美学和哲学有关体验的论述可以说进入了高峰期。当历史进展到这一时期，西方世界的生存危机、虚无感、荒诞感不仅没有缓解，反而愈益尖锐了。叔本华首创的感性生命本体论正是当时人们普遍感到生命面临严重危机的社会现实的哲学反映。对此，叔本华为生命的亢奋与不可遏止而"痛苦"万分，他用"静观"这个概念表达一种体验，借以突出寂灭生命之意，遏制永不满足的生命意志；尼采则由于生命的匮乏与颓废而焦灼不安，因而用酒神状态呈现了一个可以体验的目标，用"沉醉"去享受生命力的充盈和丰满。——正是基于对生命的本体地位的反思，叔本华和尼采都把解救的希望交给体验；狄尔泰感叹生命是神秘之"谜"，他直接就用"体验"这个术语，主张艺术的本体是个人的亲身"体验"；海德格尔以及马塞尔则复活了希腊神话，把艺术视为"回忆"；弗洛伊德首创"升华"概念来表明它是原欲的"移置"；马尔库兹用的是另一种表述："审美升华"；人本心理学家马斯洛则把它归结为"高峰体验"。

然而，这些直接或间接对体验有所阐述的哲学家和美学家，对体验的界定有着很大的不同，这使我们难以不加说明地利用"体验"在各位先哲那里的意义。通常，每当谈及体验，人们很自然地会把这个范畴与心理学联系起来。其实，这是不错的。不管在什么语境下面，体验都会使我们联想到心理过程和这个过程所引起的心理超乎寻常的变化。不管是从个体心理还是群体心理的角度，不管是站在社会的立场还是个人的立场，我们都能理解体验的重要性。因为，体验是伴随着整个人生而从不停歇的过程。在生命降临之际，个体会体验到生命诞生的快乐和痛苦；在生命成长的阶段，个体会经受植物性的煎熬和社会化的洗礼；在濒死的时光，个体也会感受生命枯竭时的挑战和死亡降临之际产生的恐惧或快乐。总之，不管什么时候，只要生命存在，只要这个生命面临着些许的变化、新奇、危险或者挑战，他都会在心灵上留下刻痕，并从而影响到他的今后的社会行为方式。这就是体验对个体和对社会的重要意义之所在。

苏联的著名心理学家、《体验心理学》一书的作者瓦西留克专门选择人借以克服有威胁性的生活情境的过程作为自己的研究对象，这个生活情境的历险过程就是"体验"。他所要回答的问题，几乎是这样的：当人到了无可奈何的时候，当他沦落到已经没有可能实现自己的需求、定势和价值观的情境时，他将做些什么？为了回答这个问题，作者在心理学的活动理论的概念体系中又引入了一个新的范畴——体验。所以，在瓦西留克那里，体验不是作为人的这样或那样的状态在主观意识中的反映，也不是作为人消极观察的特殊形式，而是一种旨在恢复精神的平衡过程，恢复已丧失的对存在的理解力。总之，是"产生理智"的一种活动的特殊形式。[①] 瓦西留克还认为，一方面，体验是个人的经验过程及其结果，"永远是自己也只能是自己才能体验所发生的事情以及产生危机的那些生活环境和变化"，别人无法代替；另一方面，"体验的过程是可以在一定程度上驾驭的——推动它，组织它，引导它，创造良好的条件，努力使这一过程按我们的理想达到使个性成长与完善的目标，至少是不要转向病态的或社会所不容许的道路"。[②] "体验——这是克服某些生存的'裂痕'，这是某种修复工作，就像是实现生命的轴线。体验过程与生命的实现相对，也就是与活动相对，这并不意味着它是某种神秘的超生命的过程：按照自身的心理生理成分——这正是那些生命和活动过程，但按照自己心理意义和使命——这是指向生命本身的过程，只想保证实现生命的心理可能性的过程。"[③]

体验活动的结果总是一种内部的主观的东西——精神平衡、悟性、心平气和、新的宝贵意识等。这与实践活动的外部结果以及内部的单属于客观的认识

---

① 瓦西留克：《体验心理学》，北京：中国人民大学出版社，1989：第3页。
② 瓦西留克：《体验心理学》，北京：中国人民大学出版社，1989：第9页。
③ 瓦西留克：《体验心理学》，北京：中国人民大学出版社，1989：第22页。

活动的结果是完全不同的。[①] 体验研究，是探讨体验主体面对有挑战性（或威胁性）情境的行为表现规律和特征的一个研究领域。为了正确地理解体验这个范畴的含义，瓦西留克提出，要在意识的框架中理解体验，并把体验与直接的内容相对比。在心理现象当中，直接的内容和体验都是意识的对象，但二者与意识的关系却通过积极和消极表现出来。内容被意识到，通常都是意识主体的积极行为所致，被意识的内容处于消极地位，是被观察者；相反，体验却是意识主体被动地感受供体验之物、之情境、之活动或过程，意识主体只有融入这个情境或过程之中，才能获得完整的体验。在这个意义上，意识主体是被动的，消极的。

显然，瓦西留克给予体验的内涵实在是太过狭窄了。在他的定义中，体验主要是指那些当体验主体陷入威胁性生活情境当中时所经验的心理过程。他所指的威胁性情境，换句话说，就是"不可能"情境。什么不可能？实现自己生命内部必然性的生存不可能。在他看来，体验总是严峻的事情，是对生命的威胁和挑战，是痛苦，因此，需要体验主体加以克服。体验就是克服生存的"裂痕"。

但是，要想给体验下一个一般性的定义还是很难做到的。不仅瓦西留克作为心理学家对此感到为难，就是历史上的那些大哲学家，在谈到这个问题时也是各取所需，将体验内涵阐发得五花八门。不过，历史上的大多数先哲，都强调体验这种心理现象在终极价值上是对平庸的超越，是对生命的礼赞，是对人性的回归。这样一种思想，在我们研究旅游体验的时候，是完全可以借鉴的。

旅游学者麦肯奈尔在研究旅游体验的时候，也曾试图对体验做一些基本的考察和界定，虽然特色不多，甚至还多少有些肤浅，但作为一种过渡，我们不妨介绍一下。按照麦肯奈尔（MacCannell）的说法，一个挺有意思的事实是，"体验"（experience）或多或少与科学有些渊源，因为在英语的词根上这个词是与实验（experiment）同源的，但是，却很少有人能给这个词赋予一个科学的定义。从日常生活的角度去理解体验这个词，显然这个词暗含着一个特定的时空关系。也就是说，体验具有一个时间边界和空间边界[②]。如果从外部形态

---

① 瓦西留克：《体验心理学》，北京：中国人民大学出版社，1989：第 11 页。
② 在上文中，我们已经把这个时空边界定义为旅游世界。

上来看，体验作为一个过程，就是发生在这个时间边界之内的行为的总和。当然，理解体验的本质，不能仅仅从外部形态的角度。实际上，体验是一个心理过程甚至思想过程，是一个对生活、生命和生存意义的建构和解构过程。在体验过程中，饱含着"一种由原初的疑惑感或空虚感而转换成的某种信念或超越，这种转换借助的是一个对直接的、第一手的资料的领悟过程"。从这个意义上说，麦肯奈尔说，体验这个词，除了本身所具有的苍白的科学和职业含义之外，还具有某种时髦的、逐臭的甚至可能关联到性的内涵。就是从这个关节点上，麦肯奈尔这位一向有点"忧郁"的老一辈旅游学者，将体验拉到了旅游体验上来。

在国外旅游学术界，研究旅游体验的渊源并非起自麦肯奈尔。早在20世纪60年代，布斯汀（Boorstin, 1964）就将旅游体验定义为一种流行的消费行为，是大众旅游那种做作的、刻板的体验。他甚至哀叹，那些旧式的旅游者已经没有了，而这些人的旅游才是出自追寻某种真实的体验。布斯汀看不起那些"浅薄的"现代大众旅游者，认为这些人只知道对一些虚假事件（pseudo-events）趋之若鹜。特纳和艾什（Turner and Ash, 1975）也都认为，旅游在本质上就是偏离常态的行为（aberration），甚或一种时代的病症（malaise）。相反，麦肯奈尔（MacCannell, 1973）则认为，旅游体验是人们对现代生活困窘的一种积极回应，旅游者为了克服这些困窘而追求的是一种对"本真"（authentic）的体验。虽然有这种明显的观点上的差异，但布斯汀和麦肯奈尔等人在定义旅游体验的时候，都体现了这样的思想：旅游体验对社会个体和整个社会都具有重要的意义。由此，他们的定义也成为引发人们对现代休闲旅游的积极效应和消极效应的争论。在这种争论当中，有些学者认为，如果旅游者的需要是一样的或接近的，那么，不管构成旅游者这种需要的社会文化背景有多大差异，所有的旅游者都将获得某种类似的体验。

与此不同，科恩（Cohen, 1979）认为，不同的人需要不同的体验，不同的体验对不同的旅游者和不同的社会具有不同的意义。为此，科恩将旅游体验定义为个人与各种"中心"（centres，我们也可以把这个词用类似"家园"这样的术语来间接地予以解释）之间的关系，认为体验的意义来自个人的世界观（worldview），取决于个人是否依附于某个"中心"。这里，所谓"中心"并不一定是个人生活世界的地理中心。它是每个个体的精神家园，它象征着某种终极意义。因此，科恩相信，这种体验反映着各种动机的某些稳定的模式，既有别于旅游者的各种行为方式，又是对这些行为方式的特征化。这些模式与"私下"构筑的旅游世界相联系，代表着满足个人各种需要——从追求愉悦到寻求意义——的不同方式。[①] 此后，海米尔顿—史密斯（Hamilton-Smith, 1987），纳什（Nash, 1996），佩兹（Page, 1997），皮尔士（Pearce, 1982），冉恩（Ryan, 1993, 1997），史密斯（Smith, 1989），尤瑞（Urry, 1990），以及晏纳吉斯和吉布森（Yiannakis, Gibson, 1992）等在他们的研究中都提到了科恩的旅游体验范式。从这些研究中，可以得出有关旅游体验的一些共性的东西，那就是，对个体而言，旅游体验是一种多功能的休闲活动，既包含着娱乐成分，也有求知的成分。

科恩的发表于1979年的《旅游体验的现象学》一文，是笔者所见的唯一的也是最早明确从现象学角度审视旅游体验的学术论文，可能也是比较早的专门讨论旅游体验问题的文章之一。在此之前，恐怕探讨旅游体验的最重要的相关文献就是麦肯奈尔的《旅游者：有闲阶级新论》（1976）一书和他的《舞台化了的本真性：旅游情境的社会空间配置》（1973）一文。科恩在其卓越的旅游研究生涯当中，一直都体现了对旅游体验及其社会效应的关注，同时，在观察旅游体验的过程中，也一直体现着现象学的视角。这一点，在他所发表的等身的著作中都有清晰的体现。而追溯其思想渊源，恐怕要归功于他的这篇早期文献的基本思想。

科恩的这篇文章，集中地讨论了旅游体验方式（the modes of tourist experience）的问题，他把这视为一种现象学的分类方法，因为对每一个旅游者来说，他们所感兴趣的各种新异的文化景观、社会生活以及自然环境都具有不同的意义，现象学分类的基点就建立在对这种意义的分析的基础上。旅游者的一次旅游体验在多大程度上代表着"对中心的追求"（quest for the centre），以及这个中心的性质，构成了科恩做这种分析的核心。基于这种思想，科恩认为，这种分类的结果对应于每个旅游者"私下"构建的、作为一个连续统而存在的"旅游世界"当中的不同的点，而这个连续统的一端是现代旅游的空间特征，另一端

---

① E. Cohen: A Phenomenology of Tourist Experiences. The Journal of the British Sociological Association, 1979:179–201.

则是旅游的朝圣性质。为此，科恩将旅游体验方式划分为五种类型：休闲的方式（The Recreational Mode）、消遣的方式（The Diversionary Mode）、经验的方式（The Experiential Mode）、实验的方式（The Experimental Mode）和存在的方式（The Existential Mode）。下面我们对科恩有关这五种体验方式的论述略作介绍。

（1）休闲的方式。出自休闲目的的旅游体验在性质上类似于其他类型的娱乐体验，比如观赏戏剧、观看电影和电视等。旅游者从旅游中获得快乐，因为这种旅游使他身心得以重获力量感，也使旅游者产生一种充盈感。正如休闲一词①本身所表明的那样，甚至连这种旅游体验方式最终都会与宗教朝圣的旅程有某种依附的关系，因为它给人以某种重获新生的回报。但归根结底，旅游者在这种予人以娱乐的中心所经历的体验，主要的还是一种休闲，即使有那么一点宗教朝圣的意味，但也被世俗化了：已经失去了它固有的那种深刻的、精神境界的内涵。这些休闲旅游者对布斯汀所谓的虚假事件（pseudo-events）情有独钟，他们在体验过程中不必为所谓的自我实现或自我拓展而负重太多。如果从某种"高雅文化"的角度看，休闲旅游体验就像其他形式的大众娱乐活动一样，似乎是由一些显得浅薄、轻浮、无足轻重甚至愚昧的活动构成的。但这种来自高高在上的知识分子以及那些"严肃的"旅游者的观点实际上是偏颇的：通过休闲旅游体验，这些旅游者得到了他们想要的东西：愉悦。对这种旅游者也大谈所谓的本真性问题，其实是不切题的。因此，科恩主张，对于休闲体验的旅游者，要把他们看作参与一场表演的人，或者参与某种游戏的人。他们像是一场戏剧的观众，完全有理由沉浸在剧情当中并为自己谋求快乐，即使是面对一些近乎怪异的表演，也没有理由非难他们。在这些表演场合，娱乐性是与旅游者内心对某种诱惑情愿接受相一致的。对于他们来说，在体验过程中所见到的人与风景并非他们"真实世界"的一部分，它们是从真实世界分离出来的"有限的意义域"（finite province of meaning）。旅游者在这个意义域中是能够获得休闲活动的价值的。

（2）消遣的方式。现代人往往与他们所居处的社会或文化的中心存在着隔

---

① 英语休闲（recreation）一词从字面上看，带有"再创造"的含义。

阂。其中有些人可能找不到其他可以替代的中心：他们的生活严格说来是"没有意义的"，但他们并不追寻意义，不管在他们自己所处的社会还是在其他地方，都是如此。对于这样的人，旅游就不会具有休闲的意义：它完全变成了一种消遣方式——仅仅为了逃避日常生活的枯燥乏味和无意义，于是便投身于一种忘却性的假日当中，借以疗治身体，抚慰灵魂，但却不能从中获得新生——也就是说，这种体验不可能重建与有意义的中心之间的依附关系。因此，消遣式的旅游体验是对那些没有思想的人的一种安慰剂。不过，从很多方面看，消遣式的旅游体验与休闲式的旅游体验非常相像，所不同的就在于，消遣式的旅游体验是远离"意义"的，是那种没有中心的人所追求的没有意义的愉悦。

（3）经验的方式。这种体验方式的特点主要是由麦肯奈尔的观点构建起来的。这种观点所关注的问题是，假设休闲旅游者依附于所在社会的中心或文化，而消遣旅游者如是在社会中心之外徘徊的话，那么，一旦这些游离于社会中心外围的人逐渐意识到他们日常生活中的这种疏离、无意义和平庸，会发生什么事呢？麦肯奈尔说，他们可能采取的获得意义的一种方式，就是通过革命来实现社会转型。倘若不采取这一招，那么，比较温和的一种就是旅游。这种重新被唤起的、在自己所在的社会之外追求真实意义的过程，是从对经验的获得开始的。这样的体验方式，可以叫作经验的方式。如果说布斯汀是休闲体验方式和消遣体验方式的最直露、最激烈的批评者，他甚至将自己的观点涵盖所有现代旅游，那么，麦肯奈尔就属于另外一种的人：通过声明旅游在本质上是一种以追求本真性体验为目标的现代宗教形式，他试图赋予旅游以一种新的尊严。麦肯奈尔将旅游与宗教进行对比，提出了二者之间的相似性：宗教的动机与旅游的动机非常相近，它们都是为了获得本真性的体验。

科恩对麦肯奈尔的观点的评价是：尽管他的观点有别于那些"知识阶层"的观点，但还是明显地可以看出这些观点是以现代人的眼光为视角的。科恩认为，简单地将旅游与宗教进行类比，会掩盖旅游与宗教之间很多本质上的区别。为此，科恩提出了旅游与宗教根本不同的两点。首先，宗教信徒的朝圣旅游总是向着它所信奉的那种宗教的精神中心的，即使有时这个中心可能远在他生活空间的边界之外。虽然旅游者也可能到所在社会或文化当中存在的一些艺术、宗教或民族的中心去旅行，并对这些地方示以"仪式性的尊敬"，但现代旅游的一个突出特征显然是对环境的极大兴趣，以及旅游者对自己文化之外的世界所怀有的强烈的体验欲望。说到底，吸引旅游者的东西，实际上是另类风景、另类生活方式以及另类文化所具有的那种纯粹的陌生和新奇。①

其次，科恩还特别注意到，与那些宗教信徒不同，那些以获得经验为导向的旅游者，即使他们观察到了他人的本真的生活，但他们依然很清楚他人的那种另类身份，这种感觉甚至在完成旅游过程之后依然存在。这也就是说，旅游体验过程并没有使这个旅游者的生活皈依于他人的生活，他也未必接受他人的那种本真的生活方式。宗教信徒能够感受到来自宗教圣地（中心）的那种精神同一性，即使这个中心处于遥远的地方；与此相反，经验旅游者即使与所观察到的代表着本真的生活方式的人们一起生活，他也照样是一个外来人，他需要做的就是如何学会从审美的意义上去欣赏这一切。宗教信徒的经验过程是有关存在的：他与教友一道参与、共享并融入了由该中心的神圣性所创造的世界当中，坚信该中心所主张的价值观和信念。而对于麦肯奈尔的"旅游者"来说，他仅仅在体验他人生活的本真性时产生那么一点点痛感或共鸣，自己却并不想效仿。因此，即使他的需要具有某种宗教意义，但他的实际体验却主要是审美的，而这要归因于这种体验在性质上能引起共感。通过对另类文化的本真性的直接接触而引起的美感对旅游者的情感熏陶具有很大的意义，但是对他的生活并没有什么新的意义和指导。这一点，只要看看那些寻求经验的旅游者在一个宗教圣地如何观察那些宗教信徒就一目了然了：宗教信徒体验的是该中心的神圣性，而旅游者体验到的可能是由宗教信徒的宗教体验而呈现的本真性的美感。因此，经验式的旅游体验尽管要比休闲式和消遣式的旅游体验显得意义更深刻，但并不产生"真实的"宗教体验。

（4）实验的方式。这种体验方式的特点是，体验者已经不再依附于所在社会的任何精神中心，而是从许多不同的方向寻求一种替代的选择，极端一点甚至包括走向神秘主义甚至亲近毒品等。对于后现代社会当中那些有思想的旅游者来说，这种体验方式更合口味，因为这些人有一种异调的个性倾向。这些人如果要通过旅游得到对失去的精神中心的替代，那么，旅游就会呈现一种新的

---

① E. Cohen: Towards a Sociology of International Tourism. Social Research, 39(1), 1972.

更高的意义。与经验式的旅游相比，如果说经验式旅游能够从另类文化中生活的人所展示的本真性当中获得观赏性的愉悦的话，实验式的旅游就会一反这种旁观者的身份，直接投身到这种生活的本真性当中，但却不会使自己完全融入其中。这种旅游者会品味和比较各种不同的备选方案，期望最终会发现一种最适合于他的特殊需要和欲望的方案。在一定意义上，这种旅游者探寻的是某种自我，在一个不断试错的过程中，他借以发现那种能引发自我共鸣的生命形式。科恩举了一些这类旅游者的例子，比如美国的城里人，欧洲或澳大利亚那些被熏陶了农场庄园气息的青年人，遥远的太平洋村庄，嬉皮士组织等。

（5）存在的方式。如果前几种旅游体验方式的特点都是为了探寻的话，那么，以存在的方式进行体验则是一种极端形式，其特征就在于旅游者完全投身于一个被他选中的精神中心——一个外在于它所处的主流社会文化的中心。从现象的角度看，接受这样一个中心几乎与宗教皈依非常相像。但就旅游的意义而言，以存在的方式所进行的体验，主要指旅游者对目的地文化的完全接纳并主动寻求自我与这种文化的同化。这种情况在世界各地都不乏见。

科恩对旅游体验方式的详细描述，勾勒出了旅游者在旅游过程中的行为取向和行为内容的诸多可能性。通常，这些不同的体验方式，对于不同的旅游者而言，或者对于不同的旅游目的而言，并不一定全部包含。在多数情况下，旅游者都是选择其中的一个或少数几个作为旅游体验的目标。但即使这样，旅游者的体验也构成了旅游现象最基本的结构性要素。我们这样说是因为，在整个旅游世界，虽然旅游主体（旅游者）、旅游客体（旅游资源和旅游产品）以及旅游媒体（旅游业[①]）是这个世界的共同内容或要素，但串联着这三种要素的核心主线乃是旅游体验。如果在旅游世界当中抽掉了旅游体验，就等于抽掉了旅游现象的基本矛盾，抽掉了旅游现象的内核。没有旅游体验这种根本的需要，旅游产品就没有必要被生产出来，旅游资源将依然以其自在的状态存在着，不存在专门的企业生产旅游产品，狭义旅游业也就自然不存在，而它的缺位，将使广义旅游业成为没有旅游内涵的空壳，它们的存在意义仅仅具有非旅游的意

---

①　这里所指的旅游业，包括狭义旅游业和广义旅游业。前者是生产核心旅游产品的企业构成的集合，后者是生产组合旅游产品的企业构成的集合。参见拙著《基础旅游学（第二版）》，北京：中国旅游出版社，2004年：第129–139页。

义。正是基于这样的认识，我们发现，旅游世界当中，不能没有旅游体验。承认了旅游体验这个范畴的客观性以及它在旅游世界当中的主体性地位，就需要具备对这种现象有基本的认识，因此，学术界对这样一个问题的研究缺位，也自然是不能接受的。本文所展开的研究框架以及所选定的研究主题，便是这种认识的一次实践。通过这项研究，我们要从人们的日常生活世界离析出一个独立的、精彩的旅游世界，对它的研究应该成为旅游学基础理论建设的最基础性的工作之一。

第三章

旅游体验的动机与行为

在某种程度上，对于社会个体来说，旅游是一种自我重构的行为。借助于这种行为，人们企图表达他们自身在心理上、社会意义上以及经济层面挣脱日常行为框架的束缚并进而重新认识和调整自我的努力。作为一种植根于旅游世界的空间、时间、社会和经济等多维框架中的个体经验过程，旅游是个人对自身潜在需要和内在价值的一种唤起和满足。一旦这些潜在需要和内在价值被激活并被置放到度假的意图和情境当中，旅游动机便产生了，它也同时构成了影响旅游期望的最主要的内生变量。接着，旅游期望则构成了对各种旅游产品和旅游体验过程的感知的先决性因素。所以，动机对于旅游的满意程度也构成了直接或间接的影响。从这一点看，要认识旅游体验的功能，理解体验的意义，首先要理解旅游动机的形成过程，以及它与旅游期望、旅游满足之间的关系。从现象学的角度来思考这个问题，我们很自然地就能明白这样一点：在试图对旅游行为进行描述和解释时，如果不能洞悉旅游者行为的意图，那么，任何解释都可能是杜撰的、不科学的，甚至是荒谬可笑的。

一、人类行为的原动力：
从精神分析理论到人本主义心理学

在各种流行的旅游心理学教科书或著作当中，当谈及人们为什么旅游时，作者们普遍地都纷纷采取罗列旅游动机的方式对这个问题加以求证。这种态度也逐渐培育了旅游动机研究的方法论基础，那就是，人们不惜牺牲对旅游愉悦的整体解释而采取各种具有解构倾向的类型或层次分析方法。比如，格雷（H. P. Gray）曾在 1970 年提出了两分法的旅游驱动力概念，即所谓的漫游癖（wonderlust）和恋物癖（sunlust）[1]；麦金托什等人则提出了健康动机、文化动机、社会关系动机、地位与声望动机这样的动机四分法[2]。类似这样的观点不仅

---

[1] H. P. Gray: International Travel–International Trade. Health Lexington, 1970. 我在这里首次将这两个词做了这样的翻译，不同于以往翻译成"追逐阳光""追逐漫游"。仔细揣摩这两个词，感觉格雷的本意或许在此。

[2] 麦金托什等：《旅游学——要素·实践·基本原理》，上海：上海文化出版社，1985：第 98 页。

广泛地被人引用，同时也启发了不少学者沿着同样的思路探讨旅游的动机问题。克罗姆顿（J. L. Crompton）在有限的样本容量中识别出七种旅游动机：逃避所感知的世俗环境；自我发现和自我评估；放松；显示个人声望；回归；密切家族亲属关系；增进社会交往①。此后，艾泽欧－阿荷拉也提出了一个带有一定理论化色彩的模式，其中包括了逃逸因子和逐求因子两个维度②。

但是，对旅游行为根本动力的这种解构式的分析，最终不可避免地要在解释旅游原动力方面陷入多元论的困境。甚至更为严重的是，直到今日，在旅游研究领域和旅游市场分析实践当中，人们只要是想了解旅游动机问题，都可以不假思索地对旅游行为的动力因素进行非常琐碎的细分，直到罗列一个冗长的令人茫然的解释清单。比如，在德国所进行的一次被克雷潘多夫比较看好的游客动机调查中，就包含了这样 29 项旅游动机："摆脱、放松""远离日常生活、变换生活环境""恢复体力""体验自然""与他人厮混""享受阳光、避开坏天气""与人交往、结伴""口福""娱乐、享受""随心所欲、寻求自由""增加体验，感受变化""猎奇、寻求未受污染的环境""锻炼、参与运动或游戏""体验外国文化、观察世界""彻底休息、一事不做、坐享其成""纵欲、狂欢、享乐""结交新朋友""美化自己、将皮肤晒成健康的褐色""马不停蹄、四处游逛""增长闻见、接受教育或洗礼""追求个人兴趣""疗养""温故""探亲访友""借机内省、反思""参加体育项目、健身""探险""实现个人癖好"③。显然，这样的动机罗列方式，不说它在使旅游体验"碎片化"方面做出了多么巨大的贡献，仅就技术方面来看，也实在不够规范，甚至还存在大量的相互重叠的情况。

实际上，为了找到旅游行为的原动力，我们必须先对与旅游行为相关的几个心理学范畴做一下区分，给每个范畴以一个清晰的定位，这样才能顺藤摸瓜，最终找到那种在最基本的层次上存在的影响旅游行为的动力因素。就目前的知识而言，这几个范畴就分别是旅游内驱力、旅游需要、旅游动机和旅游行为。

---

① J. L. Crompton: Motivations for Pleasure Vocation. Annals of Tourism Research, 1979, 6(4).

② S.E.ISO–Ahola: Toward a Social Psychological Theory of Tourism Motivation: A Rejoinder. Annals of Tourism Research, 1982, 9(2).

③ J. Krippendorf: The Holiday Makers. Heinemann, 1987.

从行为动力学的角度看，这四个范畴之间的关系是，越是贴近旅游行为的范畴，其本身可能越是以分裂的、工具性的、具体的形式规定行为的方向、力度和方式；相反，远离行为的心理内驱力，却可能是某种非常原始的、根本的、统合的和恒久的力量，而就在这一点上，心理学界多年来培育了众多的理论派别，涌现了很多风云人物，其中最主要的、在笔者看来与解释旅游动机最密切相关的两个流派，就是精神分析学派和人本主义心理学派。对此我们值得做一番回顾。

以西格蒙德·弗洛伊德作为代表人物的精神分析理论，可以说是一个很有特色的理论范式。这个理论思潮，最早是在 19 世纪 20 年代初形成的。这个理论与当时欧洲大陆素以严谨、刻板而著称的学院派理论截然不同，它既不是大学实验室的产物，也与学院讲坛没有什么瓜葛，它的发源地是精神病学的临床治疗。这一事实决定了精神分析从一开始就偏离了现代心理学和社会心理学的主流，并且在基本概念、研究方法以及分析对象上都与当时主流的心理学和社会心理学的有关部分缺乏连贯性。

弗洛伊德精神分析理论的起点是对潜意识（或译为无意识）的分析，[1] 而这个理论的核心却是建立在令世人惊骇的"俄狄浦斯情结"的基础上。精神分析理论作为阐述人的精神活动的一种理论，不可避免地要讨论欲望、冲动、思维、幻想、判断、决定、情感等问题，而在弗洛伊德看来，这些精神活动会在不同的意识层次里发生和进行。这些不同的意识层次被弗洛伊德分解为三种：意识、下意识和潜意识。它们就好像是深浅不同的地壳层次那样存在着，构成了人的精神层次的组合框架。

弗洛伊德认为，人的心理活动有些是能够被自己觉察到的。在个人经验中我们就曾发现，只要我们集中注意力，就会发觉内心不断有一个个观念、意象或情感流过，这种能够被自己意识到的心理活动叫作意识。这种意识实际是心理的表层部分，是同外界接触而直接感知到的稍纵即逝的心理现象。

与此相反，一些本能冲动、被压抑的欲望或生命力却在不知不觉的潜在境界里发生，它们因不符合社会道德和本人的理智，无法进入意识从而被个体所

---

① 弗洛伊德：《精神分析引论》，北京：商务印书馆，1984。

觉察，所以，这种潜伏着的无法被觉察的思想、观念、欲望等心理活动被称为潜意识。潜意识的基本特征是非理性、无道德性、反社会性、无时间性以及不可知性。

下意识则介于意识与潜意识两个层次中间。有时，一些不愉快或痛苦的感觉、意念、回忆会被压存在下意识这个层次，在一般情况下不会被个体所觉察，但当个体的控制能力松懈时（比如醉酒、催眠状态或梦境中），它们偶尔会暂时出现在意识层次里，让个体觉察到。

在图 3-1 中，我们可以看出弗洛伊德对意识、潜意识和下意识三个范畴之间关系的刻画。在这种心理结构当中，下意识是潜意识和意识的终结和过渡阶段，下意识与潜意识之间虽然有界限，但却没有不可逾越的鸿沟。处在潜意识和意识之间的下意识起着检察官的作用，不准潜意识中的本能和欲望侵入意识之中。

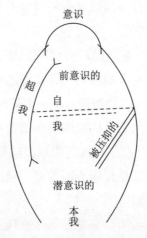

图 3-1　弗洛伊德的人格结构

资料来源：《精神分析引论》。

对应于这种对意识层次的划分，弗洛伊德进而提出了有关人格结构的三个重要概念：本我（伊底）、自我和超我。弗洛伊德认为，人格结构就是由这三个部分构成的。这三个概念在图 3-1 中也形成了对应的结构。

本我即原我，或者叫原始的自己，是最原始的人格部分（多少与潜意识概念相对应），包含生存所需的基本欲望、冲动和生命力。用弗洛伊德的话来说，它包括人类本能的性的内驱力（即力比多，libido）和被压抑的倾向，是"一大锅沸腾汹涌的兴奋"[①]，是一切心理能量之源。本我按快乐原则行事，它不理会社会道德、外在的行为规范，它唯一的要求是获得快乐，避免痛苦，本我的目标乃是求得个体的舒适，生存及繁殖，它是无意识的，不被个体所觉察。

自我是人格当中的意识结构部分，来自本我经过外部世界影响而形成的知觉系统。自我的德文原意即是指"自己"，是自己可意识到的执行思考、感觉、判断或记忆的部分。自我的机能是寻求"本我"冲动得以满足，而同时保护整个机体不受伤害，它遵循的是"现实原则"，为本我服务。它像是一个仲裁者，在本我与超我发生冲突时，既能起到监督本我的作用，又尽可能使本我得到满足。

超我是人格结构中代表理想的部分。就其形成而言，它是个体在成长过程中通过内化道德规范、内化社会及文化环境的价值观念而形成的，其机能主要表现在监督、批判及管束自己的行为。超我的特点是追求完美，所以它与本我一样是非现实的，超我大部分也是无意识的，超我要求自我按社会可接受的方式去满足本我，它所遵循的是"道德原则"。这种超我，显然是"一切道德限制的代表，是追求完美的冲突或人类生活的较高尚行动的主体"[②]。

很多时候，超我与本我之间，本我与现实之间，经常处在直接而尖锐的矛盾和冲突之中。遇到这种情况，人就会感到痛苦和焦虑，这时自我可以在不知不觉之中，以某种方式，调整冲突双方的关系，使超我的监察可以接受，同时使本我的欲望又可以得到某种形式的满足，从而缓和焦虑，消除痛苦。由此便形成了所谓自我的心理防御机制。这种心理防御机制包括压抑、否认、投射、退化、隔离、抵消转化、合理化、补偿、升华、幽默、反向形成等各种形式。人类在正常和病态情况下都在不自觉地运用这些防御机制，如果运用得当，就可减轻痛苦，帮助获恙个体度过心理难关，防止精神崩溃；如果运用过度，就会表现出焦虑抑郁等病态心理症状。假如我们仔细端详旅游现象，就不难看出，这些自我防御机制都在不同程度地起着作用，它们或者使旅游成为可能和必需，

[①]　弗洛伊德:《精神分析引论新编》，北京：商务印书馆，1987：第57页。
[②]　弗洛伊德:《精神分析引论新编》，北京：商务印书馆，1987：第52页。

或者使旅游感受的满意度有所提高，或者成为影响以后旅游行为的心理嵌入力量。

在弗洛伊德那里，文化或文明（弗洛伊德并不对二者做严格的区分）是压制本我的环境根源。换言之，由于习俗、传统、社会规范、伦理道德以及法律制度的约束，人的本我不能得到满足，从而造就了文化下面的病态人格，在本我意义上的人成了文明的牺牲品。实际上，弗洛伊德就是这样从由性本能的压抑所形成的俄狄浦斯情结中，去寻找包括宗教、艺术、道德、家庭结构等在内的一切社会文化现象的根源的。他晚年殚精竭虑所写成的《文明及其缺憾》一书，中心议题就是文明发展与人类本性之间的联系以及矛盾与冲突。此前，他就曾明白无误地表示，"文明应对神经衰弱的扩散负责"，认为社会就是建立在强迫劳动和抛弃本能的基础之上的。

当然，弗洛伊德并不是一个反文明的人。他非常清楚文明对人类的报偿：（1）文明以及伴随文明而来的科学技术、文学艺术、哲学的进步，改善了人类的生存条件，满足了人类的心理需求;（2）文明调节着人们的人际关系和社会关系，而"如果不进行这种努力，社会关系将受个人的随心所欲所支配：也就是说，体格比较强壮的人将根据他们自己的利益和本能冲动来决定社会关系"①。使弗洛伊德有关文明价值的观点超越这种一般性认识的地方是，他看到了文明这笔巨大的遗产的有偿性。换言之，文明是以对人性本能的否定为代价的。这样，文明对于人类而言，就具有了双面型：一方面，文明是人类的保护者，施恩于人类；另一方面，它却要人类以不幸甚至是神经症作为其受益的代价。

就在弗洛伊德企图借助本我（伊底）、自我和超我这种人格三部结构，用力比多来解释人类一切行为的根源或动力的时候，他的泛性论观点很快就招致一些人的批判，甚至在精神分析派系的内部，弗洛伊德也不得不面对阵营内的很多精神分析学家如阿德勒、荣格、荷妮、沙利文和弗洛姆等人的逐个背弃。这些人由于彻底放弃或有效扬弃弗洛伊德的泛性论，实现了精神分析的转向，从而最终也和弗洛伊德决裂了。

第一个"出走"的是另一位精神分析理论的代表人物阿德勒（Alfred

---

① 弗洛伊德:《文明及其缺憾》，合肥：安徽文艺出版社，1987：第37页。

Adler）。阿德勒认为，人格的各种动机都在于追求优越，人的一切行为都是受"向上意志"支配的，正是这种意志，每每促使人要做一个没有缺点的"完善的人"。从这个意义上说，阿德勒的新精神分析理论的核心就是追求卓越与自尊。这一点和马斯洛的人本心理学有相通的地方。但是，阿德勒在解释人的这种谋求向上的倾向的根源时，却认为人追求卓越的愿望来自人的自卑。阿德勒深信，一般的自卑感是人的行为的原始决定力量或向上的基本动力（这一点又与其同门领袖弗洛伊德把人的原始动机看作是性的因素不同），人对某些缺陷的补偿是自卑的重要内容和表现。补偿作用是人们的一种极普遍的心理现象，它一直持续到生命的结束才能停止。就在这种追求过程中，一个优越的目标可以通过多种多样的行为模式来达到。而一个人借助于在其早期的生活道路上所形成和固定下来的行为方式——阿德勒称为"生活风格"，便可以补偿自己的真实的或想象的自卑。

为弗洛伊德十分器重的荣格（Carl Jung），用集体无意识及其原型（archetype）向弗洛伊德的性本能撒了一把盐。荣格坚持人的基本精神实质，而不是自称为"无视上帝的犹太人"的弗洛伊德的那种狭隘的性观点。他认为，力比多是"问题产生时就被集中运用到这些问题上的普遍的生物的生命能量"。[①] "力比多的概念，如同物理学当中的能量概念一样，并不表明一种存在着的力；只是描述被观察到的现象的一种方便，适用的方式而已。"[②] 荣格对力比多的这种重新界定，反映了他对弗洛伊德以性和侵略性能量为力比多的构成内容的观点的扬弃，由此将自己与弗洛伊德的分歧坦陈于世。荣格对力比多的解释，已经更多地带有动态的和变化的观点，不像弗洛伊德那样绝对化地停留在性和侵略性上。在荣格看来，力比多实际上是一种能够用于延续个人心理生长的创造性生命力。尽管在生命初期，力比多能量可能主要被用于诸如饮食、排尿和性爱等本能需要上，但随着这些需要获得满足，力比多能量就被用于更加重要、更加高尚的其他需要上去了。对力比多的这样一种界定，反映了荣格的理论中已经含有人本的色彩，呈现了与人本主义心理学可以沟通的可能性。

荣格对弗洛伊德的反叛还表现在他提出的集体无意识，而这显然又是一个

---

① 赫根汉：《人格心理学导论》，海口：海南人民出版社，1986：第60页。
② F.弗尔达姆：《荣格心理学导论》，沈阳：辽宁人民出版社，1988：第4页。

与弗洛伊德的个人无意识理论相龃龉的观点。荣格认为，在个人无意识的深处，还存在一种更深广、更隐晦、年代更久远的东西，这就是集体无意识。荣格对集体无意识的解释是，自原始时代以来，人类世世代代普遍性的心理经验长期积累，"沉淀"在每一个人的无意识深处，这种积淀就是集体无意识。它的内容不是个人的，而是集体的、普遍的，是历史在"种族记忆"中的投影。集体无意识潜存于心理深处，永不会进入意识领域，对于它的存在，我们只能从一些迹象上去推测；而神话、图腾、不可理喻的梦等，往往包含人类心理经验中一些反复出现的"原始表象"，荣格认为，它们就是集体无意识的显现，是一种"原型"，它与"历史进程"，与"我们祖先的无数典型经验"相联系，是心理经验的先天性决定因素。正是这种原型力量，促使每一个个体按其本族祖先在早期面临类似情景时所表现出的方式去行动。因此，荣格认为，在集体无意识当中，蕴藏着强大的力量，这些力量对人类精神的发生有着举足轻重的影响。如果联想到现实社会中所发生的任何重大的历史事件和社会事件，从球场惨案到战争迷狂，从大众旅游到时髦经济，我们都能发现，群体中的人们之所能那样行动，恰是因为无意识的原始意象或原型在激励着身处群体中的个体。

从弗洛伊德到阿德勒再到荣格，我们发现，他们对人类行为根本动机的透视，向我们展示解释一部分旅游者旅游动机的一缕曙光。不可否认，那些潜在的旅游者，即使他们不是天生的有缺欠者（如果他们是这样，那么，弗洛伊德和阿德勒都能解释他们的旅游行为），也属于那种在个人生活圈当中对自身环境抱有某种程度的不满的人。外出旅游，成了一种恰当的补偿方式，就像阿德勒所描述的那样。对旅游动机的很多经验性的研究证明了这个结论的真实性（见旅游动机部分）。然而，我们无法确信，所有的人都适合用精神分析的这种缺失补偿理论来加以解释，所有的人都是拥有一个需要补偿的病态人格，所有的人都处在一个自身的本我与社会文明充满矛盾和冲突的状态。正如作为新精神分析学派的另一位代表人物的荷妮所阐述的那样，人性的发展是一种进化的过程，"发展自我"乃是进化的动力。人类为了满足自己的心理需要，为了解决内心的冲突，于是在理想与现实间不断挣扎，企图建立起自己的价值体系。①

---

① 荷妮:《自我的挣扎》，北京：中国民间文艺出版社，1986：第14页。

从荷妮的这种明显地带有反叛性质的阐述中我们看到，毕竟，弗洛伊德过分夸大了本能在文明发展中的地位与作用，并且将本能与文明的对立有些过分绝对化了，而阿德勒认为人类的行为完全受自卑的驱使也未免过于偏下。至于荣格，他在重新界定力比多的内涵的情况下，倒是非常富有见地地将自己的思想与人本主义心理学的思想拉近了一步。从这个意义上说，荣格的理论，连同狄尔泰（Wilhelm Dilthey）、施普兰格尔（Edward Spranger）和阿德勒等人的理论中的人道或人本成分，在一定程度上已经构成了人本主义心理学的早期理论，由此昭示了精神分析理论与人本主义心理学的内在亲缘关系或沟通的可能性。

让我们来看看马斯洛的人本主义心理学是如何解释人的行为的内在动力的。整个人本主义心理学的理论体系，始终强调这样五个要点：（1）人本主义是现象学的或依据经验的，其出发点是意识经验（conscious experience）；（2）它坚持人的整体性和不可分割性；（3）承认人的有限存在，但坚持人保留着基本的自由和主动；（4）它的倾向是反对还原论的，不主张心理分析那样把意识经验还原为基本驱力或防御机制，也不像行为主义那样把意识看作一种副现象；（5）认为人性不可能完全限定，人格的发展是无限的。[①] 基于这样的本体论和方法论，人本心理学家往往对弗洛伊德和阿德勒等人的缓解或补偿理论持否定意见。他们的理由是，这种以缓解倾向支配行为的情况原本是一种病理现象，是机体功能缺损的一种表现。他们认为，缓解动机理论的基本错误在于它试图用决定变态生命的法则来解释正常的生命现象，而没有考虑到这些法则来自病理现象。这种动力是一种保守的自我保存倾向的反应，是建立在对不完全的人群（包括技能缺损的病人、实验条件下的儿童）甚至动物的观察上而得到的结论。因此，这种理论是片面的。在人本心理学家看来，正常机体的目的不是维持现状，正常生命的倾向指向行动和前进。在马斯洛的心理学中，有一个非常重要的概念，那就是，马斯洛认为，驱使人类行动的，是若干始终不变的、遗传的、本能的需要，这种需要是心理的，而不仅仅是生理的。它们是人类真正的内在本质，但它们都很脆弱，很容易被扭曲，并被不正确的学习、习惯及传统所征服。马斯洛说："它们是人类天性中固有的东西，文化不能扼杀它们，只能抑制它们。"

① J. B. Shaffer: Humanistic Psychology. Englewood Cliffs: Prentice Hall, 1978:10–18.

这显然不同于弗洛伊德的观点，因为后者认为本能是强有力的、无法改变的和邪恶的。马斯洛认为这些需要极易受到无视和压抑，它们"不是丑恶的，而是中性的或者是良好的"。

马斯洛认为，一个特性如果符合下述情况就可视为一种基本需要：①

· 缺少它引起疾病；

· 有了它免于疾病；

· 恢复它治愈疾病；

· 在某种非常复杂的、自由选择的情况下，丧失它的人宁愿寻求它，而不是寻求其他的满足；

· 在一个健康人身上，它处于静止的、低潮的或不起作用的状态中。

以这样的基本认识为基础，人本心理学家们为此而构筑了一个精致的、令人鼓舞的需要模型，即马斯洛的需要层次模型。这个模型将人类的特殊的价值需要嵌入到人类心理需要的内在体系当中，从而肯定了作为人的积极意义，反映了人本质层面的规定性。用人本心理学家的话来说，那就是，机体的基本倾向在于尽量实现自身能力、自身人格，即自我实现的倾向。

在这里，马斯洛等人全力肯定了人格的积极倾向，而马斯洛本人则认为人的需要是有层次的，并且是以高层次的需要为导向的。在他的需要层次结构当中，从基本的生理需要到最高层次的自我实现的需要，存在着阶梯式的过渡关系（见图3-2）。高级需要的出现有赖于低级需要的满足，但只有高级需要的满足才能产生更令人满意的主观效果，或更深刻的幸福感和丰富感。高级需要比低级需要有更大的人生价值。

用人本主义心理学的模型来考察旅游者的行为动力来源，我们就会发现，从这个需要层次当中，不难判断，旅游者的行为动力，一般会超越基本的生理需要和安全需要这两个基本层次。通过旅游，人们获得某种归属和认同，如种族旅游，以探亲访友为主要形式的旅游，等等；通过旅游，人们会赢得别人的尊重和认可，这在旅游过程中通过与目的地社区的接触以及在旅游过程结束之后与个人生活环境中的其他人的接触中都能有所体现；旅游更不仅是获得审美

---

①　弗兰克·戈布尔：《第三思潮——马斯洛心理学》，上海：上海译文出版社，1987：第40页。

享受和增长见识的机会和途径，也是发现自我、认识自我、表现自我和实现自我的一种方式。所以，总体来说，马斯洛的需要层次理论，为解释旅游的动机提供了一个结构性的框架。

马斯洛需要层次

图 3-2　马斯洛的需要层次论

从上面对弗洛伊德精神分析理论的简单讨论中，我们可以窥视到其中能够启发我们认识旅游行为动力的因素。即使我们不一定赞成弗洛伊德将人类行为的根本内驱力归结为性的冲动，但是，他对意识、潜意识和下意识的分析，对本我、自我和超我的解释，尤其是对人类内在需要与文明之间关系的阐述，都给我们留下了一个强有力的印象：人类行为的动力，是在寻求某种补偿，弥合某种缺失，以便能使人回归或张扬自己本性里边的东西。即使后来阿德勒在归因人类行为的根本动力时不同意弗洛伊德的"性"，但他所推衍出来的"自卑"，也还是一种缺陷，对于这种缺陷的疗治，也还是一种补偿。甚至荷妮的思想，也只不过在更多地融入或承认文化的力量（而不是过于突出性力的作用）。所以，不管是弗洛伊德的精神分析，还是他弟子们转向了的新精神分析，在思想脉络上，它们都有一个共同的特征，那就是由于关注点、研究方法、样本特性等因素所共同形成的一般性结论：人的本质是残破的，人类行为的动力在于补偿缺欠。

　　如果再回到人本主义心理学，我们就会发现，它与精神分析之间的最大鸿沟，产生自其理论的关注点、研究方法以及样本特性诸方面与精神分析理论的差异而形成的近乎"人性本善"的结论。这种性本善情结，使马斯洛、罗杰斯（Carl Rogers），甚至奇克森特米哈伊（Mikhail Csikszentmihali）共同地把自我实现、自我发展、高峰体验作为人类行为动力的终极目的和内在动力。在人本主义心理学看来，人类在本性上不像精神分析学派所描述的那样消极、黑暗和残缺，人是有追求的，并且这种追求是积极向上的。

　　这两种理论分歧如此之大，但却能够共存于同一个世界这样一个事实，说明它们对现象都有相当的解释力。在现实生活当中，很多时候我们都能找到对这种理论或那种理论给予支持的证据，也能发现大量为某种理论难以自圆其说的事实。其实，这种寻根问底的因果解释努力，要想证明其结果的科学性，可能在方法上会存在着一个尺度的把握问题，一旦把握不好（比如分析或综合得过度或不足），所呈现的错误就将不仅仅是方法论的问题，还可能是本体论的问题。当我们还没有能力寻找到对现象的一元论的解释时，将所描述的对象停止在一定的层面或层次上，便有可能使我们的理论具有了历史性的解释力。从这个基点出发，我们对旅游行为的原动力的分析，也希望能够落脚在一个适当的层次或层面上。从旅游行为的内驱力的角度看，这个层次或层面应该体现精神分析的补偿和人本心理学的辩证统一。就目前的知识而言，笔者认为，可以用旅游愉悦作为旅游行为的根本内驱力在需要层面的表现。人们通过旅游所获得的心理满足，实际上体现了人作为一种社会存在的意义和价值。这一点，通过对旅游现象的一番考察和思索，就可以明显地看出来。

二、旅游：一种回应人类休闲本性的生存方式

　　生为人，人们如何才能证明自我的存在和自我的价值呢？人生的意义是存在于生产劳动当中还是存在于休闲娱乐当中？二者之间的辩证关系（如果存在一个辩证关系）最终是如何达到统一的？这些问题所引起的困惑，使我们常常会不自禁地自问：我是什么？我是谁？我来自何处？我将去往何处？

　　有时，这些问题也许并非以这样具有浓重的哲学意味的形式被提出来，而是以某种生活或生存困难的形式展示出来。比如，以工作或学习方面的困难和困惑表现出来，以家庭矛盾表现出来，以社会网络或社会关系中的纠葛表现出来，甚至以个人内心冲突的形式表现出来，等等。但是，所有这些不同形式的问题，最终可能都归结为一个问题，那就是，人们总是在内心深处不断地反复自问："我到底是什么人？我怎样才能接触到隐藏在表面行为下面的真正的自我？我如何才能真正变成我自己？"①确实，在我们的现实生活当中，我们已经能够感受到，最令我们感到焦虑的事情，是我们每天都要面对生活或生存困难而难以求得解脱；最令人沮丧的事情，是我们无法根据个人意愿展示我们自己；最令我们绝望的事情，是我们不得不选择去做一个并非自己的人。

　　这些问题，千古以来，困扰了无数的哲人和圣人。正是在对这些不乏痛苦而且始终莫衷一是的问题的求解过程中，才逐渐衍生出了天堂、轮回和炼狱的景象。然而，面对这个无法在今生今世加以验证的答案，人们发现，也许这是人类为自己描绘的最残酷的幸福图景之一。科学的进步，更是一点点在这种残酷上加码，因为，对于人的本质和人生的意义的理解，未必是科学所能完成的使命。当代的科学家们，有的"选择了把精神降低为用人脑的化学作用和电能作用结合起来解释的一个极其复杂的综合体，从而把物质放在了核心地位。他们用否定灵魂存在和否定精神确实存在的办法来解决肉体与灵魂和物质与精神的问题。无独有偶，那些把所有的存在都归结为精神的人犯了与物质主义科学家同样的错误，他们试图用心理学术语来解释一切客观存在。"（丹尼什，1996：4）在工具主义和物质主义泛滥的时代，科学或许已经成为误导人类认识自身价值和使命的一根美丽的魔棒，不断地引领人们走向歧离其本质的危途。在当今社会，人类经过了现代性的浸染，开始普遍迷恋于工具理性，从而使自己逐渐成为时间暴政和技术主宰之下的奴仆。

　　但是，人类也在不断地挣扎着要回归到他的本性，而这种本性应该是与动物有所区别的。"人与动物在本质上的不同，正是在于人有其特别的精神本质这一天赋。虽然人在肉体上与动物相似，但我们之所以成为真正的人，是因为我

---

　　① 罗杰斯：《成为一个人意味着什么？》，见马斯洛等：《人的潜能和价值》，北京：华夏出版社，1987：第 299 页。

们的生物本能不过是我们借以生存的工具。我们利用这种工具去过一种完全不同于动物的生活，包括学习知识、懂得爱情、进行思考、寻求目的。当我们开始寻找许多带有挑战性的问题的答案时，我们就发现了自己的人性。"（丹尼什，1996：15）[①] 人本主义心理学家普遍注意到了人本性中的这种精神层面的存在以及这种存在所造就的人类自身发展的巨大潜力。[②]

　　其实，对人性或人本质的认识和表达，大都不能借助于人类生活当中的那种作为主导方面的生产活动[③]，而是借助于看似平常的人类的休闲活动。因为在许多方面，就其过程而言，生产活动都更类似于动物的谋生过程，更多地具有某种无奈的成分。相反，休闲（leisure），这种在远古时代可能属于从生产活动的缝隙当中流泻出来的一点闪烁着自由和理想光辉的生活方式，反倒更能成为人类寻找本性甚至塑造本性的直接工具。在很多情况下我们都发现，休闲成了人生的目的。"休闲的第一个创造就是自我，这一目标是人性的根本所在。"[④] 休闲的过程和目的使人"成了人"。在皮普尔看来（1963：44）[⑤]，在休闲中，在一种接受与狂喜的矛盾张力中，"真正的人的价值得以获救和保存。"在这种休闲当中，既有逃离必然性的自由，也有和整个宇宙的融合。从中人们得以"从无休止的劳作中摆脱出来；可以随心所欲，以欣然之态做心爱之事；于各种社会境遇中随遇而安；独立于自然以及他人的束缚；以优雅的姿态，自由自在地生存。"（戈比 2000：1）这种状态是人类梦寐以求的。就其实质而言，并非这种状态仅仅给人类创造一种轻松甚至懒散的生活条件，更重要的是，在这种状态中人类得以认识自我、发现自我、表达自我，从而将自身不同于一般生命形式的地方展示出来，使自身有了更崇高的生命意义。恰恰在这一点上，我们认为休闲才是体现人类特殊的生命意义的最基本和最主要的形式，是使人性得以回归、使自我得以确认的一个重要途径。

---

　　① H. B. 丹尼什：《精神心理学》，北京：社会科学文献出版社，1996：第4页。
　　② 奥托：《人类潜在能力的新启示》，见马斯洛等：《人的潜能和价值》，北京：华夏出版社，1987。奥托认为，一个人所发挥出来的能力，只占他全部能力的百分之四。
　　③ 对于"生产活动"的理解，可以不拘泥于或者毋宁说应该摆脱狭义的生产观念的约束。这种生产活动应该还包含其他生产活动的衍生物，包括各种类型的工作、一些必须担负的常规性的责任，甚至某种无法摆脱的社会氛围所给予的无法解脱的道德桎梏。
　　④ 约翰·凯利：《走向自由——休闲社会学新论》，昆明：云南人民出版社，2000：第245页。
　　⑤ Josef Pieper：Leisure: The Basis of Culture. New York: New American Library, Mentor Books, 1963.

戈比（2000）在探讨何谓休闲时，曾对休闲的概念进行了一番深入细致的探讨。在他看来，休闲的诸多定义都发生在四种语境当中：时间（time）、活动（activity）、存在（state of existence）和心态（state of mind）。

从时间的角度来定义休闲，通常是指生活中这样一些时候——在这些时候当中，我们拥有相对多的自由，可以做想要做的事。另一类从时间角度对休闲的理解是"在生存问题解决以后剩下来的时间"（May & Petgen，1960）。尽管这种理解清晰明了，但依然存在很多问题，因为如何理解"自由"（从而界定自由时间）以及自由对于不同社会个体、社会群体的相对意义都会使自由时间的实际衡量变得十分困难。

如果从社会活动的角度来定义休闲，人们着眼于休闲的外在形式，依据的是休闲活动自身在形态上的特征。从这个角度，我们便可以从众多的人类活动中离析出一系列具有休闲意义的活动：玩耍、游戏、娱乐活动。但是，困难依然存在，因为对于不同的社会个体或社会群体而言，这些活动是否真正具有娱乐性质，有时仍然是难以说清楚的。正像戈比所言，有些人靠打球挣钱，有些人打球是为了保住饭碗，或者去结交他们认为有用的人物。不过对绝大多数人来说，打球却是一种休闲活动。从社会活动的角度来定义休闲，也许最关键的一点是要将休闲活动与职业性或职责性活动加以区别。休闲活动通常是指摆脱了那种职业性或职责性束缚的带有娱乐性质的社会活动。

把休闲理解成一种生存状态，则赋予了休闲在人类生命历程中的特殊意义。当人处于这样一种状态当中的时候，休闲就成了生存意义的所在。戈比（2000：6）在描述这种状态时使用了这样的字眼：休闲是一种"'不需要考虑生存问题的心无羁绊的状态'。这种状态也被认为是'冥想的状态'。于是，休闲常被用作形容词，表达人们从容、宁静、忘却时光流逝的状态……这样，休闲作为一种优雅的存在状态，被赐予那些赞美生活的人。如果你无法获得它，可能恰恰因为你太想拥有它。"这说明，如果把休闲理解成一种生存状态，就意味着人类的生活存在着由休闲所导引的长久的方向，人类的生存目标是为了获得休闲体验，人类所有的职业性或职责性的活动都具有舟楫或工具的性质，它们的意义仅仅在于使每个人都能够渡达充满了自由光辉和人生意义的休闲的彼岸。

或者，我们可以把休闲理解成一种心态，是个人主观上可以争取、驾驭的东西。通过休闲，人们便获得了一种心无羁绊的自在感觉，获得了心灵上的自由，并具有了驾驭自我的内在力量。这是一种休闲感。这种休闲感的真正意义在于：不论外部环境如何，一个人都会相信，他是自由的，是他在控制局面，而不是被环境所控制。就像心理学家纽林格（John Neulinger，1974）所说的那样："休闲感有无，只有一个判据，那便是心之自由感。只要一种行为是自由的，无拘无束的，不受压抑的，那它就是休闲的。去休闲，意味着作为一个自由的主体，由自己选择，投身于某一项活动之中。"尽管这种观点带有某种宗教的虚无主义或者哲学上的唯心主义，但在现实生活当中，确实存在着这种情况。或者说，将休闲理解成一种心态，是可以从内在意义上解释很多休闲行为的。

从这些不同的角度审视休闲，使我们不难发现，休闲实际上是一种十分复杂的现象。它呈现在人们视野中的面孔，显然具有多样性。当我们从人生的时间结构上去观察休闲时，它是这个时间谱系当中传统的职业性或职责性时间的扣除，或者，毋宁说它是凸现人类生命或生存意义的时间的一种回归；如果我们从人类活动的外在形式的角度去观察，休闲就是人类各种职业性或职责性活动的一种悖反，一种映射人类天性并建构人类意义的自由活动；如果我们从人类自身发展、自我实现的角度去理解休闲，那么，它就是人类可以追求的一种生存状态，是人生目标实现的一个平台；倘若我们希望洞察休闲何以在不同文化背景、不同外在环境以及不同历史时期都具有的相类似的功能和社会意义，我们会发现，个人心态是左右休闲能否发生的一个重要因素。所以，对休闲的认识，任何片面的描述都不足以展示它的全部本质。正因为如此，戈比（2000：14）尝试给出了一个更为综合的休闲定义："休闲是从文化环境和物质环境压力中解脱出来的一种相对自由的生活，它使个体能够以自己所喜爱的、本能地感到有价值的方式，在内心之爱的驱动下行动，并为信仰提供一个基础。"

所以，当我们从时间的角度把休闲理解成人生时间谱系当中的一个段落（余暇或称为自由时间）的时候，那仅仅是从休闲最容易观察和理解的角度去体会休闲的。但事实上，在通常情况下（尽管有时并不是必要的或必然的，更不是充分的条件），余暇也确实构成了实施休闲的时间基础。可以设想一下，人生时间具有一个谱状结构，在这个时间谱上，人们用各种活动演绎其人生内容，包括工作劳动、社会交往、生理过程乃至休闲娱乐。休闲占据了这个时间谱的某一个片断，利用的是个人所拥有的余暇，有时是一天当中的余暇，有时是周末的余暇，有时是假期的余暇。不管何种形式的余暇，它们都是人生时间谱上的一个时段，并且在这个时段当中，由于所采取的娱乐活动的形式和内容的不同，使余暇又形成了自己特有的结构形式和特征。这种结构形式和特征值得我们进一步深入地予以考察。

站在现代人的角度，罗歇·苏把休闲实践活动分成四大类：身体娱乐、实用娱乐、文化娱乐和社会娱乐。[1] 身体娱乐是为了放松身体、恢复体力，从人人可为的散步到较为技巧性的体育休闲，都属于这个范畴。实用娱乐是一种出自实用目的而又明显地带有娱乐休闲色彩的体力劳动，像临时修理、家庭园艺、油漆工作、钓鱼等[2]。这些"体力劳动"虽然多少带有生产性，但发生在休闲时间，而且不是强迫的，因此，它们是一种休闲活动，而且方兴未艾。文化娱乐可理解为在个性的发展和解放中所从事的基本的文化实践。在现代社会中最典型的大众性文化娱乐形式是由大众传播媒体所支撑的，比如看电视和听广播。阅读和观赏演出应该是两种重要的文化娱乐形式，但并不属于所有社会阶层。社会娱乐包括所有以关系性活动占主导地位的娱乐，这种娱乐是整个个人社会关系的润滑剂，也是个人社会化的重要渠道。

有趣的是，在上面罗歇·苏的分类中，我们无法把旅游置放到这个框架中的适当位置。其实，旅游是一种更复杂的休闲现象，从功能上看，它可能属于（或包含）上面的任何一类，只是采取了另外一种形式——异地的和暂时的，换言之，旅游这种休闲活动是发生在旅游世界当中的特殊现象。仔细地观察日常休闲和旅游休闲这两种不同的休闲形式，我们不难发现，日常休闲是个人每天利用短暂的空余时间而进行的多种多样的休闲活动，从人生时间结构上来看，每一种日常休闲活动都与其他那些职业性或职责性或生理性活动形成明确的对立，在时间上是那些活动所需要的时间的绝对扣除，在性质上全然是娱乐的性质，而其意义，则真正体现了一种生存方式或一种自由心态。与这种日常休闲

---

[1]　罗歇·苏：《休闲》，北京：商务印书馆，1996：第 73 页。
[2]　20 世纪 60 年代之后，在英国有闲阶层曾流行一种所谓 DIY 时尚，实际上就是一种实用休闲形式。

活动稍有不同的是，旅游不是对个人每天的零星余暇的一种占用，而是对人生当中的板块式余暇的占用。就其性质而言，旅游在整体上无疑是休闲活动的一种，但旅游的异地性和暂时性特征，决定了旅游这种休闲活动必然又反过来包含着作为人类生存所必不可少的内容：在旅游期间旅游者需要完成一些生理性活动。因此，从整体上看，旅游似乎并非纯然是一种休闲活动，而是一种将生活内容休闲化了的、发生在旅游世界并因此而具有很强的"赋彩"功能的非生产性活动。这在根本上使旅游在整体上具有休闲意义和休闲价值，即使在旅游世界中确实存在着无异于发生在生活世界中的种种行为。因此，我们可以得出结论说，旅游，其实是一种更高层次的休闲活动，是一种只能发生在社会生产力水平发展到一定阶段、人类休闲意识有了时间和空间上的根本突破的历史时期。一旦旅游这种休闲活动在历史上出现，尤其是当它逐步发展成为社会大众的普遍休闲方式的时候，旅游就构成了人生时间谱当中的一种特殊的、典型的和重要的休闲方式，它自身逐渐形成了自己特有的结构、形态、运动规律以及社会意义。

那么，对于旅游者个体而言，人类在其为自己所设计的这种娱乐形式当中获得了什么呢？我们的答案非常清楚，是某种愉悦。正是这种追求愉悦的直接目的，才使得旅游者对于前往异国他乡度过他的休闲时光倍感迷恋。当这些旅游者如潮水般涌向世界各地，光顾世界的每个角落时，那么，旅游便可能成为形塑现代社会人类新的价值观的重要休闲形式。从这一点来看，旅游业就具有了建构意义。不过，为了能深刻地理解这种意义的渊源，我们还需要对旅游者个体的旅游动机进行深入地分析。

三、旅游愉悦：逃逸与追求的统一

那么，旅游这种特殊的休闲活动，究竟是出于哪一种根本动力而发生的呢？换言之，弗洛伊德所领导的精神分析理论和马斯洛所领导的人本主义心理学，哪一种更能给予旅游行为的动力以更科学合理的解释呢？

在我看来，旅游这种现象，如果观察其比较外在化的动力机制，恐怕能同时反映以上两种情况：旅游既有病理的成分，也有正常的成分。[①]

在后文将要介绍的一些西方学者的旅游动机理论，似乎都摆脱不了对这两种倾向的接受。因为，很多人认为，旅游是一种"逃逸"，同时人们也承认，旅游也是一种"追求"。从逃逸的角度来看，旅游更多地源于缓解或补偿的动力；从追求的角度看，旅游则主要体现了一种自我实现的努力。因为，在现实生活中，那种纯然表现为一种对自由时间的惬意消磨的度假行为，更多地反映了人们对日常生活环境的一种逃避心态。纵然这当中在目的上同样是为了获得愉悦，但这种追求的更强有力的推动力量，可能还是来自那种看似消极或保守的"逃逸"心理。在日常生活当中，人们所感受到的工作的压力、学习的压力、交往的压力、声望与地位的压力乃至知识和能力匮缺的压力，都有可能使得个体濒临某种病态的边缘，甚至被病态的环境所包裹，被病态的心理所折磨。在这种情况下，外出旅游可能成为一种释放压力的重要甚至唯一的途径。这时，旅游就成了一种社会疗法（social therapy）。不过，将所有旅游者的出游行为或将旅游者旅游过程的全部内容都理解成是对自身病态人格的一种治疗，或者是对自身病态环境的一种暂时性和权宜性的匡正，显然是不真实的。很多旅游行为是由健康的个人在健康的环境背景下做出的一种积极的行为选择。[②]

在这里，需要我们仔细探究的，是快乐本身的含义及其形成机制的问题。根据享乐主义的看法，人的每一种活动都可以描述为追求快乐或躲避痛苦的努力。[③]这种观点是有一定道理的。快乐在一定程度上是人生的目的，前提是我们能够开放地理解和描述"快乐"这二字的含义。而就快乐和痛苦而言，它们都属于情感这一个维度上的两种不同属性，是情感轴上的两极（有关情感的这种构成和表现，我们在下一章将做详细讨论），痛苦是非常的不快乐，快乐也是极端的不痛苦。它们彼此可以用对方来表达自己。有了这种可以用对方表现自己的辩证关

---

① 在福柯看来，所谓"病"和"正常"本身就是一个社会化的过程（《疯癫与文明》）。近代以前，"疯子""狂人"通常是一种中性，甚至褒义的词语，例如中国有"楚狂人"之说。

② 健康与病态是相伴随的概念，就像白天和黑夜，白天是相对于黑夜而言的，如果夜晚也有一个太阳，也变成了白天，那么不会存在两个白天，白天会随着黑夜概念的消失而消失。就像如果没有痛苦，就根本无法得到欢乐一样。很多概念是相生相伴的，是矛盾的两个方面，所以基于单个方面的理论的关系肯定也是相生相伴的。

③ 朱光潜:《悲剧心理学》，北京：人民文学出版社，1987：第 3 页。

系，我们似乎就可以比较自然地将精神分析理论和人本主义心理学在一定层面上统一起来，因为，不管是补偿理论也好，自卑理论也好，或者自我实现理论也好，除了两者在假定根本人性的善恶方面有所差异之外，在描述人类生存过程中的"追求取向"这一点上，它们具有一个根本的共同点，那就是，总体上，人们具有向善的倾向，都以追求人生快乐为目标。进行生理补偿和心理补偿是如此，追求自我实现也是如此，而一旦真正获得补偿或者达成目标，那么，整个过程最终都会表现在或回归到情感层面，让补偿者或自我实现者感受到快乐。这一点，不管补偿过程或实现过程是属于精神层面还是生理层面，结果都很相近，所不同的，只是在寻求快乐的过程中，个体在多大程度上体现了"向善"的清晰而主动的意愿。当个人独处的时候，这种向善的倾向越发占据主流，而当人们融入群体当中的时候，有时就可能受集体无意识的影响，从而使自我的向善倾向被压抑或被淡化。可以这么说，当我们通过观察群体的丑恶行为而据以推测人类的丑恶本性时，结论的可商榷性就在于，这种丑恶可能是群体无意识的结果，却不一定是个人本能激励的结果。在这种情况下，群体行为的本源性的解释应该置放到情境当中，并且应该明确一点，那就是，在情境当中，个人意识、个人无意识和集体无意识，这三者对情境的依赖关系——或者说，情境对处于三种不同意识状态的个人的影响力度，是大有差异的。处在群体环境当中的个人，最容易丧失自我，而处在孤独的、自我环境中的个人，能够呈现在意识表层的个人意识成分会更多一些。当然，按照精神分析理论，在任何环境中，意识状态都可能表现为意识、潜意识（无意识）和下意识状态。

我们在这里将旅游者通过补偿或实现的方式最终获得的心理快感定义为旅游愉悦。关于这种愉悦的详细考察，我们留在第四章。

四、一个用于解释旅游行为动力结构的理论模型

以上的分析，所要回答的问题，可以进一步明确为这样的问题："你为什么旅游而不留在家里？"我们期望旅游者或潜在旅游者对这个问题的回答，应该接近于这样一些答案："找乐，没别的。""在家里憋闷得慌，不如出来走

走。""在家待久了，觉得有些无聊，出来换换空气，调解调解。""外面的世界很精彩！"等等。这个问题，既可以在旅游者的旅游过程中询问，也可以在旅游结束之后询问，更可以在旅游之前询问；既可以问已经计划好要出行的旅游者，也可以与那些近期没有旅游计划的潜在旅游者甚至普通人进行探讨。这一点非常重要。只有当这个问题在以上几种情境中都可以进行询问的时候，才意味着这是一个一般性的问题，是一个涉及旅游行为的根本动力的问题，而不是另外一个什么问题。

这另外一个什么问题，并非没有被人提过，甚至说，很多研究旅游动机、旅游决策问题的学者，都曾经向旅游者问过这样的问题。兰德伯格（Lundberg）就曾经有感于人们对旅游动机的研究的贫乏而提出了"人们为什么旅游？"这样一个最基本的问题。[1]他发现，对这个问题的回答由于两个原因而显得十分困难：首先，每个人以及个人的文化特性决定了人们对这个问题会有不同的理解；其次，被询问的旅游者所说出的所谓旅游动机，很可能只是某种深层需要的反映，而这种需要就其本人来说也可能并不理解，也从没有想过要把它清楚明白地表达出来。这说明，兰德伯格也已经注意到了在研究旅游行为的推动力的时候，既有一个情境的问题，也有一个对这种动力的层次有所认识的问题；这里既有如何定义旅游动机的问题，也有认识论和方法论的问题。

但实际上，很多学者在做这种研究的时候，往往并没有注意到这些问题。他们常常不自觉地将自己的研究置放在一个具体情境当中：具体的旅游目的地，具体的时间，具体的在该时间到达该旅游目的地的旅游者。由于这种具体规定性，他们的问题会被设计成或者被误解成具体的有关旅游者为什么在这个时间到这个旅游目的地的问题。发生这种情况在旅游学界是经常的，但其结果并不像它经常发生那样轻松。纵观目前流行的各种有关旅游动机的解释，看一看学者们各自主张的旅游动机类型，我们就会一头雾水：为什么人们在这个问题上如此难以达成"一致意见"呢？对此，笔者的解释是，恰恰就因为人们都以旅游动机研究的名义，却没有注意到这种研究的科学性取决于研究者在采取所谓问卷调查或访谈形式询问旅游者的动机时，存在着"具体情境"的根本差异以

---

[1]　D. Lundberg: The Tourist Business. Chicago: Institutions/Volume Feeding Management Magazine, 1972.

及认识论和方法论的问题。他们将来自具体的情境的研究结论，不加限制地予以一般化（generalization），于是出现了过度概化或区位谬误。

举个例子来说明我们的观点吧。假如，当这个问题是向一个正在旅游过程中的旅游者提出来的时候，他可能会把这个问题理解成一个关涉到他这一次具体旅游过程或情境的问题，于是，他的回答可能是这样："我想来看看这里非常不同的文化（或者，一直想看看'人妖'是什么样子；或者，这里的温泉很有名，就来了；或者，这是我母亲曾经游览过的地方；等等）。"显然，这些回答，是更集中地指向这个旅游目的地的，指向这个目的地的独特性的。这样一来，人们的回答已经不是在探寻旅游最本质的规定性以及决定旅游行为的最根本的动力，而是把问题滞留在有关旅游根本需要的各种工具性实现层面了。正是因为这样，很多旅游动机研究陷入了误区，或者，许多本属于不同层面的关于旅游驱动力的研究结果，被人们草率地拿到一起相提并论了。这就是我们今天看到的旅游学术界在旅游动机研究问题上的景象：格雷的模型本来是比较接近根本的，戴恩（Dann）的模型也是如此，他们要解决的，应该是靠近旅游内驱力的概念范畴（或许他们本人还没有清晰地认识到这一点），但人们却很武断地要把这种比较根本的模型与诸如麦金托什（麦氏的分类里边奇怪地没有给自然观光留下一个位置）、田中喜一（他将旅游动机分为心理动机、精神动机、身体动机和经济动机）、奥德曼（他的分类是八种：健康、好奇、体育、寻找乐趣、精神寄托和宗教信仰、专业或商业、探亲访友和自我尊重）等人的模型[①]当作同类的东西来看待，流毒可谓深远。

为了清晰地说明旅游内驱力、旅游需要、旅游动机和旅游行为之间的关系，我们借助图3-3来逐项加以说明。针对国内外旅游学术界目前在这个研究领域所存在的因混乱而造成的沟通困难，笔者尝试将一些影响比较大的旅游动机理论在这个图中找到相应的位置，并期望今后的旅游行为动力研究能够循着这样的逻辑思路明确地针对不同性质的问题展开研究。

在图3-3中，我们置旅游内驱力于最上端，用以表示它对以下各个范畴的

---

① 还有一些旅游动机分类更加琐细，往往是针对具体情境的。如约翰·托马斯在《是什么促使人们旅游》一文中，提出了驱使人们旅游的18种重要的旅游动机。其间的分类标准十分混乱，几乎没有什么解释力。参见孙喜林，荣晓华：《旅游心理学》，沈阳：东北财经大学出版社，1999：第81页。

统领、制约作用。这种内驱力是旅游最根本的动力来源，在旅游需要、旅游动机和旅游行为各个层面都能找到它的影子，发现它的作用。但是，越是远离它的范畴，它所能发挥的影响作用越是微弱，它越是不得不将这种影响力让位给具体的环境或情境因素。换言之，如果我们想从操作层面了解影响旅游行为的内在心理动力，那最先引起我们注意的一定是旅游者的动机。

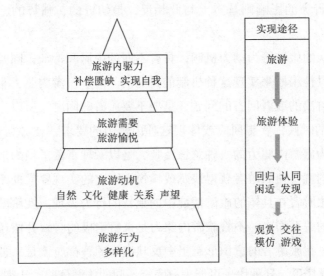

图 3-3　旅游动机相关范畴之间的关系：旅游行为的动力学模型

　　如果要严格地给这几个范畴以一个清晰的定义，目前还是有困难的。但是，用描述性的语言对它们之间的关系给以说明还是可能和必要的。从图 3-3 来看，旅游内驱力是旅游行为的最根本的动力，它是由于旅游者的生理和心理（尤其是心理）失衡所引起的行为动力。旅游需要实际上是这种失衡在意识当中的反映，是当人处于缺乏旅游状态时而出现的个体对旅游愉悦行为的自动平衡倾向和择取倾向。按照前文引用的马斯洛对于需要的一般性刻画，我们不难推测，对于一个社会个体来说，当他不能旅游的时候，如果这个人产生了某种病态感，那么，他就是有旅游需要了。真正的旅游过程会治愈他的"旅游匮乏症"。人类社会进入到现代社会，充足的经济收入、丰富的自由时间以及不断膨胀的了解世界的欲望，使得旅游需要已经逐渐内化到人类的基本需要系统当中，倘若这种需要没有满足的渠道，人们就会出现心理上的不适。与旅游需要相比，旅游动机是更直接地影响旅游行为的范畴。它是由旅游需要所催发、受社会观念和规范准则所影响、直接规定具体旅游行为的内在心理动力源泉。综合来看，各个范畴对旅游行为的影响力大小不一，性质不同。可以说，旅游内驱力对旅游行为的影响，基本上是遥远的、微弱的、散漫的（即不定向的，因为补偿匮缺以及自我实现的途径并非唯有旅游才行）和恒久的，而旅游动机对旅游行为的影响则基本上与此相反，是切近的、强势的、定向的和即时的。

不同层次的旅游行为动力机制，具有不同的内涵和特征，同时也是借助不同层次的工具性手段来实现这种机制的目的的。对于旅游内驱力来说，它的存在与否所要解决的或者回答的问题，是要不要旅游的问题，所以，当这种内驱力已经出现的时候，要想回应或体现这种内驱力的要求，就必须借助于旅游。旅游需要作为旅游内驱力的一种意识反映，是以一种直截了当的形式展示出来的，它的目的就是使旅游者获得快感或愉悦，而它的实现要借助于旅游体验过程，借助于旅游者在具体的旅游情境中的独特的行为表现。就旅游内驱力和旅游需要之间的关系而言，不管旅游内驱力是来自消极的匮缺补偿还是来自积极的自我实现，在旅游者的意识形态当中反映出来的，都应该是一种统一的内容或形式：追求快乐。这种快乐可能来自完全不同的旅游体验，比如情感的陶冶，身体的康复，精神的洗礼和提升，人性与自我的发现和回归，社会关系网络的重构与发展，等等。可以说，旅游体验内容和方式的复杂性和复合性，充分展示了旅游体验的现象学意义：这是一个借助各种情境过程而达成的统一的快乐和升华过程。

如果再审视一下旅游动机，我们会进一步发现，旅游动机在很大程度上是旅游需要的某种工具性实现。旅游愉悦的获得，从心理动力机制的角度看，要靠更具动力性质和动力强度的旅游动机来落实，所以，旅游动机是旅游需要在内容上（比如自然、文化、健康、关系或声望等）的实践性分解；从实现途径上看，在旅游体验过程中所产生的旅游愉悦，需要具体化地借助于回归、认同、闲适和发现等方式来实现。至于旅游行为与旅游动机的关系，则可以看作旅游者心理和行为的高度统一过程的表现。旅游行为就具体类型而言是非常多样化的，可以从各种标准进行分类和分析，在这个模型中已经不能也没有必要予以详细罗列。如果从旅游行为的实现途径的角度来看，可以概括为观赏、交往、模仿和游戏几种形式。这种分类可以作为我们研究旅游行为的基本的结构性理论框架。

以上我们努力构建的一个模型，其价值不仅仅在于对旅游行为的动力机制进行描述。笔者的意图还在于，面对目前国内外在这个问题的研究方面所暴露的理论混乱，我们想借助于这个模型进行一番梳理。因此，我们可以系统地回顾一下国内外学者在旅游动机研究方面所积累的成果。当然，这种回顾不是简单的文献检索，而要努力把这些成果置放到我们这里所建立的模型的适当位置，从而起到厘清性质、指出方向的作用。在更深层的意义上，我们要提醒人们注意到，对旅游动机的研究，乃至对整个旅游现象的研究，必须对应不同层次的问题采用不同的理论和方法，但最终不要忘记的一点是，对纷乱的旅游行为的研究，对既有差异又有共性因此也类型有限的旅游动机的研究，都不能停留在行为主义、构造主义和还原论的基础上，必须最终统合到可以体现现象学的整体性的旅游需要层面，那就是对旅游愉悦的整体性关注。

五、新框架下传统旅游行为动力研究成果的归位

从 20 世纪 60 年代末开始直到现在，国外学者发表了大量有关旅游行为的动力研究的学术成果。20 世纪 80 年代初，戴恩在他的文章里就曾经列举了将近 40 种直接研究或间接论及旅游动机的学术文献[1]，而此后的研究就更为繁荣。但是，从总体上看，这些成果由于理论依据纷乱，研究方法各异，尤其是，它们其中的某一些并非建立在承认旅游愉悦是旅游行为的主要动力的基础上，[2] 因此，这种研究成果积累得越多，给人的感觉就会是越杂乱，越难以相互沟通。

---

① G. Dann: Tourist Motivations: An Appraisal. Annals of Tourism Research, 1982, 8(2):187-219.

② 笔者这里所指，是国内外旅游学界广泛存在的对旅游内涵理解上的泛化倾向：按照这种理解，旅游成了包容商务、探亲访友、宗教、购物等各种内容的一个大杂烩。这种泛化理解造成了很多问题，其中最重要的，莫过于对旅游学科建设的不利影响。参见拙著《基础旅游学（第二版）》，北京：中国旅游出版社，2004：第 69-72 页。

所以，从这个意义上来说，现在是到了对它们进行系统梳理的时候了。通过利用新的视角加以梳理，我们还可以探寻各种观点之间的内在关联性。

抛开旅游的内驱力是补偿匮缺、实现自我不论，如果我们承认旅游愉悦是推动旅游行为的根本动力的话，那么，在旅游行为和旅游需要之间，就存在着可以直接规定旅游行为指向的各种旅游需要或旅游动机。经过上面的讨论，我们得出的结论是，对于潜在旅游者来说，促使他动身旅游的根本动力是对旅游愉悦的期望和追求。但是，旅游愉悦来自什么样的具体旅游体验过程和内容，这将取决于旅游动机的指向。

从国外的旅游动机研究的历史及成果来看，人们一直没有自觉地对旅游行为的动力机制做一个系统的归纳。总体上看，人们的研究尽管都自我标榜为对旅游动机的研究，但实际上，它们往往分别属于我们所构建的行为动力模型当中的不同层次（下文我们将沿用习惯的说法使用"旅游动机"来指代其实是不同层次的旅游动力要素）。这一点，从这些研究对旅游行为动力的内容划分以及实现途径方面，都可以看得很清楚。

纵观国外的旅游动机研究，我们发现，其研究线路是与现代消费者行为研究的发展并行不悖的。[①] 在很多方面，旅游动机研究所采用的都往往是认知科学的方法，追随的是行为主义的刺激循环理论，在内容上主要涵盖的是诸如动机和意图的形成（motivation and intention formation），实际行为与心理体验，行为评价与行为效应等。在多数情况下，旅游动机研究，尤其是以应用研究为出发点的旅游动机研究，都沾染上了喜欢割裂旅游体验整体需要的不良倾向。如果用我们这里的模型对它们进行归类的话，它们只能算是对旅游行为的心理动力系统的末梢机制进行的研究，而其他有些更加理论化、更具一般性的研究，则旨在探究旅游的根本动力来源。

下面我们分别对这些研究成果做一番考察。

（一）旅游内驱力研究

对旅游内驱力的研究是一般性的基础理论研究。这种研究的结果，要回答

① Juergen Gnoth: Tourism Motivation and Expectation Formation. Annals of Tourism Research, 1997, 24 (2): 283–304.

的问题是"人为什么会去旅游"的问题。这个问题不是针对个别人的，也不是针对个别情境的，它带有一般性和根本性。因此，对这个问题的回答，往往会上升到有关人生的意义、存在的价值等哲学层面，其结论是对所有的人（那些曾经或打算旅游的人）都适用的。

在学术界做这种努力的已经不乏其人。在这些作者当中，影响比较大的有格雷（H. P. Gray）、戴恩和艾泽欧 – 阿荷拉（Iso-Ahola）等人。这几位学者所做出的努力，都旨在探寻发动旅游行为的一般内在驱力，解释旅游行为的深层原因，因此，他们的模型较少含有操作的成分，却具有较多的解释色彩。

格雷在他1970年出版的《国际旅行——国际贸易》[①]一书中，提出了休闲旅行（即旅游）的两种驱动力：漫游癖（wanderlust）和恋物癖（sunlust）。按照他的解释，漫游癖是人类的一种内在的本质特征，它催发着人们离开熟悉的环境和事物而前往异域他乡去观赏令人激动的异域文化和事物的欲望。相反，恋物癖这种欲望的满足有赖于客观存在的、能符合特殊意愿的、优美的异域风光（例如，大批游客为"追逐阳光"而涌向加勒比和地中海地区）。在这里，格雷把漫游癖解释成一种内在的"推动"因素（push factor），而把恋物癖解释成是对存在于异地的"拉动"因素（pull factor）做出的反应。这种认识的价值似乎主要在于解释导致游客心理失衡从而形成旅游行为的内驱力的内在机制，而不在于明确旅游的动机是什么。另外，格雷的模式还能明白地揭示，游客的旅游行为，是由内外两种因素的相互作用引起的，尤其是由二者彼此间的矛盾状态催发的。

格雷的动机模型，引来了众多的追随者。戴恩（Dann）在1977年对旅游动机的划分，进一步明确了"推力"和"拉力"两个概念，并将失范（anomie）、自我提高（ego-enhancement）和白日梦（fantasy）共同作为旅游的推力。[②]在

---

① H. P. Gray: International Travel–International Trade. Health Lexington, 1970.

② G. Dann: Anomie, Ego–Enhancement and Tourism. Annals of Tourism Research, 1977, 4(4): 184–194. 失范是社会学当中的一个重要概念，最先由著名的社会学家涂尔干在研究自杀问题时提出。在这里，戴恩用以指社会个体在社会中感受到的无意义和无规范状态；自我提高通常与个体地位的相对缺失有关。他同时还将白日梦进一步做了分类，包括名誉、肤色、声音、性别、政党、宗教、教育、家族、体能和金钱。换言之，人们在这些问题上，都可以想入非非，做白日梦。而实现这种白日梦的方式之一，可能就有旅游。

他看来，推力构成了旅游动机的本质，是旅游的内驱力，而拉力则代表着旅游目的地的具体吸引物。正是这些吸引物的存在，将那些已经决定外出旅游的人引诱到了这里。戴恩认为，从理论上来说，这两种内驱力的区分是很有意义的，因为它体现了逻辑上和时间上的先后顺序。从方法论上来看，这也使得我们能够构建因果关系模型，并运用诸如路径分析（path analysis）等技术。沿着戴恩的分类法，诺斯（Gnoth）对"推力"和"拉力"的区分采取的是这样的方式：推力是内在生成的各种动力，它们推动旅游者去寻找那些能够解除当前压力的物体、情形和事件中的各种符号，而拉力是由旅游者所拥有的有关目标属性的知识所诱发的一种力量。[①] 这种观点与笔者在 1990 年发表的文章中所提出的观点非常接近，在这篇文章中，笔者强调了旅游动力的矛盾论观点，并指出了知识在诱发这种矛盾中所发挥的作用。[②]

与格雷以及戴恩的模型非常相近的是艾泽欧－阿荷拉的模型（见图 3-4）。[③] 格雷所注意到的构成推和拉两个动力的漫游癖和恋物癖，在阿荷拉那里被直接表达成逐求和逃避两种力量。逐求的力量来自个人的内部，由人本质所规定。在阿荷拉看来，那种天生的、遗传的、本能的扩张能力和欲望，是促发旅游行为的根本动力来源。另一种力量，来自外部世界的压力、招引和呼唤，外部世界的存在之所以能转化成人类的行为动力，这是社会化过程的目的和结果，因此对个体而言，这种动力的产生也同样是必然的。所以，在格雷、戴恩和阿荷拉等人看来，旅游者为什么出游，可以说是由两个最基本的原因共同决定的：内力的推动和外力的吸引。在阿荷拉的模型中，内在动力和外在动力的表现都有十分强烈的状态，呈现的是探寻未知世界的心理倾向，这非常接近于中国人所谓的远方崇拜现象。只有那些没有遭遇到任何环境压力从而也不会对环境外的吸引有所感动的人，同时在内心深处对新奇永远麻木不仁的人，才不会有旅游的任何动力。

---

① Juergen Gnoth: Tourism Motivation and Expectation Formation. Annals of Tourism Research, 1997, 24 (2): 283–304.

② 谢彦君：论旅游的原始化与现代化，《旅游学刊》，1990：（4）。

③ S.E.Iso–Ahola: Toward a Social Psychological Theory of Tourism Motivation: A Rejoinder. Annals of Tourism Research, 1982, 9 (2): 256–262.

规避外在环境的欲望

		强烈	微弱
寻求内在满足的欲望（体验新奇）	强烈	探寻未知世界的心理倾向	非常愿意在一些熟悉的地方获得强烈的体验感受——缺乏旅游的动力
	微弱	寻求在熟悉的旅游环境中放松身心——前往大众性旅游目的地	对任何地点和活动都缺乏兴趣——惰性很强

图 3-4　艾泽欧－阿荷拉的模型（1982）

以上这几个人对旅游内驱力的分析，是比较有代表性的几种观点，而它们给我们留下的最深的印象，恐怕就是它们彼此都有很大的相似性。它们或者表现为逃逸，或者表现为追求，但都不外是内心世界与环境世界存在矛盾冲突的表现。逃避环境压力从表面上看是为了躲避什么，但实质上是想谋求补偿别的什么；寻求内在欲望的满足，其实也是因为本能或本性受到了压抑。因此，这些模型总是在向我们展示着同一个硬币的两面，它们是分不开的，它们是彼此互为存在的。正是在这一点上，我们可以比较明确地将这几种理论共同归为对旅游内驱力研究的理论。它们具有一般性和基础性。

（二）旅游需要研究

如果说旅游内驱力研究由于它本身所关注的问题的一般性以及这种研究同时能反映出一些本体论、认识论和方法论上的问题，那么，对旅游需要的研究就可能由于它更贴近旅游行为而被不自觉地与旅游动机相混淆。这是一个普遍的问题，而且并没有被人们注意到。另外，在旅游需要或旅游动机研究中，我们也经常发现，人们会把旅游的目的（它构成旅游需要或旅游动机）和旅游的手段相混淆。

从前面对旅游内驱力、旅游需要、旅游动机以及旅游行为诸范畴的关系表述上我们可以看到，旅游需要仅仅是旅游内驱力在人们头脑当中的意识反映。在某种程度上，它是一种尚未分化、不尽清晰的意识状态，它的表现只能是源自某种痛感或病态的一种欲望，或者这种感觉所诱导的能够对这种状态予以疗治的期望。所以，尽管有时我们可以从旅游者的旅游体验结果上逆向地分析出或归纳出旅游者各种各样旅游需要的满足或不满足，但在旅游之前，旅游需要是没有分化出类型来的。再者，由于有旅游动机的存在以及旅游动机的性质使然，旅游需要在这个阶段也不必分化为具体的类型。这就像我们多日没有进食，由此出现血糖下降的生理反应，内驱力强烈地推动着我们做出行为来，而对于"需要"而言，我们只有一个愿望："想吃。"这种通过意识直接反映内驱力的现象，就是我们所定义的需要的内涵。需要的不满足，会导致病态的生理或心理，所以，当饿了的时候，只有吃才能防止病态的出现。正常情况下我们基本上很少见到，一个饥饿的人会因为拒绝给他的窝头而专门要吃面包而没有吃到而致病的情况。显然，"要吃"是解决需要的问题，"要吃什么"是解决动机的问题。所以，针对具体行为而言的需要，总是处在一种未分化的状态，是一种整体意识。当然，如果我们探讨的是一般的行为规律，尤其是在不针对任何具体行为而谈论需要的时候，或者我们是在总结不同类型的人为什么表现出不同类型的行为时，我们还是可以对旅游需要做出带有通则性的一般解释和分类的。马斯洛的需要层次论，实际上就是这种归纳法的结果。但是，你并不能拿它来解释一个具体的行为：一个具体的行为通常只具有这个层次模型当中的某一个层次的属性或特征，并不涉及该模型的全部层次。当然，如果我们把旅游者整个旅途过程中的所有行为视为一个具体行为时，情况自当别论，因为这种情况下，旅游者的行为可能涉及马斯洛需要层次模型当中的各个方面。

　　正是由于这个道理，我们认为，对于一次具体的旅游行为而言，旅游需要其实很单纯，那就是对旅游愉悦的追求。这种愉悦的根源来自旅游者通过旅游而补偿了匮缺或实现了自我，而获得这种愉悦感受的渠道却是多种多样的。从图 3-3 我们看到，要满足旅游需要，直接的通道是借助于将旅游需要落实到或分化为具体的旅游动机并通过旅游体验而实现的，这样，旅游动机暂时地成了旅游需要的工具性实现。因此，在我们这个模型当中，基本没有给旅游需要研究留下一个可以施展的空间，这等于说，我们认为，旅游需要永远是旅游愉悦，实现旅游愉悦的途径永远是旅游体验。这也同样意味着，旅游需要这个范畴，在理论框架当中是一个过渡范畴，在实践当中，是一个基本没有操作意义的概念（它的操作空间可以被旅游动机所取代）。这一点通过对目前流行的几种旅游需要研究成果的进一步评价，便可以更加明确起来。

　　明确以旅游需要（而不是旅游动机）作为探讨对象的理论研究，要数菲利普·皮尔斯（F. L. Pearce）的模型影响最大。[①] 皮尔斯所提出的旅游需要层次（travel needs ladder）基本上是马斯洛需要层次论的翻版，是从旅游的角度对马斯洛的模型进行的重新注解。在这个模型当中，包含了五个层次的旅游需要：放松需要、刺激需要、关系需要、自尊与发展需要和自我实现需要。除了在最基本的生理需要和安全需要方面做了一些调整之外（实际上，皮尔斯在另一篇文章中几乎就没有什么改变[②]），皮尔斯所做的工作主要是筛选各种旅游现象并将它们置放到这个模型中的适当位置，于是产生了他的旅游需要层次模型（见图 3-5）。

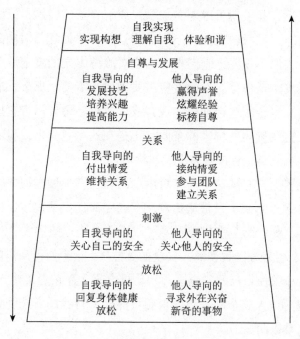

图 3-5　皮尔斯的旅游需要层次模型

　　皮尔斯的模型没有将马斯洛的所有需要层次（比如生理和安全）照单全收，说明他还是注意到了旅游需要的特殊性问题。因为即使在旅游过程中实际存在

　　① P. L. Pearce: The Ulysses Factor: Evaluating Visitors in Tourist Settings. New York: Springer Verlag, 1988.
　　② Charles R. Goeldner, J. R. Brent Ritchie, Robert W. McIntosh: Tourism: Principles, Practices, Philosophies. John Wiley & Sons, Inc. 2000:263.

着生理的需要，但那不是主导方面的，这一点在本文前面有关部分已经论及。但是，仔细思考一下之后，我们仍然会发现，这个需要层次模型并没有多少操作价值，因为，当我们企图了解旅游者出行的目的时，通常很难直接从旅游者那里得到对这些不同层次的需要的清晰认可。这些需要可能隐藏在各种行为和动机的后面，甚至不会浮现为一种意识形态，因此就不具备需要在概念上的规定性：需要是一种意识反映。因为，当我们向旅游者询问"你为什么旅游"时，不管他是从旅游内驱力的角度还是从旅游动机的角度思考这个问题，他都不大可能回答说"我要实现自我""我要确立自尊""我要构建关系"，这说明，这些目的在旅游者心中，已经退回到某个角落或者幕帐的后面去了，它们离旅游内驱力已经很近，几乎就可以用它来取代或解释了。当然，旅游者或许会回答说"我要刺激一下""我要放松一下"，但这样两个回答是对应需要层次当中最低级的需要，它们不重要，它们难以构成对旅游本质的规定性的真正呼应。退一步讲，如果皮尔斯模型当中的这些需要确属于需要，那么，通常它们也会借助于极其丰富和复杂的途径加以实现，或者，对旅游者而言它们永远是难以梳理清楚并用语言明确表达出来的东西。正是在这个意义上，我们认为旅游需要是一个过渡性的范畴，它没有多少操作价值。

　　学术界基本上没有从这个角度对皮尔斯以及其他做类似研究的人的成果发生过质疑。冉恩（Ryan）只是从比较技术的层面提出了皮尔斯模型所存在的不足。[①]他指出，皮尔斯主张刺激需要可以沿着一个风险和安全的维度加以理解（皮尔斯将其表达为对自我和他人安全的关注），这是值得商讨的。因为，在关注他人的安全和关注自己的安全这两种动机之间，存在着实在的和明显的区别，甚至为了实现对他人安全的关心，很有可能会使自我的安全受到威胁，因此二者是矛盾的、难以两全的。

　　除了皮尔斯的模型之外，也还有一些关于旅游需要的探讨。但这些探讨不是同样地误将旅游动机或旅游内驱力表达为旅游需要或相反，就是缺乏某种系统性或可靠性，因此没有多大影响。这里值得一提的，恐怕是冉恩根据拜尔德和瑞伯（Beard and Ragheb）的观点对旅游需要的归纳。[②]尽管冉恩用的是旅游

---

　　① Chris Ryan: The Tourist Experience: A New Introduction. Cassell: Wellington House, 1997:38-39.

　　② Chris Ryan: The Tourist Experience: A New Introduction. Cassell: Wellington House, 1997:28-29.

动机（motivation）这个术语，但笔者认为，他的分类属于旅游需要的范畴，而且直接源于马斯洛的需要层次论，因此我们也将他所用的动机一词改换成需要（need）。冉恩的旅游需要分类是：

- 智力需要（intellectual need）。这种需要能够反映旅游者个体在多大程度上被激发而参与到各种精神性的休闲活动中，比如学习、探险、发现、思想或想象等。
- 社会需要（social need）。这种需要能够反映旅游者个体在多大程度上被激发而参与到一些社会休闲活动上。这方面包含两种具体的需要：对友谊和人际关系的需要，以及对自尊和他尊的需要。
- 能力需要（need for competence and mastery）。这种需要能够反映旅游者个体在多大程度上被激发而参与到一些旨在培养能力或技艺休闲活动上，这些活动可以给人以成就、掌握、挑战以及竞争等感受，通常在性质上属于一些身体方面的活动。
- 规避刺激需要（need for stimulus-avoidance）。这种需要能够反映旅游者个体在多大程度上被激发而从各种包含着过度刺激的生活环境中逃逸出去的企图。对于某些人来说，这是一种规避与他人联系的需要，是一种追求孤独和平静的需要。对于另一些人来说，可能是一种求得休息和自我放松的需要。

将冉恩的这个旅游需要模型放在我们的分析框架当中进行评价的话，它和皮尔斯的模型一样，有类似的优点，揭示了类似的问题，但同时也存在类似的缺欠。这是由于人们对作为旅游需要本身所应具有的性质以及旅游需要与旅游动机之间的关系缺乏认识导致的。

（三）旅游动机研究

在有关旅游行为的动力学研究中，最显性的研究就是旅游动机研究了。在这方面，国外旅游学术界积累了大量文献，在国内虽然还没有十分系统的研究成果，但初步的探索也还是有的。

由于旅游动机是直接规定旅游行为的心理变量，因此，任何以应用研究为目的、以确定操作指南为依归的旅游行为研究，都会将注意力集中到旅游动机上面，努力构建旅游行为和旅游动机之间的因果关系模型，从而为理解旅游者的决策过程提供依据，也为制定应对旅游消费者需要的各种管理决策提供依据。所以，与一般消费者行为模型一样，旅游者的旅游决策过程既可以被看作一种新的决策过程的产物，也可以被看作一种一些基本问题（比如是否去旅游、到哪里旅游、何时去旅游，以及旅游的方式等）已经被确定了之后的常规性过程。在这个过程中，旅游者刻意地通过一系列自主选择的行为来弥合其真实自我与理想自我之间的差距。这种差距反映了内在价值观与外在价值观的协调程度。旅游者对旅游内驱力的意识反映（旅游需要），代表着一个由各种环境参数影响（如机会、时间和金钱等）的动机激发过程。[①] 换言之，旅游者出行动机的形成，实际上是个人内心自我价值判断与环境参数进行相互渗透、彼此作用并最终调和的结果，是矛盾的产物。正是这种矛盾的产物，最终形成了需要在未来加以满足的旅游需要，这种需要及其满足，同时既是认知意义上的，也是情感意义上的。也就是说，通过旅游，人们不仅满足了认知的欲望、自我实现的欲望，也能同时达到抚慰情感的目的。对于旅游需要而言，情感往往是直接的目的，而认知或自我实现可能是间接的目的，或者是后续的效应。这里所说的认知（cognitions），是指各种精神层面的表达形式（mental representations），如知识或信仰。相反，情感（emotions）则包括感觉和本能诸范畴。由于含有某种态度的情感（attitudinal affect）依附于对具体事物和经验的认知，因此，情感本身就带有某种认知的结构，其形式采取的则是情感—意识（emotion-awareness）的形式。可以说，情感与认知这两个系统在对人的控制在程度上是不同的。两个系统对旅游动机的形成以及对旅游目标的确定都有贡献、有影响，二者在旅游动机和旅游期望形成过程中所扮演的这种角色，可以使我们更好地理解旅游者的认知、期望和价值特征。

大量的旅游动机研究，都以最终提供一个旅游动机的分类框架为目标。这些分类框架常常各有侧重，不尽规范。形成这种局面的原因是，致力于对旅游动机的通则性研究的人，往往期望给出一个周全的而又足够概括的旅游动机分类模型，而这种期望不断破灭的原因是那些从事旅游动机的个案性研究的人总

① J. Krippendorf: The Holiday Makers, Heinemann, London, 1987.

是能提出一些不同于以往的具体的旅游动机，因为他们的研究对象是指向具体
旅游目的地、具体旅游者、具体旅游情境的。不过，在现阶段，我们还是能够
举出几种比较典型的旅游动机模型，作为我们理解旅游行为动力学的一些基本
常识。

应该说，麦金托什的有关旅游行为动力的研究，其实属于旅游动机研究的
范畴。他认为，旅游的基本动机可以分为四种，具体包括：①

- 健康动机者。其中包括体力休整、体育运动、海滨娱乐、陪同客人消遣
  和其他与健康有益的动机者。此外，有些人可能受医生嘱托或推荐，采
  用矿泉浴疗法、浴室疗法、体检和其他有益于健康的活动。以上旅游动
  机者都有一个共同特点，即通过体育运动来放松情绪。
- 文化动机者。主要包括那些希望了解异国文化风情的人，这些文化形式
  包括音乐、艺术、民俗、舞蹈、绘画、宗教等。
- 社会关系动机者。主要包括那些希望结交新伙伴，想拜访朋友和亲属，
  想逃避日常琐事、家庭生活和邻居或是向往广交新朋友的人。
- 地位或声望动机者。这类人主要关心个人利益和前途。他们的旅游与其
  工作、会议、研究课题、爱好以及教育有关。他们希望通过旅游受到赏
  识、引起注意、得到称赞或达到圆满的竞争目的。

现在看来，麦金托什的这个备受推崇（尤其在旅游知识贫乏的中国旅游学
术界）的旅游动机模型，实在太老旧了，也实在有太多的漏洞了。最为人疑惑
的是，在这个模型当中竟找不到自然观光旅游者的位置！不过，这个旅游动机
分类模型在方法上展示了旅游动机研究的有用思路：旅游动机研究可以着眼于
对行动内容的关注。从这个角度出发研究旅游动机，可以在保有甚至突出旅游
动机研究的可操作性上拓展足够的空间。

另外，日本学者田中喜一和金井省吾对旅游动机的分类，也基本上沿用这
样的思路。田中喜一将旅游动机划分为精神动机、身体动机和经济动机，与麦
金托什的分类几乎一脉相承，只是更完备了一些，因为精神和身体两个方面几
乎涵盖了旅游动机的全部内容。金井省吾的旅游动机类型是通过因子分析从现

---

① 麦金托什：《旅游学——要素·实践·基本原理》，上海：上海文化出版社，1985：第98页。

象内部识别出来的结构类型，其内容见表 3-1。

表 3-1　金井省吾的旅游动机分类 [①]

动机类型	动机的例子
I. 解除紧张的动机	转换心情 逃避麻烦的现实 接触自然
II. 充实和发现自我的成就动机	对未知事务的崇敬 接触自然
III. 社会的存在动机	与朋友亲密和睦地相处 从众心理 作为了解常识 为了家庭团圆

通过因子分析识别旅游动机是一个常用的方法。当某一项研究处于草创时期，有关这项研究的对象的内部结构的知识又非常贫乏，而这种结构又是一种可以借助于人们的基本判断来识别出来的时候，因子分析对于认识这种事物的结构特点就非常有用。笔者曾于 1994 年在英国与道格拉斯·杰弗瑞（Douglas Jeffrey）博士一起，运用因子分析的方法，首次识别出了英国赴华度假旅游者的动机类型。这项研究的最后结论是：英国赴华度假旅游者在来华动机上，呈现出明显的倾向性，是一个有特殊结构的动机组合，其中比较突出的旅游动机可以包括这样一些类型（8 个因子）：山水风光游、健身旅游、文化艺术旅游、城市购物观光娱乐、访古旅游、社会旅游、美食旅游和探寻城市生活旅游。[②]

实际上，20 世纪后期在西方的动机研究领域，已经陆续提出了一些比较复杂的人际互动模型，这些模型建立在个人的和情境的构成因素的基础上，而这些因素往往以认知的和情感的术语加以表达，因此这些模型的视角显得更为宽阔，解释力更强。[③] 到如今，由于计算机的使用，动机研究已经成为近乎高深莫测的研究领域。在这种情况下，由于大肆利用路径分析和因子分析等技

---

① 吕明，郝春东：《旅游心理学》，广州：广东旅游出版社，2000：第 29 页。

② D. Jeffrey, Y. Xie: The UK Tourism Market for China. Annals of Tourism Research, 1995, 22(4).

③ C. F. Graumann: Motivation. Wiesbaden: Akad.Verlagsges, 1981.

术，旅游动机研究也出现了被误导的可能性。[①] 为此，帕兰罗（Giuli Liebman Parrinello）提醒人们，此时尤其要特别小心技术陷阱，要注意各种技术的假定局限，同时要记住动机研究过程中所涉及的语言的文化特性问题。[②] 这个提示对于以旅游体验为研究对象的我们来说，尤其具有警醒的意义，因为，在实证主义十分盛行的学术环境当中，如何做到在研究旅游体验的时候不把它敲碎，从而让我们能理解旅游体验的完整意义，是一件十分重要的事情。在上面的分析过程中，我们力图通过构建一个解释旅游行为的动力学模型来维持旅游需要的整体性，仅仅在要求具有可操作性的旅游动机层面才做出适当的拆解，其初衷就在于此。

---

① 有一些动机研究的因子分析，在一些草率的动机选项之间存在了大量的叠加，而这些叠加的部分就是因子，也就是说因子分析前的各个答案之间存在大量的相关或叠加部分（这种叠加也是因子存在，可以做因子分析的一个前提条件）；因子分析后剥离出叠加部分作为因子，各个因子是不相关、不叠加的。

② Giuli Liebman Parrinello: Motivation and Anticipation in Post-Industrial Tourism. Annals of Tourism Research, 1993, 20:233-249.

第四章

旅游体验中的情感
放飞与精神救赎

　　约瑟夫·派恩和詹姆斯·吉尔摩在其流传甚广的《体验经济》一书中，提出了一个描述体验内容的分析框架。他们认为，体验可以从很多方面来吸引人。他们用两个最重要的维度对体验的一般内容进行表达，一个是体验者的参与程度，另一个是体验者与环境的关系，而在这两个维度交叉搭建的框架当中，就可以分别为各种体验进行定位。表示参与程度的横轴一端代表消极的参与者，另一端代表积极的参与者，交响乐听众和滑雪者分别是这两种体验者的典型；表示体验者与环境的联结形式的纵轴，其两端分别表示"通过心智体验而吸引了体验者的注意力"和"体验者本身变成体验的一部分"，看电视属于前者，玩游戏则属于后者。根据这个框架，派恩和吉尔摩将体验分成四种类型：娱乐体验、教育体验、遁世体验和审美体验。将这四种体验置放到其中各个象限当中，从而可以判断各种体验在这两个方面的特点。[①] 见图 4-1。

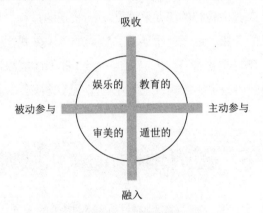

图 4-1　体验王国

　　然而，如果对旅游体验从内容上进行分类，似乎还不能完全遵从派恩等人的意见。旅游作为一种发生在闲暇当中的娱乐性行为，娱乐性会像空气一样弥漫和浸透到所有的教育、遁世和审美体验当中。另外，在旅游过程中，对美的逐求，也使旅游体验无时无刻不镶嵌在美的背景当中。所以，娱乐和审美的要素或成分，会在各种旅游体验当中存在。因此，从内容上划分旅游体验的类型，我们还是主要考虑旅游体验的特殊性来做出相应的调整。这种调整在目前阶段

---

　　① B. Joseph Pine II, James H. Glimore: The Experience Economy, Work is Theatre & Every Business a Stage. Harvard Business School Press, 1999:31–32.

可能还不成熟，但却足以从各个角度（即使有些交叉和重叠）深入刻画旅游体验的内容、方式和特点。为此，本文将主要考察审美体验、补偿体验、遁世体验、极端体验和认知体验。这种分类也充分考虑了马斯洛的需要层次理论当中所体现的思想。同时，我们认为，任何类型的旅游体验，在总体上，都笼罩在审美体验的氛围当中，或者多少沾染有审美的色彩。因此，这里所做的体验类型的划分，如果存在着违反分类学原则的地方，那也是情理之中的事情，因为这种分类结果本来就不是建立在一种标准之下的。

在整个旅游体验过程中，旅游者通过各种体验方式，实现了在情感世界和精神世界的徜徉和回归的旅程。表面上看，旅游过程好像一个卸掉了责任感的自娱自乐的过程，但经过仔细分析我们就发现，不管是从社会群体意义上还是从旅游者个体意义上看，这个过程都体现了一种精神世界的追求：旅游是一个通过情感的无拘无束的体验来获得精神的满足和意志力的实现的过程。从这一点看，旅游本身带有人本主义的意味，是人类生活最高境界的体现方式之一，也是能够使人找回自我、救赎灵魂的通道之一。认识到这一点，我们才能深切地体会到，旅游可以作为富裕社会的典型生活方式，旅游业可能是人类社会中永远朝阳的产业。

一、旅游体验中的快乐原则

从最根本的意义上说，旅游体验的目标是对快乐的追求。快乐是情绪或情感范畴的一个测量性的指标，与它对应的另一个指标是痛苦。尽管痛苦可能伴随着旅游者的整个或部分行程，但那绝不是以目的的形式存在的。旅游者所遭遇的痛苦，有时是作为手段而存在的，有时是外力强加的结果。因此，我们几乎可以很确定地认为，旅游体验的终极目的，是为了寻求快乐或愉悦。这种情感的目标，其实并不是一个简单的问题。由于旅游过程的复杂性，由于旅游者个体的心理和目标的差异，最终会使旅游者的情感追求呈现不同的倾向。

在快乐原则的支配之下，旅游体验所追求的愉悦，可以称为旅游愉悦。我们可以将旅游愉悦（tourist pleasure）理解成一个比较宽泛的范畴，它与一般愉悦的区别，不是在它的本质的规定性上，而在于它在愉悦实现的过程、手段或情境方面存在与日常愉悦的差异。用我们已经构建起来的分析框架来说，旅游愉悦是在旅游世界而不是生活世界当中获得的愉悦。从这种愉悦的活的方式上看，旅游愉悦可以来自旅游者各种目的或手段，它既可以是那种我们非常熟悉的、直接的快乐，也可以是我们常常意识不到的那种间接的快乐（比如因痛感甚至恶意而产生的快乐）；既可以是生理的快乐，也可以是心理的快乐；既可以是情感释放的快乐，也可以是精神顿悟的快乐；既可以是审美的快乐，也可以是世俗的快乐，甚至是那种仿佛远离尘世、接近天国的快乐。但是，不管哪一种快乐，其基本表现层面都是在情感范畴当中，其发生的情境都是在旅游世界当中。因此在总体上，我们需要构筑一个比较复杂的、可以描述旅游世界的愉悦体验的情感模型来对这种快乐机制进行分析。

（一）旅游体验的情感模型

情感是人们对于周围事物、对于自身以及对于自己活动的态度的体验。它是意识的一种外部表现，是感知主体对外部刺激做出的肯定或否定的心理反应。说情感是一种体验，这意味着强调情感是基于内在心理结构而发生的心理活动，它可能包含着三个方面：体验于内的是感情，如爱、恨、亲、疏；表露在外的是表情，如喜、怒、哀、乐；诉诸行动的是情绪，如兴奋、颓丧、激动、平静、愤怒、羞愧、恐惧、蔑视和接受等。而情感就是这三种心理表现综合形成的相对稳定和持久的心理倾向。

从历史上看，早在公元前 4 世纪，柏拉图和亚里士多德就研究过情感。到了17 世纪，著名学者笛卡儿认为情感是控制人类行动的活力因素，他提出人有六种最基本的情感：羡慕、爱、恨、欲望、愉快、悲哀。1872 年，达尔文在其著作《人与动物的表情》一书中，对情绪及其外部表现做了重要的论述，指出了人与动物的情感之间的关系，分别介绍了快乐、痛苦、忧虑、悲哀、沮丧、失望、憎恨、兴奋、羞惭、吃惊、恐惧、轻蔑、厌恶、负罪感、骄傲等多种情感的特征。

自 1879 年科学心理学创建以来，在其发展过程中，产生和形成了许多学派，这些学派对情感都各有研究，就其分类也提出了相应的种种观点。

著名心理学家冯特曾力图充实关于情感的本质特征的认识，因此提出了"情感三度说"的理论。他认为情感的差异不只表现在愉快—不愉快的特性上，而且也表现在兴奋—镇静、紧张—松弛的特性上。冯特认为，任何情感都是基本情感的复合体，每一种具体的情感都可以在这三个维度上加以描述。但是，冯特的这个理论曾引起争议，尤其遭到他的学生铁钦纳的反对。铁钦纳主张，情感只有一个维度，即愉快—不愉快，至于冯特所说的其他两个维度，不能像愉快—不愉快那样构成心理上截然相反的过程。但是，冯特的观点对于帮助人们认识情感的两极性还是有贡献的。

苏联的心理学家雅科布松在其著作《情感心理学》当中，认为情感是指人具有的稳定的情绪态度、固定的心理状态，它是对现实中一定范围的现象表现出的一种独特的"眷恋"或"疏远"，它是对一定的现象产生的稳定的"指向性"，是对现象产生的一定"兴趣"。由此，他认为许多心理状态、体验和动机，都可以划归到情感的范畴，比如愉快、焦躁、忠诚、崇敬、痛苦、狂欢和惊叹等。[①]

近年来，西方情感心理学家也倾向于把情感分为基本情感和复合情感。有的心理学家把快乐、愤怒、悲哀、恐惧列为情感的基本形式，还有的则认为人类具有 8 种基本情感，分别是兴趣、惊奇、痛苦、厌恶、愉快、愤怒、恐惧和悲伤。复合情感则是由这些基本情感混合而成，如愤怒加厌恶就是敌意，恐惧加内疚就是焦虑。

1944 年，我国著名心理学家林传鼎从《说文解字》一书找出了 354 个描述人的情感表现的词汇，并按照词义把它们分为 18 类，即安静、喜悦、恨怒、哀怜、悲痛、忧愁、愤急、烦闷、恐惧、惊骇、恭敬、抚爱、憎恶、贪欲、嫉妒、傲慢、惭愧、耻辱。他认为，人类丰富多变的表情和情绪主要就是由这 18 类基本情感组合而成的，一个人在某一时刻可能体会到其中的一种情感，也可能同时产生多种情感。

这样看来，人食五谷，遂生六欲；人非草木，固有七情（喜、怒、哀、欲、爱、恶、惧）。所以，情感对于人而言，本无所谓好与坏。谁也不会否认，倘若没有一些所谓消极性的情感体验，就难以彰显那些所谓积极性的情感价值；而没有那些令人癫狂的兴奋感受，就不会对某些失落产生刻骨铭心的情怀。很多人都有这样的感觉，我们在追求快乐的感受时，这种快乐的程度与我们内心原有所积累的不快乐的成分有关。情感所能带给人的快乐的多少，要看这种快

---

① Π·М·雅科布松：《情感心理学》，哈尔滨：黑龙江人民出版社，1988：第 16-18 页。

乐的期望曾被压抑了多久和多深。就像被埋藏在地下的岩浆，一旦喷发，就会振聋发聩，那是因为被压抑得太久、太深的缘故。

在通常情况下，人们对一种事物，由于各种因素的影响，往往产生彼此对立的不同情感，从而使情感都呈现出两极性的表现。情感的这两极，处于一种对立统一的基础之上，是一种互为前提的矛盾运动过程。这表现在：情感的两极是相互比较而存在的，是相互联系而转化的，并在相互斗争中获得发展。所以，当人们主动地追求情感体验的时候，尽管他可能会直接追求一些所谓积极性的情感（如爱慕、兴奋、幸福、欣快等），但这些情感目标的到达，一定要以一些消极性的情感（如憎恨、郁闷、苦恼、疲倦等）作为铺垫或参照。一个人只有经历了与现实相对立的情感体验，才能进一步加深对现实的情感。这种辩证关系，非常符合老子所言"大道废，有仁义；智慧出，有大伪；六亲不和，有孝慈；国家昏乱，有忠臣"。

所以，我们很容易推论出，人们追求情感体验，一定是源自内心情感的某种匮缺。这种匮缺的表现，或许是太平静了，或许是太紧张了，或许始终处于亢奋之中，或许一直摆脱不掉哀痛的折磨……这些都是日常生活和工作环境能够或强加给我们的常规性情感体验。为了变换自己的心境，人们很自然的一个选择就是外出旅游。

下面我们从情感所具有的两极性的特点，来具体分析旅游者寻求情感补偿体验的基本类型和特征。在这里，笔者提出一个旅游情感体验的"一元两极多因素影响"模型，借以刻画旅游情感补偿体验的全貌。需要明确的是，这个图（见图4-2）由于作为一种平面图所具有的不可避免的缺陷，并没有把我们所要表达的思想完全准确地展示出来。这其中的原因包括如下几个方面：首先，这个图还有与现在的图形完全相对的另一面，换言之，我们要表达的生活世界和旅游世界都是立体的，生活世界也存在着快乐以及引起快乐的因素，旅游世界也存在痛苦和引起痛苦的因素，而现在这种平面图的表达，仅仅是抓住了两个世界从旅游的角度看的主要特征；其次，在生活世界或旅游世界内部所做的分割，并不意味着将四种引发情感反应的因素一分为二地分配给了两种不同的情境，而应该依然将这个分割线理解成一种在立体世界中所做的分割，是将每一种因素分割成两半，而不是将四种因素分割成分别属于两个世界的两种因素

（这个道理与前面一点的道理是相同的）；最后，所列举的引发情感变化的因素，并非是全部因素，因为在这方面，人们的见解差异很大，难以形成一致的看法，这里仅仅分别采用了四种笔者认为最主要的因素。

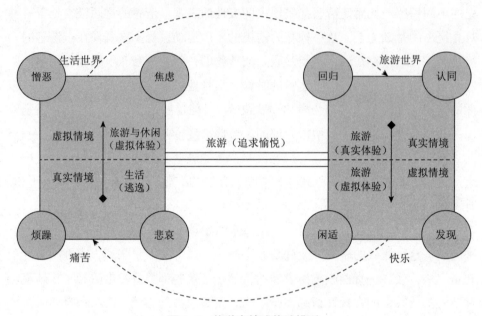

图 4-2　旅游者情感体验模型

这个模型包含着这样一些基本假定和结论：

（1）旅游是一种奢侈品，所以，导致旅游者产生情感补偿体验需要的情感，是一种在较长时期内形成的比较稳定的情感缺失状况，不同于即时性发作的情绪波动。旅游者不会因为一时的恨怒、哀怜、悲痛、忧愁、愤急、烦闷、恐惧、惊骇、憎恶、贪欲、嫉妒、傲慢、惭愧和耻辱而外出旅游（如果外出的话，也许可以称为"离家出走"）。只有当这些消极情感积压到一定的程度时，才能构成旅游的动力。

（2）情感只有一个维度，即愉悦度。仿照冯特和铁钦纳的表示形式就是：痛苦—快乐。而这个维度及表达形式同时也显示了情感的两极特性。这种用单一维度测量旅游者情感的观点，符合近年来心理学最新研究成果所反映的事实。因为近年来的电生理学研究表明，情感的引起和定向在很大程度上与丘脑、下丘脑、边缘系统的功能联系着。科学家用埋藏电极的方法在动物身上进行"自我刺激"的试验，结果发现，在下丘脑、边缘系统及其邻近部位存在着"快乐"中枢和"痛苦"中枢。前者分散在大脑的不同部位，相互比较独立；后者在区域上比较集中。所以，从这种实验研究的结果可以看出，情感是存在着两极性的，并且完全可以用愉悦度这单一的维度加以描述和测量。相反，如果按照冯特的情感三度说，甚至其他人那种明显的多元化情感解释倾向，就很难抓住情感的实质，同时还很难把情感与情绪、表情这些相对即时性的情感表现形式（或方式）区别开来，从而造成混淆和混乱。所以，概括为一点，那就是，当我们说到情感的时候，只要想到"痛苦—快乐"就可以了，或者说，情感的表达和表现，都依赖于这单一的维度来完成。——情感只和愉悦程度直接相关联。

作为这种理论的一种具体注解，史密斯与埃思沃斯（Smith & Ellsworth）用一个图形来表示获得愉快感觉所依赖的情感体验。他们的模型除了采用愉快—痛苦这个维度之外，还加入了一个相对的维度，即高努力—低努力维度。通过这两个变量所构建的衡量各种情感体验对愉悦程度的贡献，可以清晰地看出快乐的源泉（见图4-3）。

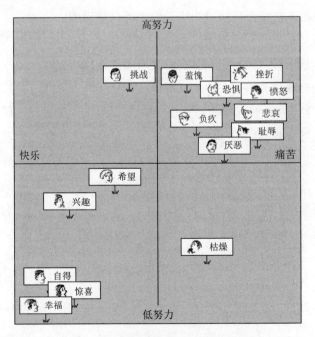

图 4-3　影响情感的愉悦程度的诸因素

人们如何进行情感体验，这与人们如何评价引起这种情感的情境有关。例如，根据情境中的愉快与痛苦的程度以及需要付出的努力的程度，就可以对基本的情感做出评价，如图4-3所示。[①]在图中，从左至右表示情感从愉快向痛苦（不愉快）的转化，而自上而下则表示为获得某种情感所需要的个人投入的多少，即努力程度的高低。

（3）情感在"痛苦—快乐"这个连续的谱状结构上的最终定位，受许多因素的影响。在理解这些影响因素的时候，重要的一点是要分清因果关系，不能因果倒置。比如，有些是情感最外部的、最直接的可观察到的形式，那就是人们的表情，因此它们是情感的结果或外显；那些直接以行动和行为表现出来的情感形式，即情绪，也是情感活动的结果或目标；甚至那些并不表露出来的内心世界的情感体验，也是情感活动的结果或就是情感本身。所有这些，都不能归结为造成情感变化或稳定于某一种状态，即在"痛苦—快乐"谱上的定位的原因。真正可以称得上影响情感定位的因素，在痛苦的一端，可以归纳为"焦虑、烦躁、憎恶、悲哀"，而在快乐的一端，可以归纳为"闲适、回归、认同、发现"。如果能逃避痛苦，获得快乐，人生就是幸福的。

（4）造成"痛苦"的"焦虑、烦躁、憎恶、悲哀"和引发"快乐"的"闲适、回归、认同、发现"，又分别是由若干更深层的因素导致的。对此我们可以做进一步地分析。

在生活世界当中，痛苦的根源来自"焦虑、烦躁、憎恶、悲哀"等生活经验。这些通常为人类所却拒的情感体验，具有十分复杂的生理和心理表现，我们无法在此一一探讨。我们主要就焦虑和悲哀两种引发痛苦的生活经验进行一番分析。

引起焦虑的根源，按照维雷娜·卡斯特的分析[②]，主要来自于对威胁与危险的意识。在日常生活中，任何人都可能有过焦虑的感受：学生可能为即将来临的考试夜不能寐，食不甘味；幼儿可能为去幼儿园而大哭大闹，烦躁不安；雇员可能为自己与顶头上司的紧张关系而惶惶不可终日。凡此种种，皆由焦虑而起。对于形式并不复杂、在日常生活中偶尔发生的焦虑，属于正常焦虑，它虽然会产生压力反应，但并不可怕。现代人随着生活节奏的加快或多或少会有这

---

① Linda L. Davidoff: Introduction to Psychology. third edition. McGraw–Hill, Inc, 1987:328.

② 维雷娜·卡斯特：《克服焦虑》，北京：三联书店，2003：第7页。

种经历，但它来得快，去得也快。只要采用一些基本的缓解压力的策略，则可解除它的困扰。真正麻烦的恐怕算是长期而又极端的焦虑，它会造成恶性循环，如果长期得不到解决，最终会导致焦虑性失常。当我们担心为社会或群体所抛弃，担心机会的丧失或失败的可能，忧虑控制能力的丧失，怀有对伤害或死亡的恐惧，或无助地处在一种完全陌生的环境中，这些都可能给人造成焦虑性失常。新精神分析学派的代表人物之一荷妮指出，在现代西方社会中，人与人之间普遍存在着冷漠、对立、疏离和怀疑之感，这往往会使人体验到一种孤立无助的失意与惶惑。而生活在这样一个潜伏着敌意的世界里的人，难免从儿童时代起就会形成一种基本焦虑，并由此埋下了日后产生神经病的隐患。① 一旦这种焦虑成为现实，它就会搅扰得人处于一种情感和精神的病态状况之下。因此，真实的焦虑无疑会引起"痛苦"的情感。

悲哀的产生，主要会给人一种失落的情感体验。人生在世，艰难乖蹇之时颇多，因此难免会品尝由于丧失、误解、失望、无助等带来的令人悲伤的情感，于是，悲哀就成了人类经常要体验的心路历程。悲哀的主要功能是帮助调适严重的失落感，诸如最亲近的人逝去或重大失败等。悲哀减退了生命的活力与热情，对消遣娱乐已全无兴致，继续下去几成抑郁，机体的新陈代谢也因之减慢。但这种回撤提供了一个反省的机会：悲悼所失，细嚼生命希望之所在；重聚能量，重整旗鼓，从头再来。像这样的能量暂时衰退，就早期人类而言，通常会选择留在家里，因为此时处于悲哀体验中的人较脆弱，易遭受伤害。从这个角度说，悲哀也就成了一种安全保护机制。但在现代社会，当人们在生活世界当中遭遇到了令人悲哀的事件并因而陷入悲哀的时候，痛苦的感觉会迫使有些人力求寻找到能消除悲哀影响的渠道和方式，其中有些人就可能会选择旅游作为暂时地逃离令人伤感的情境的方式。

从另一方面看，在旅游世界当中，引发"快乐"的源泉是"闲适、回归、认同、发现"。闲适既是一种存在状态，也是一种个人实现的目标，它作为与劳动相对的范畴，赋予劳动以意义；回归是朝向本性的运动，是人类通过反思自我的本质而最终通过各种运动性的表达而追求的一种实现；寻求认同是人类

① 荷妮:《自我的挣扎》，北京：中国民间文艺出版社，1986。

作为社会动物的一个基本倾向，是归属感的反映，旅游者通过旅游体验，最终可以寻找到文化意义的历史源流，从而获得生命意义的充盈感；发现则是人类本性当中保有的对新世界的好奇、对远方的崇拜、对未知的探寻等心态的反映，而旅游在为人们提供发现的机会方面，从古至今都被认为是最好的方式之一。所有这些，在它们被实现的过程中，都能够给主体带来满足感、愉悦感。这是旅游在本质上既是一种补偿也是一种追求的典型解释。

（5）在生活世界和旅游世界当中，都存在两种情感体验的情境状态：真实情境和虚拟情境；也存在两种情感：快乐和痛苦；因此也同样存在着引发两种情感的因素："焦虑、烦躁、憎恶、悲哀"和"闲适、回归、认同、发现"。这两两相对的情感范畴，并不是孤立的存在，而是在两个世界之间，在一个世界内部的不同情境之间相互转化，互相依存。比如，在生活世界或旅游世界内部的两种情境之间，仿佛存在一个过滤网，将真实状态和虚拟状态既分隔开来，又联系在一起。当旅游者处于生活世界真实的痛苦情境当中的时候，他就会产生逃逸的欲望，这是旅游的动力；而在生活世界中，如果人们所体验到的是虚拟情境中的痛苦情感，那么，这种体验就可能是个人的主动追求，通常情况下，这种虚拟体验会将这种痛苦情境破解为快乐情境，换言之，体验者本人明确地知道这种痛苦体验是暂时的、虚拟的，他只是借助这种体验改变生活的情调和张力，丰富人生的内容。所以，这种痛苦是无害的痛苦，通过各种休闲活动或旅游活动，都可以寻找到这种无害的痛苦。下文要讨论的极端体验，也是这种无害的痛苦体验的一种。再比如，在旅游世界和生活世界之间，快乐和痛苦也是相互转化并互相依存、彼此彰显的。生活世界的真实的痛苦会诱发旅游的动机，生活世界当中虚拟的痛苦体验的方式的不足也诱发旅游的动机；与此相对，旅游世界的虚拟的（或虚假的）快乐，也可能使旅游者难以体会到快乐的价值和分量，因此会转而听命于生活世界的快乐甚至痛苦（往往是虚拟的）体验。

在旅游体验过程中，旅游者所追求的愉悦，在类型上可以划分为两大类：一种是通过超越性的旅游体验而获得的愉悦，可以统称为旅游审美愉悦；另一种是通过回归性的旅游体验而获得的愉悦，可以统称为旅游世俗愉悦。这里的超越性和回归性，都包含着丰富的含义，需要做出专门的界定。

通常，对于审美体验，学术界一般都强调要以一种"非功利的态度"来进行。非功利的态度是一种摆脱了占有欲的态度，因此，审美体验首先是一种与实际占有审美对象无关的一个心理过程。然而，单纯的"非功利的态度"，还不能完全解释旅游体验中快乐（愉悦）的形成机制。在一定程度上，不占有仅仅是对审美过程中的主客关系所做的一种基本的描述，还没有触及很多审美过程的真谛。在笔者看来，审美愉悦的产生，最根本的原因在于审美主体对审美客体及其所意味的事实的全面的超越。没有这种超越，主体就不可能摆脱占有欲的控制，不能建立真正的非功利的态度，不能忘却利害关系的威胁。试想，如果我们在欣赏一只雄狮的表演时不能排除雄狮对我们的生命威胁，我们是无法产生审美愉悦的。

在现实的旅游体验过程中，对旅游者而言，具有超越意义的体验形式是多种多样的。各种对美的形态予以观照的过程，都能形成审美愉悦。这其中，有几种特殊的审美过程值得单独地解释一下。首先，如果从时间过程与情感过程之间的关系看，有时超越的性质体现在由痛苦向快乐的转化过程中，于是这种超越便造就了一种特殊的审美类型：悲剧。换言之，悲剧的审美特征，可能来自痛感，来自恶意，来自怜悯和恐惧，来自那种几乎有些高雅的忧郁。[①]除了悲剧这种典型的带有超越性质的审美类型之外，那些直面日常生活的平庸并勇敢地向这种平庸进行挑战的体验形式，也具有超越的意义，换言之，那种在挑战常规、背离常规的旅游体验中所获得的愉悦，在很大程度上也具有审美愉悦的性质。我们认为，这种更多地保持在精神层面的另类体验，不同于那些旨在补偿缺失、获得认同以及增长见闻的世俗体验，因为后者往往是也仅仅是为了使旅游者返回到常人状态所做出的努力，这种努力的结果，虽然带给体验者的也是莫大的愉悦，但这种愉悦已经不同于审美愉悦，而是一种植根于世俗人生的愉悦。本章其余部分，将详细地分析通过各种渠道、手段或方式而获得旅游审美愉悦和旅游世俗愉悦的问题。当然，任何人都不会否认，在旅游体验的过程中，要想把审美愉悦和世俗愉悦截然地区分开，在很多情况下是根本做不到的。从总体上看，由于旅游体验总是镶嵌在旅游目的地的宏观背景之下——正是这种宏观背景，决定了任何目的的旅游体验在文化和自然的意义上都被涂抹上了

---

① 朱光潜：《悲剧心理学》，北京：人民文学出版社，1983。

审美的色彩——因此，审美愉悦和世俗愉悦总是杂糅在一起的。比如，在各种补偿性的和认知性、认同性的旅游体验中，旅游体验主体除了能获得世俗的愉悦之外，也会得到审美的快乐；同样，在各种超越性的审美体验和另类体验当中，我们也很容易捕捉到旅游者那种沉溺于世俗间的欲望和心态，因为他们从这种欲望的满足中获得了世俗的愉悦。

（二）旅游体验中的审美愉悦

恩格斯曾在其散文《风景》中生动地记述过一种使他永难忘怀的特殊"体验"："你攀上船头桅杆的大缆，望一望被船的龙骨划破的波浪，怎样溅起白色的泡沫，从你头顶高高地飞过；你再望一望那遥远的绿色海面，那里，波涛汹涌，永不停息，那里，阳光从千千万万舞动着的小明镜中反射到你的眼里，那里，海水的碧绿同天空明镜般的蔚蓝以及阳光的金黄色交融成一片奇妙的色彩——那时候，你的一切无谓的烦恼、对俗世的敌人和他们的阴谋诡计的一切回忆都会消失，并且你会融合在自由的无限精神的自豪意识之中！"可以说，这种融合着"自由的无限精神"的难得的海上奇妙体验，正是一种我们所谓的审美体验。显然，这种审美体验是与对美的观赏和享受、对自由的觉察相伴随的特殊的瞬间性人生经历。

其实，旅游的审美在某些方面与一般的审美是不同的。比如，在旅游者作为一个审美者之前，他已经在意图上非常明确地要体验一个接踵而来的审美过程，为此，他做好了各种精神和物质上的准备。这与一次普通的审美活动有很大不同，尤其是与一些以单个的、简单的审美客体为观照物相比的时候，更是如此。比如，对一幅画作的审美，对一首歌曲的审美，在欣赏或聆听之前，审美者的心理准备往往比较平和，没有太多的期待和准备，心理的倾向没有定向，是弥漫的，其内在张力是以很不确定的状态存在着。[①] 相反，旅游审美过程却不一样。由于旅游作为人生的一次大事件，由于旅游所能给予个体的回报很多，由于旅游所带有的神秘色彩，因此，旅游者在出行之前，往往已经培育了浓厚的期待情怀，在心理上几乎早早地就给自己佩戴上了一副"迷己"的有色眼镜，

---

① 腾守尧：《审美心理描述》，北京：中国社会科学出版社，1985：第329页。

寄望于用这副充满情感的有色眼镜看待一路风光。从这一点来看，旅游审美比任何酝酿良久的重要的艺术审美活动（比如观看一场被广告或其他媒体炒作很久的电影或大型戏剧表演）都更具有期待色彩，在心理上也常常会更容易受旅游者个体对旅游目的地的各种美学要素的知识和理解的倾向性的导引。

我们可以把旅游者通过审美体验所获得的愉悦称为旅游审美愉悦。就其意义而言，旅游审美愉悦是旅游者在欣赏美的自然、艺术品和其他人类人文现象时所产生的一种心理体验，是一种在没有利害感的观照中所得到的心理享受。按照王柯平的说法，这种体验在本质上"是一项集自然美、艺术美和社会生活美之大成的综合性审美实践活动"。[①] 这种体验，像一般审美体验一样，给予人的快乐是一种天国的而非人间所有的快乐。

旅游审美愉悦的获得，来自审美主体与审美对象之间的关系。这里可能立刻就引出一个问题：什么是旅游审美对象呢？杜夫海纳说："审美对象是审美地被知觉的客体，以及作为审美物被知觉的客体。"[②] 但是，我们是依从个体的审美主体的标准来判断这个问题呢，还是依从了文化的审美主体的标准来判断这个问题呢？显然，我们需要接受的是后一种标准。因为，从表面来看，审美对象的确定似乎是审美主体个人的审美标准在起作用，但实际上，一定历史时期、一定文化形态下面的个人，对于审美对象的成立与否，有着一般性的、彼此认同的标准。一方面，审美对象独立于个别的审美主体而存在，甚至在被"审美地知觉"到之前几乎与审美体验不发生任何关系[③]；但另一方面，审美对象也已经被文化先在地或历史地赋予了一定的审美价值，而在审美体验过程发生之后，审美对象又完全成为审美体验的基础和凭借。

由此可以看出，审美体验（包括旅游审美体验）是一种外向活动与内向活动同时进行的活动，先对事物外部形态和特性予以注意并感知，然后又转回到人类内部心理世界，外部与内部在多次回返中达到同形，最后使内在情感达到调整、梳理、和谐，产生出愉快的情感感受。这就是审美愉悦的体验过程，它

---

① 王柯平：《旅游美学纲要》，北京：旅游教育出版社，1997：第 84 页。

② 米·杜夫海纳：《审美经验现象学》（上），北京：文化艺术出版社，1996：第 8 页。在这个表述中，杜夫海纳也意识到，在界定审美对象和审美知觉的过程中，存在着一个循环难题。但他强调，"现象学接受这种循环，用以界定意向性并描述意识活动和意识对象的相互关联"（见该书第 4 页）。

③ 这里不包括创作的审美体验过程，仅仅指作为观赏者的审美体验过程。

是一种摆脱了利害感和功利性的特殊心理过程。

对于超功利性的审美体验，亚里士多德在其《伦理学》（*Eudenmean Ethics*）中做了较为详细的论述，他认为，审美体验大致有六个特征：

（1）这是一种在观看和倾听中获得的极其愉快的体验。这种愉快是如此强烈，以至于使人忘却一切忧虑而专注于眼前的对象。

（2）这种经验可以使意志中断，不起作用，人似乎觉得自己像是在海妖的美色中陶醉了。

（3）这种经验有种不同的强烈程度，即使它过于强烈或过量，也不会使人感觉到厌烦（其他的愉快过多时，人会厌烦）。

（4）这种愉快的经验是人独有的。虽然其他生物也有自己的快乐，但那些快乐是来自于嗅觉或味觉。而人的审美快乐则是源自于视觉和听觉感受到的和谐。

（5）虽然这种经验源自于感官，但不能仅归因于感官的敏锐。动物的感官也许比人敏锐得多，但动物却不具有这种经验。

（6）这种愉快直接来自于对象的感觉本身，而不是来自它引起的联想（对此亚里士多德解释说，感觉，有的可以因自身而愉快，有的是因为它使人联想到其他东西而愉快。如食物和饮料的气味就是因为它使人联想到吃喝的愉快而变得愉快，看和听到的愉快大都是因为其自身而得）。

亚里士多德对审美体验的描述，使我们看到通过审美所获得的心理愉悦与一般的生理快感是有区别的。审美过程是一种高级的精神现象，而不是一种动物性的快感；是人在满足了基本的生物性需要之后向更高的精神境界的追求，而不是一种低级趣味；是一种涉及着多种高级心理功能的复杂心理状态，而不是一种单一的"刺激—反应"过程。

其实，在中国的先秦思想家当中，老子和庄子等人，对类似于这种审美体验的过程也曾有所阐述，而其深刻的洞见也绝不亚于亚里士多德的思想。庄子在阐述他的"得道"——实现精神上的绝对自由——的思想时，提出了两条得道的途径："齐物"的方法和"体道"的方法。其中的"体道"，是指按照一定的修炼程序，不用语言和概念，以得到与道为一的直觉体验。在《庄子·大宗师》中，庄子描述了体道的具体方法，即所谓"坐忘"，也就是在否弃仁义等道德规则、礼乐等社会制度的基础上，进一步做到"堕肢体，黜聪明，离形去知，同于大通"。尽管在这里庄子的体道不同于审美体验，但从体道和审美所达到的境界而言，显然二者有很多共同的地方。

类似亚里士多德和庄子所描绘的这种体验过程在旅游活动中经常发生，是造成旅游者心理愉悦和精神满足的重要途径。如果对这种旅游审美体验进行深入地分析，我们不难发现，旅游审美过程中给旅游者所带来的愉悦感受，主要与旅游者在观照对象时所获得的美感体验的形态有关。

按照美学史上的传统分类方法，典型的美感心理形态可以划分为崇高、优美、悲剧和喜剧诸范畴，但是，悲剧和喜剧通常情况下是针对艺术作品的审美体验来说的，同时，这两种审美体验形态在很大程度上与崇高和优美存在着联系，甚至可以与它们相互转化，或者可以彼此包容，因此，从旅游体验的角度，我们主要集中地讨论崇高和优美这两种美感体验形态，将旅游审美愉悦的获得主要归因于两种基本审美类型：由崇高体验所产生的旅游愉悦和由优美体验所产生的旅游愉悦。

在旅游审美愉悦的体验过程中，不管是对崇高感的追求，还是对优美感的体验，其中最重要的一点便是审美主体面对审美对象的超功利性的认识。比如，面对一座雄险的山峰，旅游者的审美愉悦过程来自对山峰的险峻的直接感受以及用旅游者的全部情感和理智对它进行的无意识的瞬间分析、判断和评价，这个理性过程不含有功利性的认识，不带有因果关系的推断。也就是说，旅游者不应该联想到山峰是否适宜于开垦成耕地，是否难于攀登或是否可作为性命攸关的游戏场所，因为这些意识或联想都是功利性的。只有摆脱了这些意识或联想之后所产生的心理变化，才可以称之为旅游审美愉悦的体验。当旅游者面对耸立的山峰却神思激荡而飞扬，这便意味着他感受到了景色中的崇高之美；而当旅游者身处小桥流水、渔歌唱晚的境界并因此而悠然忘我的时候，他其实感受到的是景色的优美。

这里所说的崇高（或曰壮美）体验与优美体验，可以说是审美体验中的一对重要范畴，在历史上中外美学家对这两个范畴都多有论述。英国经验派美学家博克认为，崇高感的主要情感内容是恐惧，这与优美感的主要情感内容是爱根本不同。通过崇高体验而得来的快感，往往是由痛感转化而来的。在博克看来，恐怖是崇高所能产生的快感的源泉。但是，博克并没有忘记一个重要的区别：审美对象所引起的恐怖不同于行为主体面临实际生命危险时所产生的恐怖，二者在情感调质上是不同的。对实际生命危险的恐怖只能产生真切的痛感，而对崇高对象的恐怖却夹杂着快感，其原因是，崇高感发生的条件一定要一方面仿佛面临危险，而另一方面这危险又不太紧迫或是受到缓和："如果危险或苦痛太紧迫，它们就不能产生任何愉快，而只是恐怖。但是如果处在某种距离以外，或是受到了某些缓和，危险和苦痛也可以变成愉快的。"[①] 在这个论断当中，我们看到了博克的思想中实际上包含着布洛的"审美距离说"，正是由于这种距离的存在，才使审美主体在面对对象的恐怖性质时实现了超越，从而获得了崇高体验所带来的快乐。假使没有这种超越，恐惧的情绪就会直接压制崇高感，从而使美感体验的可能性荡然无存。

康德对崇高感的分析，在很多方面受到博克的影响，他也认为崇高感是由痛感转化而成的快感。崇高感的形成，"经历着一个瞬间的生命力的阻滞，而立刻继之以生命力的更加强烈的喷射……它感动的不是游戏，而好像是想象力活动中的严肃。所以崇高同媚人的魅力不能结合，而且心情不只是被吸引着，同时又不断地反复地被拒绝着。对于崇高的愉快不只是含着积极的快乐，更多的是惊叹或崇敬，这就可称作消极的快乐。"[②]

尽管博克和康德在论述崇高感的起因时难免失之偏颇，比如博克过于依赖生物学的解释，而康德更是从先验的唯心主义观点出发对博克的思想加以发挥，但他们的观点都给我们以很大的启发。仔细观察旅游体验过程中的审美现象，我们就会发现，有很多旅游审美过程是通过对崇高感的体验而最终达到快乐的境界的。很多旅游者，在他们的旅游计划当中，都有意识地包含了大量的带有明显的崇高体验的旅游活动内容。那些负责旅游线路设计的旅行社策划人员，也常常有意识地在组合旅游产品的过程中体现出一种张弛有致的体验过程安排，这种设计显然体现了对崇高体验和优美体验的刻意追求。由于在旅游线路设计中着意掺和进了恐惧的成分，于是使那些喜好冒险的游客得以品尝恐惧的滋味。在这种情况下，恐惧成为一种强烈的刺激，唤起应付危急情境的非同寻常的巨

---

① 博克：论崇高与美，见朱光潜：《西方美学史》，上卷，北京：人民文学出版社：第237页。
② 康德：《判断力批判》，上卷，第83-84页。

大生命力。它使心灵震惊而又充满蓬勃的生气，所以也就包含着令人陶醉的快乐。这种快乐就与崇高感有关。

对于个体旅游者而言，崇高感的获得来自某种超越，尤其是在感觉上对巨大、有力的感性形式，对重大、深刻的理性内容以及对美与丑相斗争的艰巨过程所获得的超越。比如，在登临岱顶的时候，旅游者陡然之间形成的那种"会当凌绝顶，一览众山小"的审美感受，就是一种典型的崇高感。这种感觉产生自登泰山之前的景仰之情，以及登顶之后所产生的超越之情。再比如，当旅游者瞻仰某个战争纪念馆的时候，他目睹的可能是战争罪人曾经犯过的令人发指的残酷暴行，在这种情况下，这种游览过程给予他的很可能是刺痛，甚至是恶心。但是，很多人从这种游览过程获得了满足。仔细分析这种满足的性质，我们会发现，有些可能确实属于那种产生于"高贵"的认识心理的满足，但是，也有一些，可能与人类自身从远古时代遗传下来的某种血腥的癖好有关。但不管是哪一种，从旅游的目的而言，它们都赋予旅游者以某种快乐，而这种快乐在过程上是经由痛感而转化了的。这就是崇高体验给予人的快乐。

与崇高体验不同的是，优美体验无须经过这种转化便直接得到了愉悦体验。因为，优美感的产生，不仅表现为美的对象引起感官直接的快适的感受，还表现为直接的感情上的愉快，而这样的结果，来自审美对象本身所具有的美学特性和审美主体之间心理特性在结构上的某种契合和呼应。比较崇高感的形成，优美体验过程中审美主体的整个心理活动都是和谐统一的，各种心理要素之间的功能彼此协调、自由运动，从而使心情处于相对宁静、和缓、轻松、舒展的状态。这种境界与王维在《山居秋暝》中所描述的境界十分相似："空山新雨后，天气晚来秋。明月空间照，清泉石上流。竹喧归浣女，莲动下渔舟。随意春芳歇，王孙自可留。"这样的境界，自然不同于岑参在《走马川行奉送出师西征》中说的那样："君不见走马川，雪海边，平沙莽莽黄入天。轮台九月风夜吼，一川碎石大如斗，随风满地石乱走……"岑参着意刻画的是一种能传达崇高感的意境，而王维却是在努力经营一种优美的氛围。

当然，在旅游者的审美体验过程中，也会经常以艺术作品作为审美对象。在这种情况下，审美体验的愉快感受便呈现一种悲剧情怀或喜剧情怀。应该说，在很大程度上，悲剧的体验在某些方面非常类似于崇高体验，这一点，朱光潜先生曾做过比较明确的概括："悲剧感是崇高感的一种形式。但这两者又并不是同时并存的：悲剧感总是崇高感，但崇高感并不一定是悲剧感。"① 旅游者在旅途过程中所进行的悲剧体验，也同样是超越了真实的悲哀和恐惧但却因为沉浸在一种没有利害感的悲剧气氛中而得到的快感体验。悲剧的快感也是因由痛感而生的，因此，它和崇高感的形成十分相似。至于喜剧作品，那是一种以丑作为表现对象（包括形式的丑，如人的形体动作背离生活常规；本质的丑，如失去历史存在必然性的旧的事物；局部的丑，如本质的美和部分的丑的结合）的艺术形式，旅游者在欣赏这种艺术品时，获得的是直接的、即发的、轻松的快乐。它通过对于丑的认识和否定，最终使人产生美感体验。

（三）旅游体验中的世俗愉悦

尽管旅游审美愉悦是旅游体验的基本目标，但并非所有旅游者都能自觉地追求这种体验，也并非每一个旅游者都把这种体验视作旅游体验的唯一内容。一方面，我们常常见到，众多旅游者在面对美景时常常视而不见，麻木不仁；而在旅游之后，每当与人提及自己在那些著名的、被人们视为风光秀丽的人间仙境所经历的体验过程时，他们那种茫然若失的样子和懊恼抱怨的态度，难免让人怀疑他们曾经历过一个审美体验过程。因此，从一定程度上说，人们的审美能力是存在个体差异的。对于那些本身没有审美趣味、审美能力低下或审美态度扭曲的旅游者，就很难说他们的旅程是由审美愉悦组织起来的。另一方面，我们也经常看到，也有不少旅游者一旦身在旅途，便主动地大开八戒，以体验感官快乐为满足，从而使自己的行为表现为耽于感官的刺激和对肉欲的追求。这些现象说明，即使是以追逐审美愉悦为目的的旅游者，其实际审美效果也要受到其个人审美能力的影响；同时，旅游者对美感以外的愉悦体验并不决然排斥，甚至宁愿把它们当作旅游体验的部分甚至主要目标。这就是旅游体验的另一部分内容：旅游世俗愉悦的体验。

在旅游的本质规定性上，尽管由于我们仅仅将那些以出自对旅游愉悦的目的而暂时前往异地的个人活动定义为旅游，从而使得旅游的内涵明显比一般人

---

① 朱光潜：《悲剧心理学》，北京：人民文学出版社，1983：第 92 页。

的定义更窄化，[①] 但是，笔者还是想把这个旅游愉悦当作一个可以装得下众多旅游现象的大筐，在这个大筐里面，一部分是旅游审美愉悦现象，另一部分，或者说，剩下的一部分，就是旅游世俗愉悦现象。也就是说，我们把旅游者在旅游过程中体验到的审美愉悦以外的一切愉悦都称为旅游世俗愉悦。这种愉悦建立在对感知对象的功利性认识的基础上，通常通过视听感官以外的其他感官来获得，是生活世界当中经常发生的愉悦形式，当它发生在旅游世界当中时，旅游世界会给这种愉悦附着上一层"旅游"的色彩。说到底，这种色彩的性质可能就是旅游审美愉悦——一种发生在异地的审美愉悦活动。在我看来，旅游的两个外部特征——暂时和异地，是两个分量何其沉重的特征！它们使旅游世界的行为大异于生活世界的行为：一些旅游行为只能在旅游世界发生而不能或极少在生活世界发生，另一些旅游行为虽然是生活世界中的行为的翻版，但拥有了旅游的味道或色彩，而这种味道或色彩是不能忽略不计的。概括为一点，旅游世界当中的审美愉悦和世俗愉悦，都统合在一种"旅游"的色彩或味道当中，不是截然两分的不同的愉悦形式，而这种统合也使二者共同具有不同于生活世界的一般愉悦的"旅游愉悦"。同时，这种统合也使得我们理解旅游愉悦时要秉承现象学的方法，寻求一种整体的解释。

世俗愉悦包含众多我们非常熟悉的愉悦形式和内容。例如，亲人团聚时所获得的那种大伦之乐，情人拥抱时感受的那种性感之乐，品味美食时体会的那种感官之乐，获得知识时享受到的那种顿悟之乐，以及观看体育赛事时体验的那种激奋之乐，等等，都是与世俗人生相伴随的愉悦情感。这种愉悦不像审美愉悦那样具有更明显的普遍性、持久性和强烈性，而是因时因地因人因事而异。例如，作为审美愉悦的体验过程，当人们坐在同一个剧场观看同一个剧目时，在悲剧的高潮阶段可能满场唏嘘，并且这种感受会在此后的很长时间内成为影响个人情感和趣味取向的本底性或积淀性因素；当旅游者共同游历过一处美景，可能同时体验到一种畅神怡性的美感，并都能将这种美感保持一段相当长的时间，甚至在一生中每有触动这种情感便能再度萌发，这就是美感体验。相反，同坐在一个餐桌就餐的人，在点菜时却各有所好，面对某种佳肴却有大不相同

---

① 谢彦君：《基础旅游学（第二版）》，北京：中国旅游出版社，2004：第55–60页。

的生理和心理反应，而这种反应常常是习惯使然，或生理特征使然。他们对个体行为的影响，往往是即发的、浅表的和短暂的。从审美愉悦和世俗愉悦的社会功能来看，从这两种愉悦的精神价值来看，前者要远远高出后者。另外，审美愉悦是人类独有的，而世俗愉悦的很多形式和内容，都可以在动物界寻找到直接的或间接的表现。

由此我们可以归纳出世俗愉悦所具有的特点：

（1）这是一种主要凭借视听以外的某种单一的低级感官（如触觉、味觉、嗅觉等）所获得的愉悦（这种愉悦却并非就是低级的）。

（2）这种愉悦产生的前提和愉悦的强烈程度常常与感受之前的经验积累有关。凡在以往经验中未曾或较少体验过的，当前的体验就会给感觉主体以较强烈的愉悦感，而以前已属司空见惯的，或当前的刺激量过大的，都会使人有淡漠或厌腻之感。比如，久别重逢的天伦之乐重在"久别"，美味佳肴享用过量马上就有却拒的反应。

（3）这种愉悦往往不与精神境界相贯通，仅停留在直接的水平上，表现为某种直接的感受或某种单纯的情感反应，在多数情况下也不含有那种深刻的人生意味。

（4）这种愉悦的很大一部分可以在非人的动物界中得到验证，换言之，人类社会中的世俗愉悦可能在很大程度上源自人作为动物这一根本的规定性。

一些西方哲学美学家也曾对审美愉悦与世俗愉悦进行了比较。首先，按照康德所主张的，艺术或自然中的审美欣赏——借助于这个过程获得审美愉悦——主要是一种观照的欣赏。这就意味着在自我与观照的对象之间存在着一定的距离，这种距离是产生美感的决定性因素。例如，旅游过程中从事某种游戏和运动所产生的快感，不同于观赏自然美景时产生的快感，是直接来自我们自身的活动和努力，因此，应当严格地从旅游审美愉悦的领域中把它排除出去，将其置放到旅游世俗愉悦的范畴之下。其次，如果我们观照的对象真正是审美的，我们就必须以具有全部感性特征的、完全具体的对象作为欣赏的对象。这样，就排除了我们从对象任何一个孤立的方面——政治的、宗教的、道德的方面——所得到的满足。例如，在旅游过程中任何单纯表现为对政治的或宗教的或道德的关注，都不能构成审美愉悦的来源，而只能是世俗愉悦的来源；而当旅游者挣脱了这些单纯的、功利性的目的而统合在一种超功利的整体观照过程时（这时的观照也不免有政治的或宗教的或道德的内容），那么，来自这种观照体验的愉悦就是审美愉悦。最后，作为审美体验，我们在整个具体的对象中所得到的观照的愉悦完全是没有利害感的，不同于世俗愉悦可能多来自欲念的满足。换句话说，在一般的（世俗的而非审美的）愉悦当中，主体对满足欲念的东西只关心到它的存在，而不关心它的形式。只有它的存在才能满足主体的欲念，而形式并不能做到这一点。由此可以看出，审美活动不能涉及利害计较，不是欲念的满足，审美对象只以它的形式而不是以它的存在来产生美感。审美只对对象的形式发生观照活动而不发生实践活动。这样，就使我们在审美愉悦中进一步排除了有用的、娱乐的和色情的东西。[①] 屈尔佩和叔本华等人在这个问题上的观点，与康德的观点可谓一脉相承。

二、结构张力之下的补偿性旅游体验

不可否认的一点是，旅游者的许多体验动机来自对自身心理和生理状态的匮乏的补偿需要。当旅游者的心理和生理处在一个结构失衡的状态下时，因内在驱动力而产生的紧张感就出现了，这种张力状态下的个体，自然要寻求化解张力的途径。由于旅游的特殊性，由于旅游作为一个人生阶段（或插曲）所具有的疗治功能，对于处于这种张力压迫下的很多人来说，旅游也就成了一个比较自然的选择。这些补偿可能是个人情感方面的，也可能是身体机能方面的，或者是人际关系方面的，还可能是环境认知方面的。人们寄希望于通过旅游体验来补偿自我的生理和心理匮缺，实现人体、人格和人性的平衡。虽然这个事实多少符合精神分析的观点（精神分析学派也认为人的行动的根本动力来自于受压抑的本我所酝酿的驱动力，行动本身就是满足这种驱动力的要求，给本我以相应的补偿），但精神分析的泛性论解释毕竟有很大的局限性。因此，我们在这里的分析，并不是完全建立在精神分析的视角之上，更多的是对旅游体验

[①]　康德：《判断力批判》，北京：人民出版社，2002。

事实做归纳法上的观察。

（一）机能补偿体验

旅游对于人的体力的再生产，也无疑是有意义的。

一方面，旅游是一种休闲，与劳动相对。休闲是自由的，而劳动，至少直到现代社会，还主要是被迫的。自由的休闲和被迫的劳动，给予人生理和心理上的压力，在性质和分量上都有所不同。另一方面，旅游的世界是一个新异的世界，如果有阳光，那也是明媚的；如果有阴雨，那也是多情的；如果有雷电，那也是惊世骇俗的；如果有寒冷，那也是清新凛冽的。在旅游者的目光当中，由于期望使然，旅游的世界变成一个能够调谐身心的磁场，旅游者是冲着那些异样的山川、湖海、花草、林木、村落、人家、旷野、平畴、阡陌、炊烟……而来的。这些，镶嵌在充满异域风情的背景上，镶嵌在绿色、原始和清新的环境当中，置身其中，人的机体自然会得到休息和调整，补偿缺失，回归本原。

能够给人的身体机能以回馈的自然要素，取决于旅游者对这些要素的需要状态。典型的"三 S"——阳光、沙滩、大海——对于那些生活在阴郁的西北欧的人来说，是极大的诱惑。所以，每一年的适当季节，这些人就如候鸟一样，纷纷前往地中海周边的国家或加勒比海一带，去享受那里"三 S"所带给他们的难得的时光：晒黑自己的皮肤，裸露自己的肢体（考夫曼，2001）。

温泉也是典型的对人的机体有益处的旅游资源。据说，人类发现温泉的这种好处，最早还是从动物身上得到启发的，因为人们发现动物在"泡温泉"之后，疲惫的身体得以恢复。在古代的土耳其，旅游者通过造访那些著名的温泉胜地，相信自己的身体会更加健康。著名的天然温泉度假区巴穆嘉丽在罗马帝国时代就有大批欧洲人长途跋涉慕名而来[①]。日本人相信温泉可以治愈很多种病症。古代的中国人对温泉的这种功能也抱有坚定的信仰，像秦始皇修造"骊山汤"就是为了治疗疮伤；徐福到日本之后，也在当地保留了"徐福"之汤的温泉浴场；唐太宗更是修建了"温泉宫"供美人出浴，引出了诸多文人墨客的兴叹感言。其实，对温泉的这种认识，到今天并没有多大改变，现代人也越来越

---

① 该温泉度假区系天然形成，由碳酸温泉冲积石灰岩而形成。特殊的白石地形状如棉花簇簇，所以又称为棉（花）堡。

多地把泡温泉视为休闲养生、解压甚至治疗的方法，因此世界上一些拥有热泉的地方，就逐渐发展成为大众旅游的目的地。这些现代人，躺在粗糙的温泉池中，感受那汩汩热流不停歇地从身下冒出，全身心放松，享受温泉善意的簇拥。此时，凡尘的喧嚣远离了，都市的压力解脱了，人的心结也解开了。——原来，温泉真像日本人说的那样：是"心的故乡"。

森林旅游，也是一种健康旅游。森林中许多植物都能散发出有较强杀菌能力的芳香性物质，能杀灭空气中许多致病菌和微生物。森林树种群落的植物精气含有多种对人体健康有益的萜类化合物，可达到消除疲劳、清除肺部尘埃等保健作用。医学界也认为，森林空气中的负氧离子含量较高。负氧离子可经过呼吸道或皮肤刺激引起神经反射，影响人体全身各系统，能促进新陈代谢、预防流感，增强机体抗病能力。另外，空气中的负氧离子还有去除尘埃、消灭病菌、净化空气的作用。据测定，空气中负氧离子含量一般在每立方厘米 1000 个以上时，人会感到空气清新；在每立方厘米 1500 个以上时，有利于人体健康；在每立方厘米 8000 个以上时，可以增强人体免疫力及抗细菌力，同时达到杀菌治病的作用。一些森林地带的空气中负氧离子含量能达到每立方厘米 12000 个，而一般都市住宅区每立方厘米空气中的负离子含量只有 40~50 个，街道绿化区为 100~200 个，城市公园为 1000~2000 个。可见，森林地带的空气中含菌量要比一般都市生活环境低得多。正是这种健康因素的诱导，许多旅游者喜欢到森林当中度过一段时光，在这样的天然大氧吧中获得机能的恢复，享受健康的快乐。

一些以运动为主的旅游活动，比如徒步、登山、攀岩、垂钓、游泳、滑雪（草、沙、水）、球戏等项目，也能给旅游者以健身的满足。当这些项目被镶嵌在风光秀丽、情调各异的旅游目的地大背景当中的时候，它们本身对人的意义就不是单纯的肢体运动，而是一种综合的体验和感悟。

（二）关系补偿体验

当人们怀有某种孤独的感觉时，就意味着他们缺乏一个可以寄托的精神世界，缺乏一个内心本想拥有的社会网络关系。旅游体验在一定程度上对这种孤独具有疗治作用，对这种残缺的关系网络具有修补作用。

孤独这种感觉，对于人来说，其实具有两面性。在很多情况下，人们害怕孤独。尤其在现代社会当中，人们对角色丛的那种疯狂的堆积欲望，反映着人们对孤独的强烈恐惧。人们之所以对孤独怀有恐惧，就是因为人本身除了生物性之外，还拥有社会性。一个处在社会中的人，无法回避这种社会性的约束和诱惑。对于社会个体而言，社会就意味着外在于他的一个世界，意味着社会上存在一个以他为中心的人与人之间的网络性连接的人际关系。如果这种人际关系偶有中断或歧离了个人原有的期望，就会使人产生人际方面的若有所失的感觉。这时，在个体身上产生的那种想要与人接触、与人交往的感觉，就是一种孤独。

但是，孤独也有其有魅力的一面。看看那些艺术作品的主人公所展示的孤独的魅力，体会一下在艺术家们眼中，孤独对于他们及其伟大作品的意义，再留意一下那些被孤独的男性所吸引的女人，几乎处处我们都能感觉到那些拖着孤独的影子而漫无目的地走着的人身上所发散出来的魅力。所以，尽管有时人们会躲避孤独，但有时或许人们也会追逐孤独。在孤独中，人们得以一窥生命的本质，得以反思自我的意义，得以有机会评价我们所处的社会关系的性质，得以实现我们必须要仰赖孤独才能实现的某种生活目标。

这就是说，孤独有着两副面孔，两种意义。积极的方面是，它能于空虚中创造出实在，能在平庸中标榜出特异。从这一点来说，孤独具有一种魔力，诱惑着人们以某种特立独行的方式与它为伴，与它同行；然而，怀有孤独感觉的人，又可能发现自己被异化了，或者被遗失了，或者被剥夺了，因此无法建立自己的归属感，也寻找不到安全感。而这样的感觉，对于人来说，就是一种折磨。所以，在这个意义上，孤独对于人们来说，往往又是可怕的，是人们要刻意逃避的一种感觉。

从旅游体验的角度来审视孤独，我们很快发现，旅游几乎是人们寻找孤独和逃避孤独的万能灵药。对这个问题的深入思索，可以给旅游体验赋予更加丰富而有趣的解释，使我们在更高的层面上体会旅游体验对人类情感和精神的调剂作用。对于那些想通过旅游摆脱社会关系的羁绊的人，他们的旅游体验就属于一种遁世体验，对此下文将专门阐述。而对于那些想通过旅游逃避孤独、建立或恢复社会关系网络的人，旅游体验便可以充当关系补偿的角色。对此，我们在这里可以略作展开，以便我们认识旅游体验在这一点上所具有的社会功能。

当我们惧怕孤独的时候，我们就会努力寻找缓解孤独的方法。有的人将重建稠密的人际关系网络作为医治孤独的良药。可是，当喧嚣过后，可能会感受到更加深沉、凝重的孤独，怅然于那种"人散尽，月如钩"的凄凉境界。有的人会以增加工作负荷和寻求事业成功作为驱赶孤独的魔棒，于是不知疲倦地在各种角色之间"走穴"和"跑龙套"。表面上看，这一切活力和热情都出乎自然，但实际上，借助这种方式排解孤独，在某种程度上不啻饮鸩止渴。因为，在穷于应付的工作角色之间，首先迷失的可能是那种宝贵的"自我"感。同时，在寻求成功的过程中，很多时候又不得不与孤独为伴；在成功之后，又要面对成功所带来的压力——恐惧失去那些因成功所获得的利益，从而激发自我继续为"成功"而奋斗，使自己陷入了无限循环的功利角逐当中。

现代旅游仿佛是送给孤独的现代人的一剂"解独"良药：首先，你可以通过"孤独"的旅游方式使自己因孤独的自居而自得、自乐，从而在旅游过程中用孤独破解孤独。当你独身（甚至即使是与游伴同行）在荒漠中蹒跚，在丛林中穿行，或者在溪畔田间徜徉，所获得的感受，主要是一种近乎美丽的孤独感。你在这种享受孤独的过程中驱逐了孤独。其次，你可以通过旅游的方式，借助与人接触和积极交往的努力，在旅游世界重新建立起自己新的群体关系和社会地位，找到归属和认同，重获一种社会安全感，由此，原有的孤独也就被排挤掉了。正是从这个意义上说，旅游可以补偿一个人已经缺失了的或失衡了的社会关系。

（三）环境补偿体验

在通常情况下，环境是包裹于我们周围的因素的整体性、有机性的集合，或者说，环境是弥漫于我们周围的，是没有矢量感的，是发散着的。一旦在环境中出现矢量因素，环境便具有了张力，这种环境便处于不平衡状态，具有了某种动力结构和性质。

从旅游角度说，环境中出现能导致对潜在旅游者形成旅游动力的矢量因素，那一定是环境当中出现了某种不平衡。这种不平衡是个体的主观感知的结果，并不一定总是基于某种客观的、物理的方面存在的缺失。当潜在旅游者的心理感受与客观环境存在着明显的差距时，这种动力便生成了。

对于旅游者来说，环境是有具体内容的，是有维度、有层次的。从最宏观的层次上看，旅游者所关注的环境问题包括自然和人文两大方面。而当具体到某一种环境要素的时候，这种环境要素的不平衡，就可以成为旅游者制定旅游决策的基本依据。

在 1990 年，笔者在探讨旅游者的需要与旅游景观的对应关系时曾提出了一个模型，用以刻画作为集体现象的旅游者的心理类型与其所需要的景观的状态之间的对应关系。[①] 在这个模型中，我们假定如果不考虑在旅游客源地和旅游目的地之间存在的社会、经济、文化和自然条件等方面的各种隔障和阻力，单纯从需要和资源（或产品）之间的对应关系来分析的话，旅游者的心理状态与其所需要的旅游景观之间的关系可以用一个坐标图来加以描述，如图 4-4 所示。

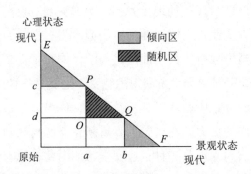

图 4-4　旅游者心理状态与其需要的景观状态之间的关系

我们用纵轴表示旅游者的心理发育状态，它可以反映或代表当今地球上处于不同发展程度上的各种潜在旅游者的心理类型，因此可以理解为是人类一般的心理状态从原始至现代的渐变过程。纵轴上不同的点表示其程度上的差异。与纵轴相对的横轴表示与旅游者心理状态相对应的旅游景观状态，它也具有从原始到现代的不同存在形态。这里，纯原始的景观是指那些未经人为修正、开发或破坏的各种自然和人文景观，而现代的景观是和现代科学技术、艺术形式和社会意识紧密相连的人文景观。

图 4-4 反映了旅游者心理状态与所需要的景观状态之间的对应关系。从图

---

① 谢彦君：论旅游的原始化与现代化，《旅游学刊》，1990，4。

中可以看到，心理状态与景观状态之间存在着相逆的关系，这便是图中 *EPQF* 线下形成的两个处于相对位置上的倾向区 *EcP* 和 *QbF*。它们表示，在心理状态的两端都有明显的需要倾向性，即心理尚处于原始状态的旅游者，倾向于观览具有现代风格的旅游景观，相反，心理达到现代状态的旅游者，往往倾向于寻访具有蛮荒气息的旅游景观。正像哥特理伯（A. Gotllieb）在《美国人的假期》一文中所说的那样："富裕的美国人的假期要过上'一天农民的日子'，而那些比较贫穷的旅游者则可能企望过上'一天国王的日子'。"[1] 但是，在我们提供的这个模型中，这种倾向越往 *EPQF* 线的中间发展而越不明显，甚至完全消失，从而形成 *OPQ* 这样一个需要倾向不明显的随机区。这可能意味着，心理状态处于 *cd* 线段上的潜在旅游者对景观的需要没有明显的倾向，他的旅游行为的发生主要受其他随机因素的影响，在多数情况下会表现出对景观的两个极端状态感兴趣。

　　图 4-4 概括了旅游需要形成的心理机制，它说明，旅游者的需要实际上是个人心理与感知环境之间的矛盾冲突的产物。这说明，旅游体验实际上也可能是出自旅游者对环境的缺失所进行的补偿努力。这种缺失往往表现在以下几个方面：

　　（1）现代文明与古代文明之间的差异导致现代人对访古溯宗的偏好。人类总是对自己不是很熟悉但又与自己有某种联系的事物怀有好奇心，这种情况在远古时代表现为远方崇拜、图腾崇拜甚至死亡崇拜，而在现代也一样，这种好奇心表现为人们对过去的凭吊、对往事的缅怀、对先人的崇拜。在东方文化当中，"落叶归根"的普遍情结更加进一步培育了人们寻觅故旧的心理基础，成了当代访古旅游的本原所在。

　　（2）自然景观与人为环境之间的对应关系随历史发展而变化，从而带动人的心理出现逆反现象。回归自然的愿望随着工业污染的加剧和乡村城市化的进程而越来越强烈，所以人们对于具有原始风貌的自然景观就越来越偏爱。

　　（3）人类聚居群体在空间上的差异分布造成了文化、经济、以及社会诸方面的地理局部封闭性，并由此而产生了区域间的相对神秘性。这种神秘感恰恰

---

[1]　A. Gotllieb: American's Vacations. Annals of Tourism Research, 9:65-87.

就是区域间旅游行为产生的巨大动力。

在使用上述模式解释旅游体验的环境补偿动机时，决不要忽略了我们对这个模式所做的重要说明：这个模式的价值仅仅在于一般地考察人们旅游心理需要上的某种倾向性，并没有纳入更多的变量。比如，在实践中我们会发现，人们对完全陌生和完全熟悉的东西都同样漠视，同样不感兴趣。

三、寻找精神家园的遁世性旅游体验

李白诗云："人生在世不称意，明朝散发弄扁舟。"在世俗世界生活的人，为俗务羁绊，为衣食拖累，为常情困扰，终不得恣情任性，放纵形骸。于是，人们便萌生了逃逸现实，沉湎于另类世界的渴望。这便是遁世体验的人性基础。

在中国历史上，遁世体验几乎是旅游体验中的主旋律，这也使得旅游具有了某种宗教意味。按照龚鹏程的观点，"在中文中，旅游两字，本来就都和宗教有关。"[1] 通过他的训诂学考证，旅、游两个字，在字形上都有捧旗而行的意思，是"奉氏族之神出游"。因为，在古人看来，能够挣脱各种羁绊和困难而畅游者，只有神才能办得到。至于人之游，只能是一种模拟神的行动，在足迹不能至之所，则更会效法神仙飞举，将灵魂奉寄于彼处，"神游"一番。这就是旅、游二字具有宗教意蕴的原因。相对于人，神的自由、解放、超越、解脱，均表现在它自由自在的游行上，这是神仙最突出的特点。龚鹏程认为，人若也要获得这种大解脱自在，有几种途径。一是得到神祇的眷顾，成为神的容器，让"意识的自我"暂时假寐或离位，身躯被神灵充满，变成暂时性的神，此时他即可得到神游的体验。其次是利用假扮的方式，在仪式化活动中，扮神者进入戏剧空间，摆脱了他的自我与社会角色，于戏剧构成的神圣空间中，自拟为神，而获得神游的经验。第三种方法则是通过做梦的方式，令意识的自我暂时消隐，形神分离，另一个自我跑出来游历一番。这些靠假拟的或暂时的神游来解脱自

---

① 龚鹏程：《游的精神文化史论》，石家庄：河北教育出版社，2001：第 152 页。

我的方式虽然近乎玄言，但也触及了"游"的精神层面的东西。但是，要想使自己能真像神那样自在游行，唯有使自己转变为"神"，这样才能获致真正的超越解脱，得到逍遥游，由此人也得到了自我转化，甚至升迁。

遁世体验在很大程度上是对生活世界的一种逃避。生活世界的性质和特征，往往以遁世体验的动力形式而呈现出来。在不同的历史时代，这种动力的大小不同；对于不同身份的个人而言，这种动力的大小也有差异。

在中国文化源流当中，遁世体验如透迤于崇山峻岭之中的溪流，有时浃浃泛漫，声势浩大，有时敛迹潜行，奄奄一息。在主导这个文化潮流的队伍中，文人士大夫是其中的主角。他们的情感追求，他们的哲学沉思，都使遁世体验这种人生之旅成了历朝历代人们寻找精神家园的实现梦想的方式。

四、行路等于读书：认知性旅游体验

《美国传统词典》对认知（cognition）的解释是：认知是一种思想过程或认识才能，包括意识、感知、推理和判断诸方面，或通过感知、推理或直觉而知道的事物。由此可以想见，认知体验实际上是一个感知、直觉、意识和推理并最终形成认识判断这样一种获得知识的体验过程。

古语云：知人者智，自知者明。自古以来，寻求个人精神世界的知识的丰盈，向来为人所共有的崇高志向。在中国文化当中，人们十分推崇"读万卷书，行万里路"的人生阅历。司马迁游历天下，之后才有《史记》的博大精深；徐弘祖"踯躅三十年，足踏天下半""乃欲搜剔穷真灵，不畏巉岩不避死"（钱谦益语），方能成就奇人奇书之伟业。因此，国人多把游历和著述密切联系起来，从中足可窥见人们对旅游的认知功能是十分认同的。从古至今，从国外到国内，要说到最令人信服、也最使人着迷的获得知识（尤其是真知）的方式和途径，恐怕一定有旅游在其中。欧洲 17 世纪开始流行的"教育旅游"（grand tour），也出自几乎完全相同的目的。人们就是在这种认知体验过程中发现新事物、增长新见识、体会异地文化、理解奇风异俗的。

在这里，我们所说的知识，可以广义地分为三类，即关于自我的知识、关于世界（物质环境和其他人）的知识、关于存在的知识。关于自我的知识的获得，从人生下来那天就开始了，这之后，通过最初与环境接触时的那种简单的刺激—反应，到后来积极的内心体验甚至动用我们的心智乃至情感去认识自我，最终我们形成了有关自我的评价。在社会学领域，不少学者在这方面的探讨都已经形成了很有价值的结论。从詹姆斯将人格划分为自我和宾我，到库利提出的"镜中我"，直至戈夫曼的印象管理，都对我们认识自我提供了理论上的视角和工具性的方法。当旅游者将自我放置在一个拥有不同价值观、传统、文化、制度的环境中时，他所体验到的文化惊厥（cultural shock）足以让他像在照镜子一样，通过比较而发现自我的优长劣短。

有关世界的知识，就要到世界当中去获得。在地球村时代到来的今天，由于各种媒体的发达，人们对外界认识的通道已经大大超过了以往，尤其是各种数字化的传播手段的发展，使得一些即时的声像图文信息可以很快在全球范围内传播流动，从而使我们总是能与外界的变化保持一个跟得上的步伐。表面上看，这种信息手段的发展可能会削弱旅游的动力，有的旅游学者甚至直接提出了这样的观点："由于各种媒体（如今是互联网）能提供有关世界的更漂亮的图片和更深入的认识，由于家里将与别的旅游目的地没什么两样，再出去旅行就没什么道理了。"①但是，世界各国旅游业的持续发展这个简单的事实就足以证明，媒体的发展不仅不可能取代身临其境的旅游，而且已经成为促发旅游动机的最有力的手段。

当旅游者在计划旅游线路的时候，或者当他在衡量或评价旅游体验的质量的时候，它可能会企图回答很多有关他人、大自然、宇宙的问题。对于很多人来说，旅游成了他们获得这些知识的最好渠道。

五、具有另类色彩的极端旅游体验

极端体验（extreme experience），顾名思义，是一种对常规体验的否定或挑战，"是在现代日常生活变为窒息生命自由和灵性的严酷条件下，一种主要存

在于现代文化艺术中着力于追求生命情绪极端发散的倾向"①。尽管有些哲学家、美学家也曾把极端体验连同崇高、悲剧一起视为审美体验范畴，但是，笔者在这里所强调的极端体验的含义，还主要是相对于或不同于弥漫于前现代社会中的一般审美体验（如上文所探讨的）那种基于和谐和平衡所产生的美感。换言之，我们这里所说的极端体验，注重的是对生命本性的超越和张扬，是对规训社会的反叛，是为了追求一种解除个体化束缚、复归原始自然的体验。在这种体验过程中，对于个体而言，尽管个体的解体是最高的痛苦，然而由这痛苦却解除了一切痛苦的根源，个体获得了与世界融合的最高的欢乐。

从一般的审美意义上，或从社会文化的主流价值观的角度看，历史上各时代的人以及当代人都容易理解并接受常规体验，并主要借助这种体验构建俗常意义的社会、文化和文明。然而，自从工业文明发展起来之后，现代性开始困扰每一个人，于是，在西方，上起19世纪中叶、下迄20世纪五六十年代，逐渐地有一股蔚为壮观的文化艺术思潮开始涌动并成为影响现代人生活和价值取向的重要哲学力量，那就是"极端体验"。肖伟胜对造成这种文化思潮的社会文化背景分析得十分透彻。他说："从波德莱尔对英雄主义意志的浪荡子的仰慕，到未来主义速度神话的诉求于理性的疯狂；从尼采提倡的'酒神精神'，西美尔追求'冒险'体验，到福柯对疯癫、性与梦幻等非理性极端体验形式的迷恋；从高更浪漫的原始主义到德国描绘幽灵式的、变形真实的表现主义；从康定斯基、蒙德里安和毕加索的抽象表现，到达达、超现实主义的反艺术……"②都充分地显示了这股力量的强大极其深远的影响。他认为，随着工具理性向社会领域渗透和侵入，整个日常生活世界被纳入到了韦伯所谓的"科层制"的统摄之下。这种追求以效率为最大目标的社会官僚化管理体制同时造成了非人格统治的普遍化，使得整个日常生活变为窒息生命自由灵性的"铁笼"。正是在这样的时代背景之下，产生了极端体验的社会文化思潮。"为了寻求生命的解放和个性自由，越来越多的都市人反抗由工具理性和市场抽象量化的统一性逻辑所铸造的'铁笼'，对千人一面的'恐怖的非实体'的大众也非常痛恨，他们在工作之余开始走出户外，寻求蹦极、飙车、高山滑雪、险滩漂流、紧张

---

① 肖伟胜：《现代性困境中的极端体验》，北京：中央编译出版社，2004：第8页。
② 肖伟胜：《现代性困境中的极端体验》，北京：中央编译出版社，2004：第1页。

刺激的飞降、惊心动魄的牵引横渡以及令人耳晕目眩的时空转椅等释放激情的'极端体验'"。① 这种极端体验作为对都市生活的整一化和日常生活的单调、重复、刻板和枯燥的反抗，是能够回答康德在第二和第三"批判"② 中提出的所谓终极价值的问题（包括"我应该怎样生活"和"我能够希望什么"）的生存方式，因此，它被现代人尤其是具有冒险精神的年轻人所热衷推崇，成为推动一些都市人走出日常生活圈或生活世界的内在迫力，并担负起世俗的救赎功能。

旅游世界仿佛一个准备好了可以为现代人提供极端体验的世界。在旅游过程中，旅游者要不断经受、也不断寻求对自我的超越，要无穷尽地质疑自我的同一性，要努力获得对自我本真性的认同和坚守。这些目标的抵达，或者可以通过审美过程的经验，或者可以借助于回返到世俗世界中进行体验，或者特别地，不得不借助于由痛感而起却由快感而终的极端体验来完成。那些身处异地的旅游者，作为人群当中最富有冒险精神的类别，极端体验往往成了他们趋之若鹜的体验。从这些体验当中，旅游者可以获得的或可能进入的状态，是那种暂时的沉醉、癫狂、惊恐和性爱状态。如果我们俯下身来观察或聆听，就会很容易发现，旅游者真是很容易被这些极端体验诱导过去，从而成就了旅游世界丰富多彩的幻象和内涵。

在旅游世界，最显眼的极端体验形式，莫过于人尽皆知的性爱体验了。这种体验甚至衍生出一种典型的旅游方式，那就是所谓的性旅游（sex tourism）。

在一份报纸上，登载过这样一篇短文③：

爱情，在旅途滋生

有一个总是喜欢独自上路的朋友，在一次偶然酒醉的时候告诉我，她的旅途其实并不是一个人，她走过的路，都是曾经与他的计划。如今，他虽然已离她而去，但她仍坚持走完所有的旅途，就好像，他仍在身边一样。

过去，一个人踏上旅途的时候，从来没想过旅游与爱情相关。直到爱上一

---

① 肖伟胜：《现代性困境中的极端体验》，北京：中央编译出版社，2004：第3页。

② 康德的第一"批判"所提出的质疑是"我能够知道什么"。对这个问题的回答，以工具理性为代表的现代性对自然和社会取得了全面胜利。正是这种胜利，使大众社会的人们陷入到了不知道"我应该怎样生活"和"我能够希望什么"的茫然境地。

③ 王敏：《南方都市报》。

个人，发现自己所有的旅途计划都有了他，突然便明白了，爱情，其实与旅途息息相关。

只身上路的旅途，或带着对爱情的记忆，或带着对爱情的渴望，于是，有人在旅途中缅怀爱情，在曾经走过的路上寻找他的影子，在没走过的路上渴望他的陪伴；有人在旅途中寻求一段突如其来的、惺惺相惜的爱情，这样的爱情，常被称为艳遇。

两个人上路的旅途，充满激情，有旁若无人的幸福，仿佛天地间只有你和我，柔情蜜意充满整个旅途。悠闲的同游，可以风花雪月；艰难的征途，可以同甘共苦。一段情，在共同走过的路上，越走越浓，这样的爱情，是甜蜜。

当然，还有些爱情是发生在意料之外，原本是素不相识的两个人，也许是那一时的情景摇动，拨动浪漫的心弦；也或许是那一刻的患难与共，惹起感动的情丝，一棵小幼苗悄悄种下，爱情，在旅途中滋生。这样的爱情，是萌芽。

作者用十分隽永的语句和有些惆怅的心情，诠释了一个旅游者在旅途中的欲望及表达。其实，这样的故事数不胜数，甚至人类的情感历史有很大一部分篇幅就是这样写就的。"性欲与爱情，是人类日常生活中最常见的现象。每个人，不论他是少年还是成人，不管他是严肃的学者还是活泼的演员，不管他睁大眼睛张望和闭上眼睛沉思，抑或是在白日梦中遨游和睡梦中驰骋，都会感受到它的影响和作用。"[1] 性爱在人类历史上几乎就是一个永恒的主题。

但是，在普通人的眼中、学者的眼中、哲学家的眼中，以及在不同时代的那些不同类型的人的眼中，人们对性爱的看法，会有很大的不同。不过，各个社会阶层在对待这个问题的态度的差异，仅仅反映了社会在不同历史阶段上的主流思想的起伏跌宕而已，相反，却从来没有过任何一个历史时期，曾将这个主题屏蔽在人类关注的视野之外。在很多情况下，甚至在宗教的禁欲思想非常盛行的年代，性爱也是一个按捺不住的社会情感潮流。比如，在欧洲近代社会的君主专制时期，社会充满了对君王、贵族的风流韵事的宽容甚至羡慕，人们将享受性爱的欢愉比作在天堂里生活，以至于这个时代结束之后，那些曾身在其中的君王、贵族会动情地感叹："失去了天堂呵！"爱德华·傅克斯对此曾挖

---

① 弗洛伊德：《性爱与文明》，前言，合肥：安徽文艺出版社，1987：第 2 页。

苦地说："谁要是活过了那一年（指 1789 年，是法国大革命爆发的年份。——引者注），有生之年都会怀念沉没了的极乐岛。他们在青年时代都品尝过极乐岛的醉人的欢乐。1789 年之后，局势越来越糟。明摆着，那奇妙的幸福一去不复返了。美和欢娱从此好梦难续。"而那样一个时代，"一切都浸透了淫佚，一切都表现出肉欲。生活成了无休无止的行乐。"① 在这幅"美好图画"中唯一需要点破的，就是在那个时代生活在伊甸园中的仅仅是少数人。君主专制政体只是给少数人创造了机会，让他们得以过放荡的寄生生活。

　　于是后来，西方社会走进了工业化时代，进入了一个规制社会，到达了韦伯所谓法理型的官僚统治社会。或许社会的精英们多少还对君主专制时代的天堂生活有所迷恋，但更主要的原因还是由于工业社会如庞然大物一样的精致化的、机械化的社会生活确实令每个人感到窒息，所以在 18 世纪之后，如狂飙一样兴起的社会哲学思潮，竟然是对回归本真、恣情纵意的呼唤和号召。叔本华、尼采、韦伯、弗洛伊德和狄尔泰等人，都是扛着这杆大旗行天下的。在弗洛伊德和尼采那里，爱情与性欲在最基本的意义上达到融合。韦伯也认为，性爱这种"极端体验"就其战胜理性的欢悦情景而言，"与任何一种彼世的或超越现世的救赎伦理之无可规避的和同样彻底的对现世的拒斥是一致的"。② "在韦伯看来，无垠无尽献身的性爱关系所展现的是一个非理性的生灵对另一个生灵、并且是世间特定的这一个生灵所具有的独一无二的意义。然而这种意义以及随之而来的这种关系本身的价值内涵是以共享为依托的，这种共享被感觉为完全的一体化，亦即'汝'的逐渐消弭于无痕。此时，幸福恋人的欣悦异常地被感觉为是'善意'，它有一种友善的冲动，想要诗化整个世界，使其充盈着欢乐的景象，或者是整个世界沉醉于一种人人享有幸福的天真热望之中……这种'极端体验'正如尼采的酒神状态所达致的迷狂一样，摆脱了压抑、平庸的日常事务，使人们明白自己已从理性秩序之冰冷无血肉之手中挣脱了出来。"③

　　然而，当性爱本身已经不是目的而仅仅是工具或手段的时候，当性爱已经

---

　　① 爱德华·傅克斯给这个时代的命名就是"风流世纪"，见《欧洲风化史——风流世纪》，沈阳：辽宁教育出版社，2000。

　　② 郑乐平：《经济·社会·宗教——马克斯·韦伯文选》，上海：上海社会科学院出版社，1997：第92页。

　　③ 肖伟胜：《现代性困境中的极端体验》，北京：中央编译出版社，2004：第80页。

被浸泡在经济的染缸中并从而发出腐朽的味道时，性爱体验便消退尽了韦伯所赋予给它的堂皇和美丽了。对于"只身上路"的旅游者（包括那些跟随陌生的旅游团队的人一起上路的人）来说，旅途中的爱情，更多地会被冷峻地裂变为性与爱两个范畴。而在其主流方面，旅游者更多地是要在异地体验到性这个被日常环境束缚的内在本能，因此，旅游者在旅途中所获得的性爱体验，更多地被涂抹上了色情，呈现出更浓厚的工具意义和商业性。因此，性爱成了旅游者的工具性目的之一，而一些旅游目的地也就随着这种要求的泛起而树立起了招摇的性爱大旗。

曾几何时，泰国将自己的旅游形象定位为"爱之岛"，其良苦用心昭然若揭。如今，泰国的芭堤雅几乎成了色情的代名词。在这个海滨城市，可以满足游客对性的追逐的几种典型的"产品"就是：人妖表演、泰国浴、功夫表演（包括"快乐美人鱼""综合神秘秀""海上夜总会"等）以及被当地人称为"三租"和"老鼠吃大象"的营生。这些源于性而起的旅游项目，完全是皮肉生意，在多数情况下，是远离韦伯和尼采等人所描述的沉浸在精神的迷醉状态而获得的肉体的欢愉的那种境界的。艾瑞克·科恩[①]很早就在泰国进行旅游社会文化效应方面的研究，其中有很多成果就是针对泰国开展的轰轰烈烈的性旅游而进行的研究（Cohen, 1982a,1982b，1984，1986，1993）。

随着这种性旅游的泛滥，有越来越多的学者开始对旅游者的这种性爱体验及其影响予以关注并进行观察、分析和解释。从一些学术研究所涉及的范围来看，性旅游一词包含着丰富的含义，它既可以指白种男人为了获得性快感而到发展中国家（比如亚洲、非洲、拉丁美洲和加勒比海地区）旅游，也可以指女性旅游者为了遭逢"艳遇"而前往类似肯尼亚、赞比亚和加勒比海这样一些旅游目的地；既有出自恋童癖好的旅游者，也有追逐同性恋的旅游者。严格来说，性旅游与娼妓本属于不同性质的东西，但二者似乎具有共同的魔鬼品质，因此彼此总是难舍难分。

马丁·奥珀曼（Martin Oppermann, 1998）在他主编的一部名为《性旅游和娼妓：休闲、娱乐和工作的方方面面》的著作中，讨论了当今世界各地有关性旅游

① Cohen, The Thai Prostitutes and Farang Men: The Edge of Ambiguity. Annals of Tourism Research, 1982, 9:403–428.

和娼妓的问题。[①] 在该书中，对娼妓的类型（比如高级妓女、街头妓女）和形成（比如由于贫困、金钱诱惑、自愿、被拐卖等原因而成妓）作了剖析，并讨论了妓女与嫖客的关系，甚至对借助互联网而从事的性旅游活动也有所涉及。研究发现，与性旅游在社会上被视为一股晦暗浊流的同时，代表性旅游的形象却常常以公开或稍做修饰的形式公然出现在各种宣传媒体上，并以一种近乎幽默的方式实现着它的促销目的（比如大肆宣传"四 S"）。在一些国家（比如巴巴多斯、斯里兰卡、赞比亚等），由于性旅游的开展，童妓成了一个严重的社会问题，而这些人还往往与吸毒和贩卖毒品、拍摄色情影像制品相牵连。显然，性旅游所带来的绝不仅仅是经济的繁荣，更很难谈得上灵魂与肉体的共同回归。

但是，不能由此说，性爱体验就永远是罪恶的。冉恩和金德（Chris Ryan 和 Rachel Kinder, 1996）都认为，不能简单地将旅游者寻找性伙伴的行为看作旅游过程中的一点添加剂性质的东西，应该从这种行为在满足旅游者基本需要方面与其他行为所具有的某种一致性上来考虑。要认识性爱体验的本质，就需要将这种体验置放到一个适当的框架当中进行思考。这个框架，实际上是一个边界性的东西，就是我们前文曾明确建立起来的旅游世界和旅游情境。在这里要区别的是，旅游者离开家乡之后建立起来的旅游世界，与常规的家居和工作环境空间不同。同时，这个边界也意味着，旅游者与妓女相遇是在一个特定的空间。另外，旅游者在寻求性旅游伙伴的过程中，也存在着商业性的和非商业性的性爱体验的区别。冉恩和金德认为，旅游本身是一种边缘性的（marginal or liminal）体验。尽管在这种体验背后的产业要素已经使旅游成为一种贡献极大的经济活动，但旅游在本质上依然是对日常现实生活的一种逃逸，是一种满足奇思幻想的能力。冉恩和金德同时也认为，娼妓也是一种边缘性的行为，它也能产生巨大的经济影响，并为很多妇女提供了经济上的独立性；有些从事性服务的人也是出自某种摆脱、放松、满足奇思幻想以及家庭亲密关系的目的——与旅游者的心态很相近；甚至可以说，旅游业为妇女提供了工作机会、职业生涯和政治觉醒。有时，旅游业就直接被称为"性"产业——这或许是一种魔幻化，也可能带有剥削色彩，但终归是在用这种形象推销产品。到处所见都使人很容

---

① Martin Oppermann: Sex Tourism and Prostitution: Aspects of Leisure, Recreation, and Work, Cognizant Communication Corporation, Elmsford, New York,1998.

易发现旅游与娼妓在本质上的关联和重叠。所以，把性旅游看作某种病态的东西，看作存在于旅游内在本能之外的东西，实际上是一个错误。另外，旅游与性爱这二者间的牵连，在很大程度上能够说明我们当今这个社会所存在的问题。难道不可以这样说，当今社会，尽管各种技术进步和社会发展使我们在改善健康状况、住房条件和受教育水平方面已经具备了更大的能力，但难道我们不是依然生活在不快乐之中，不是依然在否定我们人性的某些东西、否定我们在性爱上的认同感吗？[①] 显然，在这里，冉恩和金德的观点再次建立在或回归到了前面列举的几位先哲的思想基础之上。换言之，他们所强调的是，从旅游者的角度看，旅游者所追求的性爱体验是满足其愉悦需要的方式之一。

如果我们将性旅游当中的商业性因素舍弃，重新回到性爱最本质的层面来认识性爱体验的价值，或许我们对旅游过程中的性爱体验会有更积极的认识和期待。这种认识和期待有利于从人本的角度看待旅游对满足人们性爱体验的需要的社会意义。如果人在旅途的时候能够获得我们在本节开始的时候所引用的那篇小短文中的情致，说不定"爱"真会"在旅途中滋生"呢！

六、旅游体验的实现路径

（一）旅游观赏

旅游者在投身于美的自然和人文物象所进行的旅游体验过程中，不断地与所接触的外部世界进行各种形式的交流。作为对旅游景观所包含的美的要素的具体感受和把握过程，旅游观赏是旅游审美活动的主要形态之一，也是使旅游景观的社会功能得以被人认识并发挥其美育功能的重要环节。因此，我们可以

---

① Chris Ryan, Rachel Kinder: Sex, Tourism and Sex Tourism: Fulfilling Similar Needs? Tourism Management, 1996, 17(7):507–518, 1996. 冉恩和金德的观点，主要建立在新西兰的社会文化和法律背景的基础上：在新西兰，各种按摩院都是合法的。这一点作者也特别强调，因此不能将这里的观点无原则地一般化到别的地方，尤其是东南亚地区。但是，这些观点尽管与我们存在着价值观上的某些分歧，但事实上符合世界各国现状。正是由于存在着这种矛盾的甚至对立的意义和功能，各国在法律层面对旅游所关联的性交易问题都难以断然采取斩尽杀绝的态度。

把旅游观赏作这样的定义：旅游观赏是指旅游者在远离其常住地的地方主要通过视听感官对外部世界中所展示的美的形态和意味进行欣赏体验的过程，旨在从中获得愉悦的感受。

从这个定义看，旅游观赏不同于一般的观赏的特征体现在以下几个方面：

（1）旅游观赏的目的是获得审美体验。旅游观赏是旅游体验的一种方式，借助于这种方式，旅游者要获得的利益不是对世俗愉悦的体验，而是追求旅游审美愉悦。旅游观赏的过程总是指抛开了对象中的功利性内容而进行的那个过程，如欣赏山川胜景和人间万象，也包括对美食这样的主要在于取悦于人的味觉和嗅觉感官的事物所具有的形式美的观赏，如对食物的形、色及其铺陈环境的观赏。

在旅游观赏过程中旅游者所体验到的审美愉快有两种类型：优美体验与壮美体验。优美和壮美（又称崇高）是两种不同类型的美。"优美作为美的一般形态，侧重于展示客体与主体在实践中经由矛盾对立达到统一、平衡、和谐的状态。壮美则不同，它主要体现实践主体的巨大力量，更多地展示着主体和客体在现阶段相冲突和对立的状态；并且在这一对立的冲突中，显示出客体和主体相统一的历史必然性"。[①]优美在形式上的特征表现为柔媚、和谐、安静与秀雅。对这种美的体验会使人感到轻松、愉快和心旷神怡。例如，当旅游者置身于春风款款、鸟语花香的季节，自然是满目明山秀水、杨柳依依，或是细雨池塘、渔歌唱晚，这些境界都是优美的。旅游者置身其间，不免要沉醉忘我、飘飘欲仙。游览峨眉山、荡舟洞庭湖，都会产生这种优美体验。

壮美在形式上往往表现为一种粗犷、激荡、刚健、雄伟的特征，给人以惊心动魄的审美感受。例如，仰泰山而叹其雄，临华山而惊其险，给人的都是一种震撼。这种震撼从心理不适开始，却以激情得以释放、心理得以满足而告终，从而成为旅游审美的另一种体验。这个过程实际上是与人类认识自然、征服自然的历史过程相一致的：恐惧、惊叹、崇敬、理解、愉悦。换言之，审美体验中的壮美感受始于痛感而终于美感。

（2）旅游观赏的形式是异地性观赏。在人的日常生活圈之中，有众多的可

---

① 王朝闻：《美学概论》，北京：人民出版社，1981：第50页。

供赏玩的物象。当人投身于其中时，获得的愉悦与旅游观赏相比除了在程度上能有差异外，并无本质上的不同。而恰恰就在异地观赏这一点上，使旅游观赏有了特殊的意义。

（3）旅游观赏的对象来源具有多样性。旅游观赏不局限于某种单一现象，实际上包罗很广，既有造化之功，又有人文之象，既有自然自在之物，也有斧凿的艺术作品。只要这些物象能愉悦旅游者的耳目，都可以成为观赏对象。

（4）旅游观赏的感官渠道主要是视听感官。在人的各种感觉中，具有审美作用并成为审美感受的基础的，主要是视觉和听觉。因此视、听两种感觉器官就被称为审美的器官。这一点在上一节中我们已经接触到一些美学家的观点。实际上，除了亚里士多德之外，柏拉图也有过"美是由视觉和听觉产生的快感"的说法。后来，新柏拉图派创始人普洛丁（Plotinus）又指出："美主要是通过视觉来接受的。就文词和各种音乐来说，美也可以通过听觉来接受，因为乐调和节奏也是美的。"[1] 到了中世纪，托马斯·阿奎那（Thomas Aquinas）肯定审美涉及认识功能，并且明确指出视觉和听觉是专门的审美器官。他说："美与善一致，但仍有区别。善是'一切事物对它起欲念的对象'……但是根据美的定义，见到美或认识美，这见到或认识本身就可以使人满足。因此，与美关系最密切的感官是视觉和听觉，都是与认识关系最密切的，为理智服务的器官。我们只说景象美或声音美，却不把美这个形容词加在其他感官（例如味觉和嗅觉）的对象上去。"[2] 这一看法的值得重视之处是，它在肯定视觉和听觉为审美感官的同时，还提出了视、听觉之所以成为审美感官的原因在于这两种感觉具有认识功能，是"为理智服务的"，而其他感官如味觉、嗅觉则不具有这种功能特性。黑格尔也肯定了视听两种感觉是"认识性的感觉"，只有这两种感觉才与艺术和审美有关。他说："艺术的感性事物只涉及视听两个认识性的感觉，至于嗅觉、味觉和触觉则完全与艺术欣赏无关。因为嗅觉、味觉和触觉只涉及单纯的物质和它的可直接用感官接触的性质，例如嗅觉只涉及空气中飞扬的物质，味觉只涉及溶解的物质，触觉只涉及冷热平滑等性质"[3]。正是由于视听感官在反映外物的性

---

① 北京大学哲学系美学教研室：《西方美学家论美和美感》，北京：商务印书馆，1982：第53页。
② 北京大学哲学系美学教研室：《西方美学家论美和美感》，北京：商务印书馆，1982：第67页。
③ 黑格尔：《美学》，第一卷，北京：商务印书馆，1979：第48-49页。

质方面的优越性以及它们与理性认识的密切联系，才使二者成为审美欣赏的最直接的和最基本的工具。当我们读到杜甫的"两个黄鹂鸣翠柳，一行白鹭上青天。窗含西岭千秋雪，门泊东吴万里船"这样的美丽诗句时，闪现眼前和萦绕耳畔的，就是这种视觉可见的斑斓色彩和听觉可闻的奥妙音韵。

然而，视听感官在旅游观赏的审美体验中的这种作用，也不是绝对的、唯一的。其他感官总会以不同的形式、强度、方式通过某种微妙的机制不自觉地、间接地加入到对审美体验发挥作用的队伍中，成为审美体验的一个条件和因素，因为这些感官作为人的感官毕竟都经历了不同程度的社会化过程。在欣赏雕塑时触觉不仅直接起作用，而且人的触觉也决不同于动物的触觉；在欣赏自然美景时花香使人沉醉，虽是嗅觉的作用，这中间人化的成分也是存在的。但这些感官发挥的作用相当有限，而且也很难像视听感受那样可以独立地构成审美体验的基础。

（二）旅游交往

交往是人类社会的一种普遍现象。在生活世界当中，人们依赖于彼此间存在的主体间性进行交往沟通，以便在情感上互通有无，并从交往当中获得个人心智的发展。交往在人类生活中的价值是如此重要，因此它也就成了许多学科研究的课题。由于研究的视角不同，便出现了对交往及其功能的不同理解。在人类学家看来，交往是神奇的生命世界的基本存在方式。作为"适者生存"原则的体现，交往伴随着生命进化的历程，通过植物性、振奋、相对、信号、符号、语言六个层次的递升，最终在劳动交往和语言交往中形成了人类社会。文化学则认为，人类历史上各种文化价值系统和其他信息形态是在多民族、多区域之间的文化交流、激荡和契合中形成的，又通过交往渠道得以蔓延、扩散和协同。而在社会学家看来，纷繁复杂的人类社会是由各种社会关系耦合的网络系统，而交往正是连接社会之网中的个人与个人、个人与群体、群体与群体之间关系的桥梁，是促进人际关系和谐、保障社会稳定发展的强有力的纽带。

可见，交往对于人类来说如同布帛菽粟，不可或缺，甚至对于个体的人而言也是如此。离开了交往，人就没有机会参与社会化过程，这对于新生儿的智力发展将形成致命的障碍，①而对于成人来说，也会导致智力退化和心理变态。所以，人类在其发展过程中总是自觉或不自觉地寻找着交往的机会，发展着交往的能力。在现代社会中，旅游就成了一种十分重要的交往方式。

从形式上看，旅游交往是一种暂时性的个人间的非正式平行交往。也就是说，旅游交往在时间上起始于旅游过程的开始，终止于旅游过程的结束，一般不会向这两极之外延伸，即使延伸，那也不属于旅游交往，只能看作旅游的准备或旅游交往的效应。在旅游交往期间，由于对象一般是脱离了原社会系统职能约束的平等的旅伴、交易者或东道国居民，所以彼此的沟通多为平行的方式，并以感情上的沟通或物品交易为主要内容，当然也就没有组织规范的严格约束。这些形式上的特点是我们理解旅游交往的钥匙，同时也构成了我们预测旅游者行为的重要依据。

上面对旅游交往的基本形式和特点做了粗略的探讨。为了进一步把握旅游交往的性质，我们需要对上面提到的旅游互动这种现实性的交往做进一步的分析。首先建立一个试图概括旅游交往发生过程及其特点的情境模型（见图4-5）。

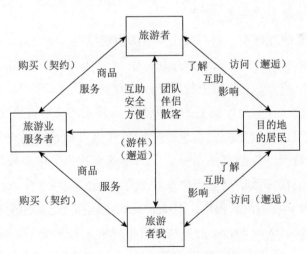

图4-5　旅游交往发生的情境模型

---

①　戴维·波普诺：《社会学》（上册），沈阳：辽宁人民出版社，1988：第232页。

在这个模型中概括的内容和关系可以描述如下：

这个模型包含了旅游交往的目的（在图中沿各个箭头内侧斜排的文字）、旅游交往的途径（箭头外侧用黑体字表示）、旅游交往关系的性质（黑体字后面的括号内文字）以及交往的参与者等内容。在旅游过程中参与交往的人主要有三类：一是旅游者，二是目的地居民，三是旅游服务者。旅游者从旅游方式上看有散客与结伴（包括团队和家庭）两种，不管哪一种都可能与他人发生交往行为。一种交往对象就是旅游企业的服务者（包括目的地的旅游企业和出发地的旅游企业）。旅游者与这些人的交往在性质上是一种契约关系，一般通过金钱、商品、服务的交换得以建立，因此这种交往在目的上总是体现为一方想卖出而另一方想买进商品和服务。旅游者与目的地居民的交往是通过旅游者对旅游目的地的访问而实现的，其性质多数属于邂逅，目的在于相互之间增进了解、相互寻求对彼此文化的理解，有时也会有想要影响对方的生活方式或情愿接受影响的情况。还有一种交往发生在旅游者之间。如果交往是在同行的团队或伙伴之间进行的，那么这种交往关系就属于"游伴"的性质，如果交往发生在两个素昧平生的散客旅游者之间或与在目的地遇到的任何其他旅游者之间，那么这种交往也属于"邂逅"的性质。

在现实的旅游过程中，旅游交往发生的情境模型并不如此单纯。但是，不管实际情况如何复杂，旅游交往都是在一个统一的框架之下发生的，这个框架就是旅游的时空特点，它决定了旅游交往的时空特点：那就是交往的暂时性和异地性。旅游交往在时空性质上的这两个特点使旅游交往行为变得极其复杂、难以预测，甚至传统的旅游者心理研究成果在这方面也会显得苍白乏力。也正是由于这个特点，旅游交往在一个人的全部交往生活中会较早地显现出其终止水平。由于在多数情况下旅游交往属于邂逅式交往（亲友结伴同行的情况除外），这种交往的深入程度，取决于交往主体相互之间感受到的人际距离（interpersonal spacing or distance）。从现象学的角度来理解这种人际距离，所面对的问题就是：在交往双方的互动过程中，一方对将自己与另一方分隔开来的人际距离的印象具有什么特性？在这里，行动者的距离体验并不等同于实际的客观距离。我们可以用认知距离这个词来表达这种由行为主体所感知到的距离，这是一种即使感知的客体不在场的情况下也会照样在感知主体头脑中凭借以往形成的记忆、印象、判断以及信念建立起来的心理距离。由于旅游交往双方彼此缺乏相互理解的基础，更少有进一步交往的机会，所以，旅游交往多数情况下都在较早的阶段、较短的时间内宣告终止，有时这在交往双方只不过是心照不宣的事情而已。当然，旅游交往关系还有其他的结果（正是这些结果才使旅游交往变得更有意义），其中包括中断、维系和发展几种典型形式。中断是因为客观环境的限制而使交往无法再像原来那样进行，只好待将来有机会再重叙旧谊。这种情况可谓不乏其人，甚至整个人类社会中有一半的故事讲的就是这种情况！交往关系的维系和发展是旅游交往的成果，由于这种关系的建立使每一个交往的参与者都扩展了世界的范围，丰富了生活的内容，增进了对外部世界的理解，因此，它也常常成为现代旅游者出行时确立的一个旅游收获目标。

（三）旅游模仿

在心理学上，模仿是指依照别人的行为样式，自觉或不自觉地进行仿效，做出同样或类似的动作或行为的过程。换言之，模仿是人有意或无意地对某种刺激做出类似反应的行为方式，也是一种即时性的角色变更。模仿的结果在多数情况下会影响甚至改变人习惯了的行为方式，所以模仿在人类生活中显得非常重要。在一些环境论社会学家看来，人类的很多重要能力都是通过直接或间接途径模仿（或学习）形成的，本能的作用有限。因此，模仿这种现象在很早就引起学者们的注意。法国社会学家塔尔德认为，模仿是社会赖以存在和发展的基本原则，各种团体规范和社会价值就是通过模仿而逐渐形成的，社会发展过程就是模仿过程。在塔尔德的著名著作《模仿定律》一书中，他提出了模仿的三个具体过程：往复、对立和适应。他将整个模仿过程比作一个个同心圆的传播过程，不同的发明处于各个同心圆的中心，每个同心圆波浪式地由中心向外逐渐扩展，当各个同心圆相互碰撞时，就进入了模仿的对立阶段。这种对立是由模仿的种类和程度不同以及由新旧文化之间的差别而产生的。这种对立必然引起矛盾、对立和冲突，但最终将导致一种"适应"：从个别模仿行为来看，是模仿过程的结束；从模仿的社会意义来看，是发明被社会普遍接受。正是从这个意义上，塔尔德令人信服地阐述了模仿的社会价值。

集体无意识，也是造成模仿的心理根源。荣格提出，在个人无意识（这是弗洛伊德的重要发现和理论基础）的深处，还存在一种更深广、更隐晦、年代也更久远的东西，这就是集体无意识。如果说，个人无意识是由生活中曾被意识到但又被压抑或忘却的内容构成的，那么"除了这些个人无意识内容外，还存在另一种无意识内容，它不是源于个人获得物，而是源于遗传的一般心理功能的潜能，即源于遗传的大脑结构。这就是神话联想——即那些不需要历史传统或移植就可能重新萌发于任何时代和国土上的动机和意向。我把这些内容叫作集体无意识"[①]。

模仿在旅游过程中的意义尤其不能低估，因为模仿有时就是旅游的目的本身，有时是达到目的的手段，在某种情况下还可以解释旅游活动发生的根源。旅游者可以借助模仿或追求模仿实现对旅游愉悦的体验，这个事实使模仿得以成为一种特殊的旅游方式。因此，我们可以将旅游模仿定义为旅游者在旅游过程中暂时地放弃其常规角色而主动扮演某些具有愉悦功能的角色的过程。

就个体的旅游者而言，旅游过程中的模仿是经常的现象，旅游模仿成了获取乐趣的手段。这样的事例实在不胜枚举。在一个仿古宫廷的玉阶下面，金发碧眼大鼻头的人穿戴着中国皇帝的龙袍，要以这样的模仿体验一次位居万人之上的滋味。城里人来到乡下，笨手拙脚地学习栽种，也不过是出于对模仿的好奇。与此相反，上海却打出招牌，提供给那些想说一句"阿拉是上海人"的没见过世面的外地人一次难得的机会，这也不过是应了人们模仿的愿望。由此可见，模仿在旅游过程中是几乎不曾间断的行为。旅游作为脱离日常生活内容和方式而在异地发生的暂时性行为，决定了模仿在旅游活动中的地位和意义，值得对它做进一步的深入研究。

在旅游过程中，也可能出现集体性的模仿行为。这时，可以推想，荣格所说的"集体无意识"在起作用。例如从团队旅游过程中的购物环节中，典型地容易看到模仿购买的情况频频发生。由于旅游者结伴而行，在旅游途中，往往是团队中一个或几个购买了某种旅游土特产品或旅游纪念品之后，大家的购物欲望才被调动起来。而导游和商家很会利用游客的这种从众心理，竭力说服团队中一两个游客购买商品，从而形成近乎抢购的热闹局面。另外，大众旅游的

---

① 荣格：《心理类型学》，西安：华岳文艺出版社，1989：第588页。

本性就具有模仿性。从普劳格（Plog）所建立的旅游者心理类型模式以及他对这个模式所揭示的事实的研究来看，这个模式实际上也潜在地包括了对旅游者模仿行为的解释。由这个模式我们看到了开放型旅游者的行为如何对近开放型旅游者行为的影响，以及近开放型旅游者的行为如何对大众旅游者行为的影响，等等。在这里，前者对后者的示范作用，后者对前者的模仿行为，都表达得十分清晰。这就是说，旅游行为在现代社会中即使从总体上看实际上也是一种相互影响相互模仿的行为，大众旅游模式就这样逐渐被建立起来了。

（四）旅游中的游戏

科恩（Cohen）认为，对于大多数旅游者来说，旅游其实是一种游戏。[①] 这种游戏像其他所有游戏一样，深深地植根于真实性的基础上，但游戏要想获得成功，却需要大量的虚拟的人和物（他们可以作为表演者，也可以作为观众）在场。

游戏（play）是人类一种古老的实践（praxis），我们甚至还可以从一些低等的社会性动物群体中领略到这种实践，并从而理解它对于我们这种高等的社会性动物的意义。一般来说，人类的游戏是一种以娱怀取乐、消闲遣兴为主要目的而又有一定规则的活动。它的起源，与人们的生产活动有着密切的联系。在远古时代，先民们为了谋生，通常是凭借简陋的生产工具向大自然索取生活资料。为了提高效率，就有必要熟习这些工具，提高使用技巧，并锻炼自己的筋骨。于是，人们就在闲暇时以嬉戏的形式再现这些活动，以相互传授经验和进行练习。随着时代的变迁、岁月的流逝，这些练习活动中的嬉乐成分逐渐增加，从而使练习活动演化成为一种与生产联系不很紧密的戏娱活动。另外一种情况是，伴随着社会的发展，生产力水平的提高，有些原始的谋生手段也渐渐地被更先进的生产方式和方法所代替，但在日常娱乐当中，它们仍以游戏的形式留存了下来。这样，就构成了人类社会生活中最早的一些游戏娱乐活动。从这种起源上来揣摩游戏，不难使我们发现，其实游戏原来是与人生紧密相连、相伴相随的一种生活内容，从一开始，游戏就具有教化和娱乐的双重功能。

---

① E. Cohen: Tourism as Play. Religion, 1985(15): 291–304.

今天，游戏的生产性意义越来越淡化，但这并不意味着游戏对人生的意义有所降低。"人类的游戏是一场比一眼看去要复杂得多的游戏，起码在一般的认知和反应水平上，对我们来说是相当陌生的。通过某些特定的文化，我们吸收了一些由大自然给我们规定的游戏规则。但是，我们是通过一种非常不自觉的方法来吸收的。"① 哈乌雷吉甚至就此将人的一生比作一场游戏，在这场游戏当中，通行着一些为参与游戏的各方所认可的规则。

毕蛩（Beach）认为，不管是动物的游戏还是人类的游戏，都具有这样一些特征：（1）游戏在很大程度上具有快感的成分在内，在通常情况下，游戏总是令人快乐的；（2）游戏总被认为是不成熟的标志；（3）游戏除了具有长期的益处之外，还具有一些直接的、生物学意义上的效果；（4）可观察到的游戏形式具有种属的特殊性，不同种属的动物的游戏形式是不同的；（5）游戏的数量、变化状况和持续时间与物种的进化状况有关，进化的程度越低，游戏形式越单一。②

从很直观的意义上解释人为什么游戏，我们或许会同意古德尔与戈比（2000）所列举的20世纪20年代中期的几种有关游戏的理论，这些理论在基本概念上主要是从本能、遗传性获得和不同层次上的能量等方面加以阐述的。有一种理论认为，人们之所以游戏，是因为人有了超出生存所必需的能量之外的能量；另一种理论则坚持认为游戏的原因是因为人们需要从工作和其他非游戏性的能量消耗中解脱出来；还有一种理论认为，游戏是对未来所需要的技能的一种培训；更有一种理论认为，游戏重复了一个成人的过去经验。显然，这些理论是把生物进化和劳动伦理结合起来了。而在上文曾经讨论过的精神分析理论那里，游戏在本质上是治疗性的，因为，它可以使一个人通过清除或逐步化解那些令人不快的经验和情感并最终把它们排遣掉。

如果用社会学的视角来审视游戏，尤其是审视游戏对社会的意义，我们可能很自然地就会被功能主义所俘虏。游戏确实具有建构的意义，它是文化和文明的基础。在游戏过程中，游戏的参与者在个体的灵活性、协调性和其他技巧

---

① 何塞·安东尼奥·哈乌雷吉：《游戏规则——部落》，北京：新华出版社，2004：第11页。

② Frank Beach: Current Concepts of Play in Animals. In Dietland Muller Scgwarze (Ed.), Evolution of Play Behavior. Dowden, Hutchison and Ross, 1978: 325-326.

方面都得到了发展，游戏也以不同的方式和不同的复杂程度帮助社会得到发展，游戏的创造性也使个体乃至群体的智力得到发展。所以，从进化论的角度来说，游戏的这些功能，不管是对个体还是整个物种乃至对社会，都具有十分重要的意义。

但是，如果直接从游戏参与者的动机的角度来认识，游戏则更多地反映了人对于快乐的追求。"在游戏活动中，人们总是快乐地、情绪高昂地表达出自己的热情和精神气质。实际上，游戏的奥秘和乐趣正在于此，它表明人们对另一种生活的希望。""人需求游戏，这是千真万确的真理"。[①]

在一些哲学家那里，游戏被看作象征生存意义的活动。冯·席勒说："只有一个能在完整的意义上被称为人的人才会游戏；也只有当他在游戏时，他才成其为人。"[②]

对"游戏"概念的推崇，可谓后现代哲学的一个重要特征。作为"泛游戏论者"，后现代思想家视一切为游戏，以追求真理为己任的科学和哲学也被看作一种游戏。作为游戏，哲学必须证明自身的游戏规则的合法性，此外，它不再能证明其他语言游戏的合法性。后现代哲学的目的是很清楚的，它旨在用"游戏"代替"追求绝对真理的活动"，用游戏的"规则"取代"普遍必然的绝对真理"。此外，"游戏"概念的另一个重要功能是被后现代思想家用来破除传统哲学家所人为设置的各式各样的僵硬对立，特别是主体与客体的僵硬对立。因为"游戏"的本质是一种"既自由又愉快"的活动，而物我两忘则是游戏的最高境界。

游戏的结构是一个值得研究的问题。在游戏过程中，存在着一些规制性的东西。比如，身体接触的方式、身体动作的类型、技能要求、空间的使用、竞争因素、时间的考虑、道具的使用、角色扮演因素、规则的复杂程度、游戏者的相互依赖关系等（Redl, Gump & Sutton-Smith, p.215）。有人从游戏者的角度进行观察，结果认为，游戏的结构可以描述为：（1）游戏的边界；（2）是否存在惩罚；（3）角色的类型；（4）活动的结果；（5）单人或团队；（6）规则的结构。

对于旅游者而言，可供选择的游戏活动和方式是多种多样的。从游戏类型

---

① 托马斯·古德尔，杰弗瑞·戈比：《人类思想史中的休闲》，昆明：云南人民出版社，2000：第179页。
② 托马斯·古德尔，杰弗瑞·戈比：《人类思想史中的休闲》，昆明：云南人民出版社，2000：第199页。

上看，这些方式包括：技艺游戏、智力游戏、赌胜游戏和儿童游戏等。

技艺游戏是以训练、发展某一项生产、防卫技艺为主的欢娱活动，其源头可以上溯至远古社会先民们对渔猎采集、部落攻战技艺的肄习。先民们在长期的生产和生活实践中，逐渐创造出不少生产、攻防用具，如石球、弓箭、舟楫等，要充分发挥这些用具的效用，就必须掌握一定的技巧，具备一定的体力，于是，人们就在诸如奔跑、投掷、射击、游泳、角力等活动中对这些工具的使用技巧加以练习。最早的技艺游戏当脱胎于此。在我国，从古代流传下来的著名的技艺游戏，就有诸如击壤、木射、射箭、投壶、蹴鞠、弹棋、踢毽子、马球、捶丸、击角球、踢石球、角抵、秋千、拔河、跳绳、竞渡、冰嬉等。其实，这类游戏不胜枚举，用王尔敏的话说，"其实民间设想斗技之游戏，何止于此。因其多未登之于记载文字，其为人知者不广，各地随起随灭，俱亦表露一时嬉戏风气，较为不能持久，是应勿须多所引叙。"① 总体上来说，技艺游戏是主要用来发展、检验个人技巧和体力的游戏，它所凭借的各种工具，在游戏中仅起到道具或陪衬的作用，这一点恰好是使之有别于赌胜游戏的特点之一。可以想见，在旅游体验过程当中，如果设计、穿插得好，技艺游戏会大大提高旅游体验的质量，形成可以构成精彩的旅游情境的重要活动质素。

智力游戏多以棋牌类游戏为主。在中国历史上，这类游戏种类也十分繁多，非常著名并流传广泛的就有围棋、象棋、麻将、骨牌、陆博、格五、双陆、马吊、叶子戏、谜语、九连环和七巧板等。其中有些游戏本身就是对人类社会实践活动的模仿，如围棋和象棋所体现的军事意识；有的是训练人们在一定条件下的应变、机敏能力，如麻将、谜语；有的则侧重于培养人们的创造能力，如七巧板等。这种游戏在中国可谓源远流长，有的已经发展成为世界性的竞技项目（如围棋）。据说，就是后来传入中国的扑克游戏，也是源于中国的叶子戏。总体上看，智力游戏投入的体力比较少，是一种比较悠闲、甚至有点"文雅"的游戏方式。但是，相对于技艺游戏来说，这些游戏的规则比较复杂，能否参与取决于此前的训练，因此，这些游戏对于旅游者来说，常常不能作为一般性的体验内容编排穿插到旅游过程当中，只能作为旅游者在"旅游的余暇时间"

---

① 王尔敏：《明清时代庶民文化生活》，长沙：岳麓书社，2002：第120页。

内自由组合、自主参与、自在体验的活动项目。一般情况下，旅游者如果有这方面的需求，都可以在旅游现场获得这些游戏所需要的器具和环境（一些古老失传的智力游戏除外）。

很多技艺游戏、智力游戏都含有胜负意识，不过，胜负感对于这些游戏的参与者而言，不是至关重要的，相反，人们注重的是游戏过程带给自己身心的愉悦和智力及体能的开发，因为这些游戏的规则本身，特别强调主体的直接参与，而不是扮演游戏的旁观者或一个提线木偶的操纵者那样的角色。但是，另有一些游戏，目标瞄准的是游戏的结果，强调的是胜负。这种游戏，可以归入赌胜游戏一类。在中国历史上，比较典型的这类游戏有赛马（田忌赛马）、斗牛、斗鸡（唐玄宗曾建"斗鸡坊"）、斗蟋蟀、斗草（端午节斗百草）、骰子戏、彩选格（古代的掷骰游戏）、扑钱（投掷钱币以决输赢）和酒令等。在蒲松龄的《聊斋志异》当中，有一则名为《促织》的故事，说的就是当时风行斗蟋蟀的情景。可以想见，这种赌胜游戏主要是建立在人本性当中的生存和竞争本能的基础上，并经过文化的辖制而发展演变起来的游戏形式。在很多情况下，这种游戏都反映了一种地方文化、习俗和民风。尽管这种游戏的主角常常是第三者的"物"而非主体的"人"，但这些幕后的、作为操纵者的"人"，却在游戏中极端投入，从而使"物"的比拼具有了象征的意义，并赋予结果一定的社会特征。格尔兹在巴厘岛观察土著居民的斗鸡游戏之后，得出的结论是：对于巴厘岛人而言，斗鸡游戏是一种深度游戏（deep play），"即在这种游戏中，钱与其说是一种实际的或期望的效用尺度，不如说是一种被理解的或被赋予的道德意义的象征"。"在深度游戏当中，投入钱的数量很大，而更为重要的还不是物质性的获取，而是名望、荣誉、尊严、敬重——总之，在巴厘岛一个意味深长的词，也就是'地位'。"[①]当这种赌胜游戏被赋予明确的文化意义并具有突出的戏剧性质（比如紧张性、宏大的规模、难以预料的结果等）时，赌胜游戏也就有可能演变成一个吸引人的旅游景观，成为某些旅游体验（尤其是文化旅游体验）不可缺少的内容。西班牙的斗牛节其实就是这种赌胜游戏在新的历史条件下的旅游化变种。当置身于这种胜负氛围当中并不自觉地成为关注胜负结果的

---

① 克利福德·格尔兹：《文化的解释》，上海：上海人民出版社，1999：第492页。

其中一员时，旅游者可能从这种旁观当中体验到前所未有的快感。这是赌胜游戏作为有吸引力的文化景观所具有的价值。当然，在旅游过程中，对于某些旨在诱惑旅游者进入的赌胜游戏，旅游者如果愿意，可以完全从旁观者的身份转化为直接参与者的身份，从中切实地将自己的快乐和痛苦感受悬系于目的地的文化赌博狂潮当中。而那些本身进入障碍很低、不能构成一种大规模文化现象的小型赌胜游戏（如斗草之类），旅游者是可以随时实践、随时体验的，倘若设计得好的话，这些游戏体验也可以构成旅途中的一点色彩添加剂，使旅游过程更加愉悦。

儿童游戏，由于参加游戏的成员是儿童，因此又和一般的游戏有所区别。儿童游戏一般有三种情况。一种是由成人游戏演变而来或者是模仿成人活动的游戏。比如，在满族儿童中间流行有"跑马冲城"游戏，就是满族儿童模拟军事攻城活动的游戏，这种攻守结合的军事游戏活动，反映了满族自幼尚武的古老风俗；[①]另一种是专为儿童创造的游戏，如汉族儿童的跳绳、跳房子和捉迷藏游戏以及满族儿童的"老鹞子抓小鸡""嘎拉哈"游戏（嘎拉哈为满语，意即兽后腿的距骨。其游戏方法有"抓""弹""打"等多种）。还有一种缺乏严格规则的即兴儿童游戏，可称之为杂耍。所有这些儿童游戏虽然以儿童参与为主，但其精神在于发现和展示童真，因此，对于出门在外的旅游者，也有很大的吸引力，而且很多儿童游戏所需要的空间和器具都很简单，而一旦组织起来又很有现场气氛，因此，完全可以作为旅游体验的方式纳入到旅游过程当中。

总体上来说，这些游戏能否被纳入到旅游世界，成为旅游体验过程中的内容，首先要取决于旅游世界的时空指向性。一般情况下，游戏都兼具空间和时

---

① 参加这种游戏的儿童数量不限，分成甲、乙两队，拉开一定的距离，横列对峙。先是挑战问答：

甲队合：丁铃铃，跑马城，城门开，发个格格冲城来！

乙队合：要哪个？

甲队合：要红玲！

已队合：红玲不在家！

甲队合：要×××！

×××是乙队某儿童名字。被点将的儿童，即做骑马姿势，向甲队飞跑冲去。甲队儿童仅仅拉手阻挡。如能冲过去，就将突破口处的一名儿童带回，即留在甲队。机智的儿童往往采取声东击西战术，选择弱小儿童的拉手处冲击，一举获胜。接着进行第二次挑战问答和冲城。冲城权属于上一次获胜一方。这样反复冲城，直到一方无人为止。见杨英杰：《清代满族风俗史》，沈阳：辽宁人民出版社，1991：第241页。

间的特殊性，具有文化局限。因此，一种游戏能否成为旅游体验的方式，要看它是否能构成旅游对象物的成分或向量。通常，由于游戏所具有的嬉乐成分和参与度高的特点，很多旅游产品的提供者都会积极而有效地将一些与目的地文化相关或直接就是该文化的表征的某种游戏纳入到旅游体验过程当中，使之成为营造旅游情境的重要手段。这样，旅游过程中的游戏设计，连同其他旅游体验方式一样，就成了提高旅游者参与程度和体验质量的重要手段。

第五章

旅游体验中的舞台化、
本真性和商品化

　　旅游体验发生在旅游世界当中，或者说，发生在一个拥有独特意义的具体时空框架当中。在这个世界当中，每一次场景的变更，都是一个新的旅游情境的推出。因此，对于旅游者来说，旅游体验仿佛是观看和参与一次次的戏剧演出，就像是发生在一个个具体的舞台空间、经历着一幕幕舞台场景的表演过程。所以，在这一章，我们要从舞台表演的角度来考察旅游体验的特征，并进而深入到旅游体验的本真性和商品化问题。在西方旅游学术界，这些问题在20世纪70年代就已经被提出来，而且直到今天依然是人们研究的热点理论问题。但是在国内，由于人们对旅游基础理论关注不够，这方面的研究也就一直没有展开。这种状况显示了中外旅游研究在基础理论方面的差距。不过，国外的旅游研究在这方面也还没有实现根本的整合，相关成果存在于旅游社会学、旅游人类学和旅游心理学的各自领域，没有人把它们从旅游体验的角度全面地予以讨论，使之成为旅游体验中带有根本性的研究课题。

一、旅游体验的舞台化模型

　　在第一章中我们通过构建旅游世界模型，首先确立了一个明确的结论：旅游体验是在旅游世界发生的，是旅游者在顺序地体验了不同的旅游情境之后所获得的主观情感。那么，我们可否将这一个个旅游情境设想成一幕幕的戏剧场景，而旅游体验的过程就像是旁观或参与一个戏剧表演过程呢？如果这个观点成立，我们就可以利用一个舞台化的模型来对旅游体验的时空结构和意义表达形式加以更深入的分析。想一想，当旅游者走出家门，一路上经历着大大小小、情况不一的旅游场景时，我们能否想象得出，旅游者实际上是在体验着一种特殊的、具有一定戏剧成分的表演过程呢？对于有些旅游场景而言，比如旅游者按照计划——这是组合旅游产品的典型特征——观看某种专门为他们表演的仪式或文娱节目，毫无疑问这是旅游者以在场的方式观看着一场表演；而对于有些场景而言，比如，旅游者被领到了一个自在地（独立地）进行着表演的社会或文化活动场所（像宗教场所、工厂生产车间、传统手工艺作坊、大学课堂、议员工作的国会大厦以及餐馆的后厨等），他们旁观、游览，甚至与作业中的人交流、询问，他们自身的行为成了影响旅游体验质量的重要因素，在这种情况下，难道我们会怀疑这个过程所具有的表演性质吗？如果我们再来审视一下戏剧表演的特点，或许结论就自然浮现出来了。

在当今社会，戏剧正面临着电影和电视的严峻挑战，传统戏剧表演的诸多要素都几乎被剥夺了。但是，戏剧有一点是电影和电视无法取代的，那就是观众的在场。与其他各种一旦被创造出来就立刻脱离创作主体而存在的艺术形式最大的不同，戏剧始终需要有观众在现场捧场。这个特征，为戏剧表演创造了一个无法比拟的优势：戏剧是发生在观众和演员之间的事。有人说戏剧是一种仪式，也有人说戏剧是一种游戏。这些观点不外乎强调这样一个事实：在戏剧演出这种群体性的活动当中，展开的是观众与观众、演员与演员，尤其是演员与观众之间的现场的交互关系。戏剧是活人与活人的接触，是观众与演员的交往。这不仅仅表现在观众对演员表演效果的直接回应上[①]，还表现为演员与观众的相互参与性的互动过程，二者正是在这种情绪接触的体验当中达到某种契合。所以，在戏剧活动中，演员与观众通过交往形成共同的体验、共同的思想和共同的感情。戏剧表演的这些特征，不难使我们发现，旅游体验的过程与戏剧表演过程，在结构和意义表达方式上有着惊人的相似性。

蒂姆·艾丹瑟（Tim Edensor）在《旅游的舞台化：旅游者作为表演者》一文中明确指出："旅游是一个不断建构和重构伦理性实践的过程"[②]，换言之，旅游是通过一个发生在具体空间当中的序贯的行为过程来影响社会行为规范以及习俗的形成或变更的。为了证实这个观点，他用表演来比喻旅游，并进而检验在旅游场所当中所发生的各种活动。艾丹瑟认为，表演并不是一种程式化的过程，而是一种互动的、应激的过程，表演的成败与演员的技艺、表演的现场情景以及观众对表演的解释方式有密切关系。即便是那些广为人知的社会表演，也必须根据不同的具体演出条件重新演绎，而观众能否接受这种演绎也绝非演员所能控制的。由于每一次的表演都可能会有所不同，所以，人们也就不得不

---

① 印度第一部文艺理论著作，即婆罗多的《舞论》，提出了衡量戏剧演出成功的十条标准。这十条标准都是从观众在现场所产生的语言和身体的情感反应提出来的：微笑、半笑、大笑、叫好、惊叹、悲叹、哄然、汗毛竖起、起身、赠物。显然，观众的这些反应势必会与演员形成互动，从而影响戏剧效果。参见黄宝生：《印度古典诗学》，北京：北京大学出版社，1999：第176页。

② Tim Edensor: Staging Tourism: Tourists as Performers. Annals of Tourism Research, 2000, 27(2): 322–344.

努力追求在传达意义方面的一致性。就人们在社会大舞台的"表演"而言，尽管它多少有点文饰的意味，但往往并非有意为之。在组织日常事务的过程中，人们每天的所作所为都在形成一些新的具体的实践知识，这与大量的旅游实践活动非常吻合。

对旅游体验的表演性特征所做的最富洞见的解释是朱迪·阿德勒（Judith Adler）在《作为表演艺术的旅游》一文中将旅游描述为"表演艺术"的观点。[①]她指出，自从16世纪在欧洲兴起的教育旅游（grand tour）以来，尽管旅游已经在实践上被看作一种表演艺术，但是直到今天，旅游学术界还没有对这种文化艺术类型给予足够的重视。而在她看来，旅游的重要性不仅体现在它是一种文化遗产，还体现在它对个人生活的意义。因为在旅游过程中，一个明显的事实是它将一个表演者带到了一个日常生活环境之外的世界当中，由此所产生的种种观察、遭遇以及逸闻，都可以作为一种抽象的能指符号，而相应的旅游体验也可以变成思想的恒久触媒，供日后随时品味和解释。一次独立的旅游表演（体验），一旦被镌刻在记忆当中，或被拍摄成照片，或被写成文字，那么，只要遇到情感的呼唤或认知的质询，它马上就会被激活，并拥有了全新的解释。

阿德勒认为，旅游表演的基本构成要素是空间、时间以及旅游者在其间穿行的步调和意图。通过设计一条旅游线路，一张地图的空间次序就被转化为一个时间序列，路途的远近也由此根据时间以及路途的艰辛程度来加以界定。一个可以用一定时间环游世界的旅游者，便能发现自我的意义，同时也仿佛拥有了由这个旅行线路所定义的世界。虽然总的来看旅游表演的艺术主要是通过想象来对邂逅情景以及整个旅程予以建构，但这其中总是包含有一些工具性的东西，借助于它们，短暂的旅游体验得以留下永久型的记号或文字。有些记号（比如说旅游者的涂鸦之作）会留在旅途所经过的地方，而另一些记号（比如相册、古董以及赠品等）则被带到家中，成了旅游经历的见证。

其实，用戏剧和表演者两个范畴来比喻旅游体验的学者，不仅仅是阿德勒和艾丹瑟两人。早在20世纪70年代初期，麦肯奈尔就根据戈夫曼（Goffman）的拟剧理论提出了这个问题，只不过他更为强调的是，这种表演性与其所传达

---

① J. Adler: Travel as Performed Art. American Journal of Sociology, 1989, 94:1366–1391.

的意义的本真性之间的关系问题。① 毫无疑问，他们的探索为我们重新审视旅游体验的意义开拓了新的深广空间。这样一种将社会活动以及社会活动的场所加以融合并进行功能性划分的思想，对解释旅游体验的空间结构和社会关系都具有非常大的指导意义。

根据以上概要的阐述，结合以前的相关观点，我们在此建立一个用以表达旅游表演以及相关范畴和内容的总体概念模型（见图 5-1）。

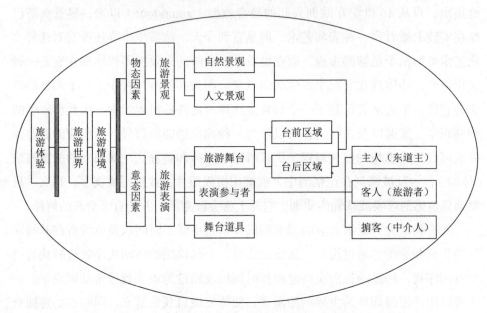

图 5-1　旅游表演的剧场模型

（一）旅游体验的空间凭借

1. 以剧场作隐喻

旅游体验是发生在旅游世界中的特殊行为，因此，它总是由一个个具有空间约束性的旅游情境串联组合在一起并伴随着时间流逝而发生的心理调适和激变过程。在这个过程中的每一个情境，其实都具有戏剧表演的场景特点。不过，

① Dean MacCannell: Staged Authenticity: Arrangements of Social Space in Tourist Settings. American Journal of Sociology, 1973, 79 (3): 589–603.

在真正的戏剧表演过程中，无不需要一个具体的时空框架：演出场所，或者叫剧场，这是演员与观众相遇的地方，是戏剧群体共同占有的地方。剧场的特征虽然要占有空间，但这不意味着它一定要拥有一个建筑物，因为建筑物只是表演的凭借。它会根据不同艺术形态、不同艺术层次的需要，采用不同的空间形式。比如古希腊和古罗马的半圆形剧场，以及在中国古代社会不同发展阶段所采用的戏剧演出场所，如月台、露台和戏台。①剧场的特征还表现在时间维度上：当观众和演员都共同在场时剧场才有意义——散场之后，一切剧中情境都只弥留于记忆当中，剧场中的物质要素成了没有内容和意义的空壳，曾经作为表演者而在场的演员甚至观众，此时又都返回到现实生活当中，演绎自己真实的生活故事。所以，戏剧的意义不仅仅限于剧场或舞台，而在于每个人以不同方式参与其中。这样，剧场就不是一块自然形态的空间，它是有目的地的、有组织的空间。不管是婆罗多所提出的矩形、方形和三角形结构的三种剧场形式②，还是从古希腊、古罗马所流传下来的一些古典剧院形式，它们都服务于这样的三种目的：组织信息交流，限定演员与观众的互动方式，影响演员与观众的人际知觉。可以说，剧场的这三种功能，体现了剧场的本质所在。将旅游体验过程类比为一种在一个剧场中所进行的表演过程，其根本点就应该建立在对戏剧和剧场本质的这种认识的基础上。

　　在真正的戏剧表演当中，剧场的空间形式、组织方式、布景手法以及美学特征，都会影响演员和观众对剧情的表达和感受。正是由于这个原因，从古至今，戏剧表演艺术家们就一直在探讨戏剧表演场所的结构形式，通过各种不断地、革命性的努力，来谋求剧场形式对戏剧主题最适宜的表现方式。尤其在 20世纪，西方的一些戏剧理论家通过自己的一些革新性的实践，对戏剧演出的空间形式提出了一系列不同于传统的新概念，其中最突出的便是在剧场或演出空间设计上的开放、可变、融合与结合。这些观念与传统的演出空间设计实践当

---

①　在中国，用于戏剧表演的场所称谓繁多，形式各异，空间结构也大多不同。舞亭、舞楼、舞厅、乐亭、舞庭、乐楼、舞榭、乐舞楼、乐棚、歌台、戏楼、演戏台、献楼、歌舞台、舞殿、山门戏台、山门舞楼、南楼、神庙、剧场等，皆其谓也。参阅冯俊杰：《戏剧与考古》，北京：文化艺术出版社，2002：第 271–317 页。

②　黄宝生：《印度古典诗学》，北京：北京大学出版社，1999：第 141 页。

中所表现出的封闭、固定、分裂和独立几乎是针锋相对的。[①] 这种革新的本质，就是在戏剧表演的全过程当中如何创造一个能够使演员与观众、剧场与周围环境、前台与后台、场景与场景甚至观众与观众之间得以相互依存、彼此互动、竞相融合的现场氛围，从而最大限度地提高观众的戏剧审美效果。而正是这种革新趋势，使我们看到，今天的戏剧舞台的形式设计、空间结构手法，已经能够让观众从演出的内部获得戏剧体验，观众不再是旁观一个戏剧情节，而是参与到戏剧"事件"当中，观众和演员为此都获得了极大的心理愉悦。

在真正的戏剧表演过程中，总要有那么一个剧场来框定表演的空间并组织表演的时间，而在日常生活当中，这个剧场就是人生的大舞台、生活的小舞台。恰如莎士比亚所言：

> 全世界都是一个舞台，
> 所有的男男女女不过是一些演员，
> 他们都有下场的时候，也都有上场的时候。
> 一个人的一生中扮演好几个角色……

当我写下以上这些文字的时候，或当一位有旅游经验的读者在阅读这些文字的时候，我们的头脑中都会情不自禁地闪现出作为一个旅游者曾经在旅游目的地所度过的一幕幕与"主人"共同欢娱的场面。这些场面是拆掉了那堵隔离观众和演员的墙而创造的几近真实的戏剧场面，是扯下了那道神秘的大幕之后而为戏剧的两种参与者奉献出来的相互交融和沟通的机会和氛围。所以，在旅游体验的表演艺术当中，可以积极吸取的剧场空间的组织思想，自然是那种追求开放、可变、融合与结合的思想。

这种看待旅游体验过程的视角，无疑是与戈夫曼的拟剧理论一脉相承的。

那么，旅游体验的剧场在哪里？如果存在这样一个剧场，它的结构和形式又是怎样的，它的功能又是如何实现的呢？如果我们承认旅游体验实际上就是一个在一定舞台空间发生的演员与观众之间的互动过程的话，那么，就有必要仔细讨论旅游体验的场所及其结构形式。也就是说，我们要构建一个一般性的

---

① 胡妙胜：《充满符号的戏剧空间》，北京：知识出版社，1985：第300–323页。

表演空间模型，来表达旅游体验的舞台化特征。

将旅游体验过程看作一个宏大的剧场现象，由此便引出了对这种现象的结构性描述的问题。这里主要涉及这样一些方面：

（1）表演的参与者

构成旅游表演基本班底的人员，主要是三类人：旅游者，他们的身份可以被看作旅游目的地的客人，在旅游人类学研究领域，人们也一直是这样看待的；旅游目的地的居民和组织代表，他们的身份则是东道主，是应该显示好客之道的旅游接待者；媒介旅游行为的各种类型的中介人和中介机构，他们是经营者，是产业部门的代表，他们的存在使得旅游的发生可能性更大，旅游者从他们的行为表现中获得的主要是方便，从文化的角度来看，其中很多人还是旅游者与目的地居民之间的桥梁，因此也被称为掮客。这三类人由于身份不同，参与到旅游表演当中的目的不同，尤其是他们彼此之间在交往过程中会构成十分复杂的角色关系，因此，会衍生出十分复杂的旅游行为。

（2）表演的区域

可以为旅游提供空间和时间可能性的元素构成了旅游表演的区域。这个区域就是一个剧场，但它不单纯是指一个物理的或地理的有形空间，而主要是指一种可以由旅游表演的参与各方甚至局外人的感知边界所限定的地方，因此，在很大程度上，在很多场合，这个剧场实际上是一个心理感知空间，存在着较大的弹性。当然，在这个剧场中的基本要素还会保持着基本的稳定性和完备性。

需要特别说明的是，对于旅游表演而言，剧场与周围环境之间的关系是一个不能不作特殊考虑的因素。通常，构成旅游表演的剧场主体因素，是将旅游者吸引到旅游目的地的各种物态因素，这当中既有自然的，也有人文的，它们都以景观的形式存在，起到了招徕的作用。旅游的很多表演行为，都是在这些景观区域内现场发生的，因此，有时这些景观就是构筑旅游情境的地理环境，是表演的舞台，或者是表演的背景。而另一些意态的因素，则是那些由各种人文活动构成的，包括庆典、仪式、演出（专门为旅游者组织的演出）等，也包括旅游者能够在其间参与到其中的各种生活场景。这就是说，在实际旅游体验过程中，有两种不同的旅游景观形式（或者叫旅游对象物）都可以作为旅游表演的舞台。一种是具有物理实在和空间固定性的景观单体或组合体，另一种则是可能有物理实在但却在空间上不固定，或者几乎没有物理实在可资依托的可观赏（或愉悦）现象。

下面，我们仅对前一种景观做一些解释。通常，这类景观既可以是自然性质的，也可以是人文性质的，但它们共同的特点是空间上的先在性和固定性。一般来说，这种景观当中的人文类型景观，通常都是人们刻意为之的，其建造的目的主要有两种，一是为了旅游者——这只在现代社会比较常见，比如那些主题公园。这种人造的剧场，在艾丹瑟那里被称为飞地型舞台（enclavic space of performance），它最突出的一个特征是在它与环境之间总是存在着一个清晰的界限，这个界限同时也就决定了在这个舞台上有哪些活动可以发生，哪些不能，哪些人可以进入这个舞台空间，哪些人不得进入。在通常情况下，除非是被雇佣为员工，否则，本地人则不得进入这块"飞地"，而那些逡巡于周围的商贩，也没有机会接近旅游者，向他们兜售物品或出卖劳务。所以，在这种舞台上，旅游者与当地平民的社会联系被切断，同时也远离那些可能很不体面的景象、声音和气味。回想一下我们在第二章中引用的例子，或许我们还记得，在饭店所在的海滨的尽头那块赫然而立的牌子上写着的"当地人禁入"字样，我们就能理解作为飞地而存在的这种旅游舞台的特点了。

这种专门为旅游者所建造的活动空间，通常都经过了周密的策划，平时也需要始终对这些设施的运行和保养进行全面而严格的监管。这些设施的拥有者常常是一些大公司，甚至是一些大型跨国公司，它们能够从当地政府那里获得十分优惠的投资和经营条件。尤其是在发展中国家，这种公司或设施的飞地特征更明显，它们几乎成了外国旅游者的保护地和伊甸园。有时，令人感到不解的是，那些为了目睹当地特色文化和真实生活的旅游者，一旦踏上了这种比较落后的国度或地区，就可能立刻成为这些豪华的、拥有西方服务标准的旅游生活空间里的主人。他们被包裹在一种可以设计和雕琢的优美环境当中，看到和接触到的，都是符合这个舞台的规格和层次要求的人物，即使是那些侍者，他们的举止言谈也都很明显地异化为带有某些谄媚色彩的刻板符号。于是，这些旅游者已经很难得出一些有关这个国家或地区的真实生活的基本结论了。他们不断地被从一个飞地型旅游舞台用近乎密封的方式（通过豪华汽车或火车）转移到另一个飞地型旅游舞台，在整个游程当中，他们的目光总是被那些操纵表演过程的掮客左右着，因此已经没有了真正意义上的自由。也正是由于这种相对封闭性，旅游者在旅游过程中，也常常会萌生一种窥探飞地之外现实生活当中的文化景象的愿望，如果这种愿望不能适当满足，旅游体验的质量就会受到影响。

第二种是为了景观的拥有者本人或所属的社会群体或阶层，而这在古代社会很常见。比如在中国，古代帝王就大肆兴建园囿，"园林中有楼台屋阁，当然可以居住，但建此类园林楼观的目的却不在居而在游。它与一般为居住而兴建的房舍不同，一切设计，均以美观为主，不是为了实用功能；一切设施，均以游赏为主，不是为了过一般的日常起居生活。因此园中构设，务求奇巧，以便游目骋怀；园中的生活，也与世俗现实生活迥异，歌舞游嬉，诗酒为欢，飘飘乎若仙。""游者或出门，或秉烛，或登楼台，或游园林。出门相对于门里的世界，秉烛相对于日间一般性的生活，登楼台相对于贴着地面的蜗居，游园林则相对于日常居住的住家宅舍。人只有脱离这些，才能解忧，才能戏乐。"①这样一个为自己营造的游乐环境，自然也就构成了一个独特的旅游景观，是一个可以恣意纵情的旅游情境，并成为旅游者可以驰心游目的空间凭借。今天大量旅游者蜂拥前往一些皇家或私家园林进行游览，踏入的自然是这样的环境，处身自然是这样的一种"剧场"。所以，归纳起来，这种依托于原有的某些可观赏、可愉悦的景观体或景观环境而组织起来的旅游体验过程或旅游表演过程，其剧场形式基本是以这种原有的物理空间为根据加以组织的。

在表演的相关区域内，最重要的一个功能划分是台前区域与台后区域的分隔。这种分隔使性质完全不同的表演行为有了空间和时间的依托，因此，构成了旅游表演行为分析的最主要框架。对此，我们将在后文做更深入的分析。

（3）表演用的道具

能被旅游表演者所使用的道具，是多种多样的。这些道具通常有不同的功能。有的旅游者可能借助某种道具掩饰他的某种行为，这种道具就具有了道德意义，会涉及体面等问题，这在旅游的表演这个问题上就是比较复杂的了；还有一些道具是在旅游者旅游过程中被旅游参与各方共同使用的物质性或社会性

---

① 龚鹏程：《游的精神文化史论》，石家庄：河北教育出版社，2001：第204–207页。

条件，人们对它们所体现的符号意义也非常重视，但由于包罗甚广，也很难列数。因此，对旅游表演所使用的道具，这里只能做一般的、框架性的描述。

我们把整个旅游过程看作一个相对闭合的循环，主要涉及旅游者对旅游过程的准备、旅行、逗留、返回和回味这几个阶段。在每个阶段上，自然会有具体不同的旅游情境，因此，表演的性质和内容也会不同，但是，就各个阶段上旅游表演的参与各方在利用道具方面，基本可以根据这种阶段性的特征来概括。但是，需要注意的是，舞台上的道具主要呈现的是一种符号意义，而不是就道具的使用功能而言的，因此，旅游表演的道具讨论不能忽略这个关键的问题。

对于旅游者来说，他的整个旅游过程所经历的世界以及这个世界中的每一个情境，都是由他和其他人之间的互动过程建构起来的。如果我们把整个旅游体验过程比作一个表演过程，那么，一个个问题就突现出来了：在每一个具体的旅游情境当中，旅游者是如何扮演他的角色的？他通过怎样的努力来"管理"自己能够给人的印象，换言之，他将如何出现在他人面前？如果说行为能够表现印象，那么，在旅游者的行为过程中，是否真正能够建构一种代表旅游者"真我"的印象？那些我们在日常生活中几乎无时无刻不佩戴的面具，在旅游这个舞台上我们会摘去吗？还是换了一种别的面具？旅游者在旅游过程中与人交往的性质是由什么根本因素决定的，而这种决定性将如何控制旅游者的表演行为？诸如此类的问题，一旦我们开启了拟剧理论这扇大门，它们就会联翩而至，既令人目不暇接，也使人兴趣盎然。

不过，这里需要做一个补充。从旅游体验的角度来看，我们没有理由只把大小尺度不等的旅游目的地或旅游景观看作可以供旅游者进行观赏、游览甚或参与的旅游戏剧空间（剧场）。在旅游体验从开始到结束这整个时空连续体上，这些旅游目的地或旅游景观更主要地可以被看作旅游亮点（tourist gaze）或高光点，仿佛戏剧当中的高潮部分或为聚光灯所突出的部分，而在这些高光点之间，还会有各种有意义的穿插。在戏剧舞台上，上演的就不仅仅是戏剧的高潮部分，还包括场次的间歇、幕间剧（在文艺复兴时期的意大利，学院派的戏剧尽量模仿古典戏剧，同时又喜好歌舞，于是在表演的正剧场次之间，加入歌舞演出，后来这种幕间剧逐渐独立成为一个剧种）、过场和尾声等。因此，旅游体验的过程也与戏剧表演的整个过程一样，是一个包含着复杂结构和起伏节奏的连续过程。在旅游亮点所演出的旅游节目，应该是旅游体验的高潮；在非旅游亮点所经历的体验过程，是旅游体验的酝酿、进入和退出的过渡性过程。所有这些，又都发生在具有剧场性质的旅游场景当中。

2. 台前区域和台后区域

戈夫曼（Goffman）在用拟剧理论对社会活动场所进行分析的时候，首先注意到的是表演区域的问题。他把这个区域定义为是在某种程度上被感知的边界所限定的任何地方。[①] 这里，值得我们注意的是，戈夫曼用"感知"边界来定义表演区域，从而赋予表演区域主观的、整体的意义，从而将整个研究在方法论上置于现象学的统辖之下。同时，这样的定义，也很自然地引申出对于这个表演区域的功能划分的问题。

戈夫曼在这里所做的划分，就是从区域的功能结构的角度进行的。比照戏剧舞台的剧场空间结构，戈夫曼把表演区域划分为两个不同的部分，就是台前区域和台后区域（front and back regions）。[②] 这种划分的依据主要建立在人们对隐私所抱有的那种非常流行的看法的基础上，因为在人类社会当中，隐私已经被赋予相当的重要性，被看作社会关系的内核，对于有些人而言，从道德意义上来看，它甚至被认为要比理性和距离更重要，也更具有实在性。成为"其中一员"，或与"他们"一道，这样的一种想法或表达，本身就意味着，是为了获得允准而与"他们"同处于后台区域。毫无疑问，这是一种共享，可以让你看到外人难得一见的纯粹表演，从而使你知晓这些人的底细，了解他们的真正为人。[③] 因此，在社会生活中，台后区域成了一个重要的生活空间而和台前区域相对应。戈夫曼用这样一种划分，构建了为他赢得极大声誉的拟剧理论。

不难看出，戈夫曼的表演区域划分理论的核心，就建立在麦肯奈尔所归纳的那个作为核心的"隐私"的基础上。这隐私就仿佛一堵高墙，一张帷幕，一道鸿沟，将表演区域截然地分成了两个部分。各种社会表演要相对比较严格地在这两个不同区域里分别进行，不鼓励甚至不允许出现错位的情况。正如戈夫曼所说的

① 欧文·戈夫曼：《日常生活中的自我表演》，昆明：云南人民出版社，1988：第 87 页。

② Erving Goffman: The Presentation of Self in Everyday Life. N.Y.: Doubleday, 1959:144–145.

③ Dean MacCannell: Staged Authticity: Arrangements of Social Space in Tourist Settings. American Journal of Sociology, 1973, 79 (3): 589–603.

那样:"在我们社会中,表演通常是在受到明确限定的区域中进行的。在这种区域中,不仅有地域限制,还有时间限制。表演所促成的印象和理解往往渗透到区域和时间的各个部分,从而使处于这种时空复合体中的个体能够对这种表演进行观察,同时又受到这种表演所促成的情境定义的限制。"① 在社会生活当中的这种台前台后的区别,就体现在表演行为的区别上。在台前区域,由于那是上演正常剧目的地方,所以整个表演更多地会呈现出一种刻意的、程式化的、公开的、体面的、理性的和文饰的等特点。与此相对的后台区域,那是为台前表演做准备的地方,是与受众相隔离的地方,是前台的演员暂时休息、调整的地方,所以,在这个区域的表演,就会更多地呈现一种随意的、率性的、本真的、感性的和情境应激的特点。这种不同,既可以说是区域功能差异导致了行为差异,也可以说是行为取向的一般性赋予了这两个不同区域性质不同的功能。但不管怎么说,有一点是重要的:该发生在台后区域的行为,不应该暴露在台前区域;不应该带回到台后区域的台前行为,也要适时地进行角色的变更。

戈夫曼以这种界定为基础,进一步分析了社会生活中的台前区域和台后区域,并列举了大量生动的例子来证明这些带有不同特点、发挥不同功能的区域的存在。这当中,有的例子直接与旅游相关,其精致、贴切和充分程度,使得笔者不忍割舍,有关设得兰旅馆的描述即其一例。② 所以,我们还是借助这个例子,来仔细体会一下戈夫曼的深刻用意,在此基础上,我们再来详细考察旅游体验过程中所遭遇的各种表演的区域差异问题。

"设得兰旅馆的情况也表明,工作人员如果不能充分控制其台后区域就会面临各种各样的困难。旅馆的厨房不仅是为顾客准备饭菜的地方,而且是工作人员吃饭和工作的地方。可就在这里,却盛行着小岛上佃户的文化。下面将从几个方面详细讨论一下这种文化。

……

佃户服饰和姿势模式也出现在旅馆的厨房里。例如,经理有时也根据当地人的习惯,在厨房里戴着帽子;洗碗的仆人把一口口浓痰准确吐在煤桶里;女

① 欧文·戈夫曼:《日常生活中的自我表演》,昆明:云南人民出版社,1988:第87页。

② 欧文·戈夫曼:《日常生活中的自我表演》,昆明:云南人民出版社,1988:第98~99页。

工们坐着休息时总是跷着二郎腿，一点也不顾及体面。

　　除了这些文化差异外，工作人员在厨房的行为举止与在旅馆休息厅的行为举止，也存在着其他方面的差异，因为客厅中表现或隐含的某些服务标准在厨房中并没有完全得到遵守。在厨房区域的洗涤处，有时人们还没喝的汤上都已上了霉。烧开水的火炉上常常烘着湿袜子——这种做法在岛上是司空见惯的。有时客人要求煮一壶新茶，但壶底却粘着一层茶叶，看起来已有几个星期了。新鲜的鲱鱼剖肚后，用报纸揩一下就算完事了。餐厅食用的黄油块变软走形后，工作人员就重新揉一下，只要看上去还算新鲜，就再拿出去给客人吃。馅儿特别好的布丁是舍不得放在厨房让工作人员吃的，可是大家都贪婪地用指甲去抠一点，放到嘴里尝尝，然后才拿出去给客人吃。在客人用餐高峰时期，他们把用过的酒杯拿进厨房，把杯里剩的酒倒掉后简单抹一下，洗也不洗就拿出去再用。那么，如果厨房的活动与旅馆客人区域中所促成的印象的矛盾存在各种各样的方式，人们就能理解为什么厨房通往旅馆其他部分的大门，在旅馆组织工作中是一个令人棘手的问题。女招待员希望把门打开，这样她们端着盘子出出进进就方便些，也更容易了解客人桌上的饭菜吃得怎么样，是不是可以为他们端下一道菜了。同样，门开着也能使她们与其他工作人员保持最大限度的接触。由于她们在客人面前扮演着服务人员的角色，因此，她们感到即使把门敞开，让客人们窥视厨房，看看她们在台后的表现，对她们也不会有多少坏处。经理们却不然，他们都希望把门关上，不让客人们窥视他们在厨房中的行为，以使客人们赋予他们的中产阶级角色不因这种窥视而受到损害。由于双方对开门关门的看法迥然不同，所以常常产生矛盾。端盘子的女服务员每天都会愤愤地把门推开，而经理们又会恼怒地把门砰地一声关上。如果他们像设备高级的现代化旅馆一样装上一种弹力门，就会解决这一表面问题；或者他们也可以在门上装一个小玻璃窗，从厨房里可以窥视外面，但外面的人却看不到里面，就像许多小企业中使用的舞台设施一样，也能对解决这一问题有所帮助。"

　　戈夫曼还引用了奥韦尔所举的另一个例子，描述的是餐馆侍者在台前台后判若两人的表演，听来十分有趣：[①]

---

　　① 欧文·戈夫曼：《日常生活中的自我表演》，昆明：云南人民出版社，1988：第102页。

"看着服务员走进旅馆餐厅是很有意思的。当他进了餐厅大门后马上就会换上另一副面孔。他的双肩挺直，那种污秽的语言、慌乱的举止、易怒的脾气一下子消失了。他在地毯上轻捷地走着，其表情就像王子一样庄重严肃。我还记得这样一件事：餐厅的侍者总管助理是一位脾气急躁的意大利人，有一次，他手下的一位侍者不慎打碎了一瓶酒，当时他正在向餐厅走去，看到这一情景后立即停了下来，攥紧的拳头高高地举过头顶，对着那位侍者破口大骂（幸而门有点隔音）。

'你怎么搞的——你还配当一名侍者吗？你这个小杂种，你还是一个侍者呢？你连在你妈的窑子里擦地板都不够格，真是个婊子养的混蛋！'

他激动地讲不出话来，于是便朝门口走去，打开门时最后又骂了一句，就像《汤姆·琼斯》中的乡绅韦斯通一样。

然后，他进入了餐厅，手端菜盘，像天鹅一样温文尔雅。十秒钟后，他恭敬地对一位顾客点头哈腰。看到他满脸堆笑地向别人鞠躬，你不禁会想到，顾客们受到这样一位训练有素、和蔼可亲的侍者的贵族般的侍候，一定会感到难为情的。"

由此看来，在戈夫曼的这种基本划分当中，台前区域和台后区域都有着比较严格的规定性或意义。台前区域就是主人与客人或顾客与服务者遭遇会面的地方，是一种特定的表演正在进行或可能在进行的地方；台后区域则是服务人员休息和做准备的地方，是与表演有关、但又与该表演所促成的外表不一致的行为发生的地方。在餐饮行业，典型的台前区域就是接待处和餐厅，而台后区域则包括厨房、锅炉室和清洗室。通常，做这种划分的依据，尽管可以考虑建筑物的问题，但通常情况下，台前台后区域的划分主要还是社会性的，其依据主要是在一个场所内进行社会表演的类型，以及在那种场合应该扮演的角色。戈夫曼认为，在这种场合，总共有三种角色：表演者的角色、观看者的角色、既不表演也不观看的无关人员的角色。表演者活跃在台前区域和台后区域，观看者只是在台前区域活动，而无关人员则被屏蔽在这两个区域之外。[1] 通过这

① Dean MacCannell: Staged Authticity: Arrangements of Social Space in Tourist Settings. American Journal of Sociology, 1973, 79 (3): 589–603.

种划分，观众（旅游者）和演员之间有了适当的社会距离，表演各方尤其是观众方的体验的质量也由此得到提高。

除了台前区域和台后区域之外，戈夫曼还提出了第三种区域，一种剩余区域，即是除上述两种区域之外的全部地方。他也把这一区域称为"局外"区域。这种既不是特定表演的台前，又不是它的台后的局外区域的见解，是与人们对社会设施的常识性的看法相吻合的。比如，在我们看到绝大部分建筑物时，我们立即会想到，这些建筑物里面的房间一般或暂时被用作台前区域或台后区域的是哪些地方，我们还会想到，正是这种建筑物外面的围墙把两种类型的房间同外部世界分割开来。戈夫曼还把那些置身于这些设施之外的个体称为"局外人"。

以上对戈夫曼的戏剧理论所做的这些介绍，虽然仍属冰山一角，但对于我们理解旅游体验中的表演问题已经可以构建一个基本的分析框架了，旅游体验过程中的表演区域的分隔，也逐渐在这个视角之下凸现出来了。这些都将在下文要讨论的几个方面逐项加以描述。

（二）旅游表演的要素构成

戈夫曼的理论引导人们把日常生活看作一种表演，他是用戏剧表演的思维考察日常生活的结构和特征，阐释其因果律，预测人们在不同行为环境中的行为。麦肯奈尔、阿德勒和艾丹瑟等人，受戈夫曼的理论的启发，注意到了旅游的表演性质或舞台化特征。所以，从渊源上看，旅游体验的舞台化问题还是一个戏剧性指代的问题。这样，在观察旅游表演的特征时，我们既可以利用戈夫曼已经发展起来的框架，同时，还可以针对旅游问题的特殊性，把戏剧本身作为启蒙的源流，尽可能通过回溯本源再发现一些可以用来扩展对旅游现象有特殊适用性的戏剧范畴。结合对旅游表演特征的考察，我们可以在这方面获得更进一步的理论认识。

1. 旅游表演的时间与空间

艾丹瑟指出，任何形式的表演都处于一定的时空框架之下，具有文化和社会的特殊性。尽管在人们的日常生活表演当中可能由于表演本身惯有的那种平常性而在一定程度上掩盖了其具体历史和地理环境下的特殊性，但在那些能够提供大量相互竞争的旅游表演的地方，这种特殊性是非常突出的。来到旅游目的地的不同旅游者，由于其阶级、性别、种族以及其他因素的影响，其性格倾向会得到不同的展示。所以，从这个角度看，旅游的社会表演实际上植根于旅游者的本土文化并受到这种文化与所访问的旅游目的地的历史和文化之间的关系的制约。就旅游者在具体的某个旅游情境当中到底应该如何表演，这一点难以得出一个确切的结论，因为他们的表演会因时而异，取决于旅游者所在的文化背景的性质。[①] 用我们前面建立起来的概念来说，旅游者的社会表演行为，会受到它所感知的地理环境的激发，并在经过自身所能感知的行为环境的调整性影响之后，在一个特殊的、具体的旅游场中表现出来。

首先，旅游体验的过程注定要占据一个时间矢量，这是由旅游的两个基本特征之一的暂时性所决定的。[②] 在我们前面所构建的旅游世界模型当中，旅游者出行的这段时间是日常生活时间的一种逸出，它被用于休闲、放松和娱乐，完全脱离于工作和责任。基于旅游的这种时间特性的基础上的旅游体验，自然就会制约着旅游者的行为取向，导致旅游者产生一些不同于日常生活世界中可能秉持的一些涉及愉悦性的活动和表演的观念问题：一种解脱的想法，通过这种解脱而发现一个更"真实的"自我（旅游者可以摘下日常生活的面具）；一种实现的欲望，通过这种实现来完善个性当中不同的、欠缺的方面，或者在一个完全自主的环境中扮演新的角色。这样一些观念是与诸如"让秀发披肩""一走解百烦"以及"撒手不管"等各种各样的世俗想法分不开的，而恰恰是这些流行的想法或观念表明人们渴望有所超越，渴望寻求情感和身体方面的放松。旅游的这种带有仪式性的和集体性的行动表明了它所具有的嬉乐成分。[③]

其次，旅游的异地性特征，也使得旅游体验离不开一个物理的和具有象征意义的特定空间，由此决定了旅游者所利用的表演的舞台或剧场就是与日常生活世界完全不同的表演场所。查内曾说道："（作为旅游者）我们决然是另类

---

① Tim Edensor: Staging Tourism: Tourists as Performers. Annals of Tourism Research, 2000, 27(2):322–344, 2000.

② 谢彦君：《基础旅游学（第二版）》，北京：中国旅游出版社，2004：第 62 页。

③ V. Turner, E. Turner: Image and Pilgrimage in Christian Culture. New York: Columbia University Press, 1973.

的演员，站在旅游产业部门所提供的舞台上演出我们自己的剧本。"①事实上，这些旅游表演的舞台都经过了精心策划，它们的物质构成和组织方式都是为了能给旅游者提供一个可以在其中消费的有意义的场所，旅游企业的雇员也同时可借以提供各种服务。在这些场所，借助于雇员、导游书籍、电影以及电视节目所进行的宣传活动虽然也能重构这些地方的一些符号特征，但这些宣传往往都是动态的，其意义以及作用因时而异，而且很容易被其他旅游企业所模仿或竞争。实际上，在整个旅游世界，会有很多这样的舞台——每一个情境（旅游场）都可能构成一个舞台，在每一个舞台上，也会有各种各样的表演形式，而在这些表演过程中，人们又依从各自的角色、剧本、导演意图的要求进行表演，其结果，自然是丰富多彩的舞台行为。在这个旅游世界当中，实际上，各种具有不同文化特性的表演之所以彼此能够五方杂处，靠的是它们的表演舞台都各自不同。这种不同，按照戈夫曼的理论，既有时间管理方面的，也有空间管理方面的。比如，在一个旅游目的地，带团讲解的导游，往往会努力使自己的团与另外的团在旅游现场尽可能在不同时间到达景点的核心景观，这样做的好处，不仅是避免相互干扰的问题，更深层的意义，恐怕是它避免了不同团队的旅游者由于同时听到两个团的导游对同一景观所做的不同解释而产生服务质量低下的感觉。

舞台上的不同区域，对于不同的脚本而言，可能也有不同的功能，对台下观众的吸引力也大小不同。舞台上的各种道具（它们由于自身在舞台上的不同位置而具有不同的符号意义）可能也会被挪来挪去，取舍之间，因演员和剧情而异。所有这些表演过程及其要素，始终不断地在建构着这些旅游场所的符号意义，将它们变成了各种剧场空间。旅游表演由于成了沟通旅游者和旅游目的地双方的桥梁，因此使每个人或每个群体都获得了认同感。

由此可见，当一个旅游者意识到自己的假期、自己的旅游计划、自己的旅游体验的机会将在一个规定的时间框架中完成，同时会在一个陌生的环境里完成时，旅游者的表演行为就会展示出一种别样的倾向。在一个旅程当中，短则两三天，长则十天半月甚至几个月，就在这样一个时间流当中，旅游者行州跨

---

① D. Chaney: Fictions of Collective Life. London: Routledge. 1993: 64.

省、走过风景、体会差异、经历变化，从而达到愉悦的目的，并实现对自我的塑造。在这样一个旅游世界当中，由于旅游在根本目的上的这种愉悦规定性，以及旅游所具有的暂时性和异地性这两个特征，往往诱发旅游者行为表现出明显的异乎寻常的倾向性。正像科瑞克（Malcolm Crick）在其著名的综述文章中所描述的那样："旅游世界是由许多倒逆现象构成的：从工作到玩耍，从常规道德准则到道德失常，从节俭到挥霍，从约束到自由，以及从有责任感到自我放纵。对某些人而言，旅游是从现实生活枷锁中的一种挣脱；它可以不承担义务，可以随心所欲，可以不受限制。"① 而王宁的表达无疑是对这个观点的进一步注解："在旅游过程中，旅游者离开了工厂、办公室或其他日常环境，在这些地方，内在欲望的冲动为理性所约束、监视和控制。所以，在旅游空间当中，旅游者的行为在很大程度上依从情感原则而不是理性原则。"②

在这种原则支配下，旅游者表演出的行为特征，概括起来，就表现为责任约束松弛和占有意识外显。它们具体表现在以下几方面：

（1）消费攀高。几乎所有的研究都证实，旅游者在旅游过程中的消费具有明显的挥霍倾向。哪怕是一生节俭的人，一旦身在旅途，就表现得一反常态地慷慨大方。这其中的原因，有的可能是群体旅游情况下相互谦让而最后哄抬了消费水平，有的可能是受其他旅游者消费行为示范作用的影响，还有可能是出于旅游目的的审美和愉悦的约束，不愿因消费这一环节的窘相而玷污了整个旅程。但不管哪种原因，都是个人对自身责任约束松弛在消费领域的表现。

（2）道德感弱化。这是旅游特征所引发的更为严重的社会问题。当一个人以旅游者身份"远在他乡为异客"时，他在倾向上往往想摆脱日常生活的清规戒律，道德的约束力量远不及他在日常生活圈子中那样强大。所以，人性中潜在的恶的东西总在自觉地或不自觉地流露，致使我们看到很多怪现象：衣冠楚楚的曾对三尺门里的卫生甚为关注的人此时却毫无环境道德感，所到之处一片狼藉；一派君子相的人在异域的灯红酒绿的幻影中也时常会动着偷吃禁果的念头。显然，在人类社会中，像这种责任约束松弛只能暂时地存在，而且最好在

---

① Malcolm Crick：Representations of International Tourism in the Sosiao Sciences. In: The Sociology of Tourism. Routledge, 1996.

② Ning Wang: Tourism and Modernity: A Sociological Analysis. Amstrdam: Pergamon Press, 2000.

熟人看不见的地方发生。旅游所具有的外部特征与这种需要可谓一拍即合。

（3）文化干涉。旅游者以异乡（国）人的身份前往旅游目的地，他浑身上下散发的不同文化的气味会与当地文化形成反差。一般认为，在旅游地发展的不同生命周期段上，旅游者对这种文化反差会采取不同的态度，从顺应到漠视直到干涉[①]。旅游者对当地文化的干涉表现为两种情况，而且是两种相互矛盾的情况：一种是旅游者对当地文化的古老、陈旧甚至落后表示蔑视，并极力张扬自身的文化，通过各种活动在当地人中间（尤其是青少年）施展示范效应；另一种是旅游者出于好奇的心理，以商业的态度对待当地文化中已经垂死的因素，如迷恋于表演性的土著居民的原始舞蹈和习俗。这两种情况，都是旅游者本能的占有意识在旅游文化上的体现。

（4）物质摄取。旅游者客居异地，在旅游过程中除了眼看、耳闻、鼻嗅、口感之外，还忍不住有手拿的倾向。好古者可能偷偷掀下古庙的一片瓦当，恋花者不免要拈花惹草，奇石癖好者不惜重金买下珊瑚石，而宠物爱好者竟以求得一只考拉为乐。搬不动的就动手摸摸，用刀刻刻，像动物圈定势力范围一样，告知他人"我曾到此一游"。或者文明一点，摄下影像回家后自得其乐。凡此种种，都暴露了旅游者固有的占有欲。

从旅游者的愉悦动机到旅游者旅游期间形形色色的外在表现，这之间决定因素各异，影响因素复杂。但可以看出，旅游过程中的主导思想以及基本属性和行为特征，都是由旅游的本质所决定的。旅游者行为的畸变只不过是旅游特征与这种畸变的心理有某种契合，从而导致旅游者行为的这种倾向性。

2. 旅游表演的角色

在上文中，我们已根据表演的要素构成将角色分出了三种决定性的角色：表演者、观众和既非表演者又非观众的局外人。在整个旅游体验过程中，这三种角色实施着不同的策略，完成着不同的功能。作为表演者，通常都是剧场的核心，是表演的高光点，他的自我表现决定着剧情的发展和剧场感受气氛和质量。在完全没有互动的表演过程中，观众仅仅是被表演者意识到的存在，却并不呈现真实的干预和影响。由于戏剧演出过程中观众的普遍在场，因此，这种

---

① 谢彦君：旅游地生命周期的控制与调整，《旅游学刊》，1995，2。

把观众视为仿佛没有灵性的桌椅摆在那里的情况并不存在，观众总行使着一个表演的参与者的角色。在完全互动的表演中，观众就是演员，演员也是观众，彼此已经没有分隔，没有区别。当然，现实的表演总是采取这两种极端状态的中间某种形式，因此，演员与观众之间的关系，以程度不同的互动为主，这种互动不断推进剧情的发展，并影响表演的质量。在整个表演过程中，局外人对表演不施加任何影响，他们的存在是由于与表演的存在相对，与局内人的存在相对。当局外人出乎意料地出现在一个正在进行的、特定的表演的台前区域或台后区域的时候，他们的出现显然是不合时宜的。对于这种不合时宜的出现所产生的结果，我们可以不从它对这种正在进行的表演产生的影响进行研究，而从它对另一种表演，即当局外人成为预期的观众时，表演者或观众可能对某一事件某一地点在局外人面前做出的表演进行研究。换言之，我们不得不注意到，如果从动态的角度和相对的观念来考虑，局内人与局外人的身份角色，并不是固定不变的。尤其对那些贸然闯入表演空间的局外人，他们之所以能产生这种行为，就意味着他们与现在进行的表演存在着潜在的关系。随着表演进程的发展或表演场景的变更，这些局外人很可能成为局内人，成为表演者或观众。

在旅游表演过程中，观众与表演者之间的关系，常常靠近完全互动这一端，即呈现一种积极互动或充分互动的状态。在承担表演者或观众这种角色方面，旅游者并非必然地、一贯地只扮演其中的一种角色。在有的舞台上，旅游者会以表演者的姿态出现，而在另一些场合，他们适合的角色是观众，还有一种场合，他们几乎辨别不出自己的身份——别人也难以确认这时的旅游者的身份，因为他们融入了表演过程，既在体会、欣赏他人的表演，也在将自己呈现给别人看，让别人欣赏、品评。旅游者在旅游目的地经常会发现这种舞台，旅游经营商也为了吸引旅游者、提高旅游体验质量而经常刻意设计、添加这种活动项目。另外，旅游者也可能被视为与现场表演完全无关的局外人。在这种情况下，如果不从旅游者的角度来看待正在发生的表演，那么，这种表演已经没有旅游意义了，它成了一种不相关事件。因此，在总体上，旅游者充当旅游体验、旅游表演的局外人的情况，基本上是不存在的。当然，其他任何人都可以充当这种局外人。

其次，我们也可以根据表演者通常所能得到的信息，来对这些决定性的角色进行区分。表演者既意识到他们所促成的印象，同时也对有关表演的破坏性信息一清二楚。观众只知道允许他们得到的信息，即使他们还可以通过密切观察非正式地搜集一些其他信息。总的说来，观众了解表演所促成的情境定义，但不知道有关该情境定义的破坏性信息。局外人既不知道表演的秘密，也不知道由这种表演所促成的现象。这种情况对我们站在旅游者的角度理解和评价旅游体验的质量是很重要的。当旅游者怀着某种期望来到旅游目的地，通过积极地介入而体验旅游目的地的吸引人的景观和活动时，他是以最大化地获取高质量、真实的信息为目的的。他看到了一场表演，比如巴厘岛的"来贡"舞，作为观众，他可能不知道在这个表演过程中曾发生过某些失误或错漏，而表演者自己对此却心知肚明。在这种表演过程中，在这个意义上，观众与演员之间的能力距离比较大，观众成了一定程度上的弱势群体。

最后，我们还可以根据角色扮演者所能接近的区域，来描述上文提到的这三种关键性角色：表演者出现在台前和台后区域；观众仅仅出现在台前区域；局外人则既不能出现在台前区域，又不能出现在台后区域，而是出现在一个"剩余区域"。由于这些区域的功能和性质不同——主要的一点是私密性和关切度的不同，角色扮演者在这三种不同区域上的角色表现就可能呈现很大的区别。在台前区域，表演者和观众一般都会按照一个程式化的、体面的方式扮演着各自应该扮演的角色——这里应该是相关人员对角色的一致期待。而在台后区域，情况就不是这样，人们所扮演的角色就可能更多地是情境导向性的，因此比较随意，比较率性。关于这些内容，我们前文已经有所论及，这里不再重复。

通过以上对旅游表演中的角色进行的基本分类——当然还完全可以从其他实用的角度分类，那么，应该明确指出，在表演的过程中，可以在功能、可得到的信息以及可接近的区域这三种因素中找出相辅相成的关系。比如，当知道了某一个旅游者能够进入什么区域的时候，就有可能知道他所扮演的角色，以及他所占有的关于该表演的信息；如果知道旅游者在功能上拥有什么样的一个身份的时候，就可能推知他在不同区域的表现。然而，正如戈夫曼所言，在功能、已知信息与可能接近的区域这三者之间的关系中，事实上很少存在着完美无缺的和谐。有关表演的附加的有利因素会不断产生和发展，使得功能、信息和地点三者之间的简单关系变得错综复杂。这些特定的有利因素的某些方面经常为人们所运用，其表演的意义也逐渐被理解，以至可以称之为角色。从社会生活的日常表演出发，戈夫曼将这种角色具体地列举了告密者、诱客者、密探、打听行情的人、中间人、无足轻重的人、服务专家、训练专家、同事和变节者。[①] 显然，我们可以通过仔细的分析来审视旅游表演过程中也照样存在的这些角色，但更具专业眼光的角色辨认似乎对我们更加重要。限于本书写作目的的要求，对此暂且搁置不论，但可以肯定的是，对旅游表演角色的具体识别是达成旅游体验知识精致化的一个重要方面。

构成旅游表演的要素，除了上面讨论的时间和空间要素、角色要素之外，其实还有其他一些比较重要的因素，比如道具、表演督导、跑龙套人员等。这些问题也暂时不予以讨论。

（三）旅游表演的方式

从不同的角度对旅游表演进行分析，就能够发现，旅游表演可以有很多种类型。对不同类型的旅游表演的考察，会极大地丰富我们的知识，同时也有助于加深对旅游表演的理解。

按照表演发生的剧场区域来划分，可以分为台前区域的表演和台后区域的表演。按照这种划分，我们看到的，主要是在两种区域内发生的不同的表演行为所呈现的涉及隐私和本真性的程度。如前所述，在台前区域发生的表演行为，自然是一种公开的、矫饰的、标准化的，主要是一些符合礼貌要求和能够呈现体面外表的行为；而在台后区域发生的行为，往往与此相反，更容易暴露表演者的固有面貌或本性。就拿文化旅游目的地的民族仪式表演来说，台前区域的表演，是那种为取悦于旅游者而专门经过改编的仪式，它们往往是被压缩了的、娱乐化了的以及精神空心化了的仪式，本真性在一定程度上受到了损害。在印度尼西亚巴厘岛上土著居民表演的"来贡"舞，[②] 在北京老舍茶馆为西方游客表演的京剧，都经过了很大的调整，与其本来面貌有不小的差距。另外，台前区

---

① 戈夫曼：《日常生活中的自我表演》，昆明：云南人民出版社，1988：第123—144页。
② 菲利普·麦基恩：走向旅游业的理论分析：巴厘岛经济的双重性和内在文化变化，见瓦伦·史密斯：《东道主与游客：旅游人类学研究》，昆明：云南大学出版社，2002：第128—148页。

域的表演自然也包括那些将这个区域作为保持或经营表演者体面形象的行为。比如，来自较封闭的国度的某"学术考察团"以集体形式在光天化日之下观看开放国家的"红灯区"景观时，成员个体的行为表现会比较受到拘束，而当个体有机会脱离集体行动时，他就仿佛来到了台后区域。所以，那些发生在台后区域的旅游表演行为，就会大异于台前区域的行为。

　　如果按照表演时演员行为由于受剧场的空间结构和组织方式不同的影响而呈现的程式化程度的差异来分类，就可以划分为仪式化表演、即兴表演和开放式表演。

　　所谓仪式化表演，是那种表演程式非常严格、表演质量取决于表演的事先设计和彩排状况的表演。因此，在旅游世界中，这种表演可能最典型的是那种"表演的表演"——也就是在旅游目的地专门为旅游者编排的或可以供旅游者旁观的艺术演出、仪式演出和竞技演出等。在这种表演过程中，旅游者成了纯然的观众，与表演者（他们往往是当地居民，至少在表演过程中代表着当地居民）的沟通和互动十分有限。上文提到的巴厘岛的"来贡"舞、老舍茶馆的京剧，就是这种表演，它们是"被表演的仪式"和被"表演的戏剧"。[①]这种表演在程式上比较严格，在技艺上十分有难度，通常要经过专业的或专门的训练。一些在地方长期流传、具有典型的和重要的宗教意义的传统仪式，其表演除了这种技艺上的要求之外，还渗透着十分强烈的精神力量和情感成分，有着诸多宗教上的禁忌，因此，表演的严格程度、表演者在表演时的虔诚心态，都是非常重要的表演元素。从作为旅游者的观众角度来说，对这种表演也往往怀有最高的期盼，因为有很多时候，这种表演本来是作为旅游目的地招徕旅游者的重要的景观因素之一，旅游者也对这些表演有着只鳞片羽的了解。甚至，如果在同一批观看这种表演的旅游者当中有个别人以前曾经看到过这种表演，他们就会以行家或者类似"票友"的姿态来对表演评头品足，甚至当这样的旅游者的这一次所见使他意识到这次表演（或者相反，以前他看到的表演）并非是为他而全力打造的演出时，他就会产生某种失望和心灰意冷甚至怨怼的心理。对于表演者来说，这往往是一种令人头痛的外部力量，他们会影响现场的体验气氛和体

---

　　① 郭净：被表演的喜剧，见杨慧等：《旅游、人类学与中国》，昆明：云南大学出版社，2001：第185–214页。

验质量，而表演者总是力图要在观众面前传达这样的信息：他们当时正在扮演的角色是最为重要的角色，他们所具备或人们赋予他们的特征是最重要的特征，也是最能代表他们性格的特征。当发现自己的表演被人窥见了软肋时，表演者也会感觉到惶惑不安。所以，戈夫曼曾经非常深入地考察过类似的问题，把它归入表演过程中的"区域控制"的问题。① 他给出的高招就是，表演者要对他的各种观众加以隔离，使能看到他的一种角色的观众，看不到他的另一种角色；还要把那些看过他的表演、而那种表演又与他目前的表演不一致的人排斥在观众之外。做到这一点，对于表演者来说将受益匪浅。同时，对于旅游表演来说，要做到这一点，从操作性上来讲，也有相当的难度。但仔细观察旅游景区的一些游览线路的设计，或者，看一看在一个游人如织的旅游景点中不同的导游员在组织、控制他所导游的"小分队"时的做法，我们就会很容易发现，人们总在努力对观众进行控制。

在旅游过程中，旅游体验的参与各方的很多表演都是即兴表演。这种表演通常以某些背景性（如当地的文化）或告示性的因素（如导游书籍或旅游企业雇员的口头提示）为参照框架，即兴表演就发生在这种框架当中。通常人们认为，有些活动对于旅游表演而言是必不可少的，比如拍照、收藏纪念品以及在旅游线路设计当中一定要包含一些具有符号象征意义的旅游景点。② 如果把追求即兴表演的旅游者算作一类的话，那么，他们可能不倾向于去参与一些仪式性表演活动，而是自主选择旅游的地点、观赏的景观以及表演的方式，对于一些导游书籍的依赖也比较灵活。最典型的这类旅游者是背包旅游者（backpackers），他们的旅游体验中包括比较多的即兴表演的成分，而且也刻意地制造一种有别于大众旅游者的个人形象：比如不带照相机，不买纪念品，等等。还有一种即兴表演的旅游者是那些被菲弗尔（Feifer）等人称为"后旅游者"（post-tourist）的人。③ 这些人属于那种耽于自省、嘲笑规则、标新立异、特立独行的人，他们的旅游表演行为可能带有愤世嫉俗的成分，更多的是一种嬉乐，处处搞笑、浪荡形骸。即使也利用包价旅游，但他们总能在这个团队中

---

① 欧文·戈夫曼：《日常生活中的自我表演》，昆明：云南人民出版社，1988：第 115-118 页。

② Tim Edensor: Staging Tourism: Tourists as Performers. Annals of Tourism Research, 2000, 27(2):322-344.

③ W. Feifer: Going Places. London: MacMillan, 1985.

为自己开辟一个小世界，借此逃避传统角色的束缚。克拉格曼（Kulugman）曾以自己在迪士尼乐园中的经验为例，说明这种即兴表演的特点。当时克拉格曼为了重新诠释迪士尼乐园这个模式化的舞台，摆脱常规上人们对这里的表演已经怀有的定势化期望，于是她便突发奇想，把与她同行的旅游者想象成为正在由她摆布的一大群演员。通过这样一个对传统的表演及其意义的颠覆过程，眼前的景象立刻充满了新意，她面前的迪士尼乐园成了一个具有神秘性和荒诞性的地方。另外，仅仅由于对传统规范的一点突破，克拉格曼便揭示了这里某些稀奇古怪的东西。[①] 像这样一种具有反身性的、即时发生的表演，完全是出自一种挣脱常规表演的束缚并对某一种传统旅游表演舞台做出不同反应的欲望。

至于开放式表演，是指那种不依凭于一个固定的、有形的、参数明确的舞台而展开的旅游表演。这种表演所发生的地方，不像一般的旅游表演场所那样拥有大量的标记、道具、符号以及设施，让人一眼看上去就知道那是一个能提供旅游服务和旅游吸引物的地方。相反，在这种进行开放式表演的地方，这些因素都变得不明显了，那些引导旅游者的、使他们的某些表演行为得以进行的参照点都没有了。唯一确定的事反倒是那些不确定的东西了，比如各种异质的空间、流动的时间、活动以及运动，随机组合的人与物纷纷登场，对于那些不期而至的感官刺激信号，只能随机应变地做出反应。在这里，感官和社会意义上的超负荷，意味着任何注重内在体验的反身性的表演都行不通，而且，那些演练好的旅游角色，在这种场合也几乎派不上用场。这是一种所谓"晕头转向"的情形，这种情况下，认知能力被膨胀的身体感官欲望所动摇，表演主体从而进入一种失规的、一时难以定义的空间。

当旅游者处于这样一种状态，或者说是主动或被动地实施这样一种表演行为的时候，这种表演过程就会更多地被纳入到规范框架里进行讨论，而对表演行为模式本身的描述，其规律性要比另外两种更加难以把握。但是，有一点需要特别强调的是，旅游作为一种对新异刺激情有独钟的行为，似乎内在地就赋有某种偏向于开放式表演的动力。由于情境的不确定性、结果的不可预测性或随机性以及刺激的直接性和直觉性，开放式表演成了很多所谓的"多中心型旅

---

① K. Klugman: The Alternative Ride. In: Inside the Mouse: Work and Play at Disney World. London: Rivers Oram Press, 1995:163–179.

游者"主动选择的旅游表演类型，而他们的行为则构成了某种示范或暗示作用，成了大众旅游市场中的一股不小的推动力量。

二、旅游体验中的本真性问题

我们在这里提出本真性（authenticity）问题，有两层含义：一是旅游体验的目的是不是追求本真性的问题，其次是，旅游体验中的本真性的含义到底是什么、应该是什么的问题。

本真性的观点是麦肯奈尔提出来的。他在 1968 年于巴黎开始的有关旅游体验的研究中，对"这种旅游者"（the tourist）给予了特殊的关注，而他阐明了这个具有专指意义的旅游者的概念，"这个旅游者是一个实际意义上的人，或者这样说，真实的人才是实际意义上的旅游者"。[①] 他的这个近乎玄学的表达，内含的真实态度是，麦肯奈尔非常强调旅游对人生意义的贡献，尤其是在某种近乎宗教意义上的贡献。怀着这样一种态度，或者说得客观一点，也许是在他开始分析自己的野外工作记录之后才产生这样的态度，麦肯奈尔惊喜地发现，他对旅游体验本质的带有宗教意义的解释，与涂尔干（Emile Durkheim）在研究原始宗教时的解释，竟有着渊源上的一致。涂尔干曾将宗教仪式划分为三种类型：消极仪式（negative rite）、积极仪式（positive rite）以及禳解仪式（piacular rite）。在他的解释中，消极仪式是对行为的禁止，可能包括在某些特定的时间禁止说神圣的名字或食用某些食物，或者可能包括完全戒绝食物、性或言语。这些时间的社会功能是主张个体应该服从集体，个体应该为了集体的利益而自我牺牲。禳解仪式的社会功能更加明确，有关的主要例子包括哀悼仪式和忏悔仪式。前者的重要性在于，在群体的一个成员的生理死亡之后，把这个群体聚集在一起，并且重新分配地位。而忏悔和赎罪仪式则对规范破坏者进行确认和制裁，以此重新确立规范的实在和力量。而对于积极仪式，涂尔干给予了更大的主意。他认为，最重要的积极仪式是祭祀仪式（rite of sacrifice），因为在建

---

① Dean MacCannell: The Tourist: A New Theory of the Leisure Class. Berlin: Schocken Books, 1976:1.

立人类日常世界和超自然领域之间的关系方面，祭祀仪式的潜力最大。另外，模仿仪式和纪念仪式则以相似的方式举行。在涂尔干所研究的原始宗教活动的模仿仪式当中，人们仿效图腾的行为方式而行为，以此模拟图腾。假设他们都这样做，并且其他氏族将模仿不同的图腾，这样就建立了他们与图腾之间的认同，以及他们相互之间的共享交流。纪念仪式则建立了共享的传统和历史，更重要的是还确立了共同的起源，从而给人以认同感和归属感。在西方的圣诞节和复活节，在中国的春节，就都是在当代社会中发挥着此项功能的纪念仪式。在这种分类的基础上，涂尔干所形成的基本认识是，"由于仪式的明显功能就是信仰者更牢固地依附于他的神，它也就同时切实地使个体更牢固地依附于他所属的社会，因为神只不过是社会的形象表达。"①

在涂尔干的这番表述中，麦肯奈尔发现了一个令他喜不自胜的事实：对他所调查来的原始资料能给予最好解释的现实理论是结构主义人类学的理论。而且他还发现，涂尔干从研究原始宗教现象所得到的理论，略作调整就能很好地用于解释现代社会世俗生活的某些方面。所以，他越是研究他的资料，他就越摆脱不了这样的结论：旅游吸引物是一种自在的结构型式，借助于这种吸引物就可以直达现代意识或所谓的"世界视野"；同时他也认为，旅游吸引物与原始人的宗教符号象征有着非常惊人的相似之处。②

实际上，长期以来人类学界就有一种传统，即从结构的角度来看待习俗化的事物，把它们看作一种标志物，标志着自然和时代的变迁，并把它们看作生活本身的界定者。从这一点来说，麦肯奈尔的惊喜也算不上来自什么重要的发现。不过，当人们意识到旅游吸引物——那些历史胜迹、人文景观、自然美景等——实际上已经被人类理性（或许是感性）浸染有宗教色彩时，对它们的向往，对它们的瞻仰，对它们的感悟，就自然是为了获得具有某种生命意义甚至精神升华的本性体验。这样一个思路，使麦肯奈尔很自然会想到，现代旅游者在游览旅游景观时，实际上仿佛是朝圣一样，带有浓厚的宗教色彩，是世俗生活宗教化的一种表现或实现。所以，麦肯奈尔指出，旅游者并不像布斯汀等人所批评的那样就是为了离开家到外地观光并满足于一些非常肤浅的体验的人。

---

① E. Durkheim: The Elementary Forms of the Religious Life. London: Allan & Unwin, 1915.

② Dean MacCannell: The Tourist: A New Theory of the Leisure Class. Berlin: Schocken Books, 1976:2.

不是这样的。为了证明自己的不同看法，麦肯奈尔举了这样一个例子：一个受过良好教育的被访谈者曾这样告诉麦肯奈尔说，他和他妻子在游览温特图尔博物馆的时候是"非常紧张的"，原因是他们说不出所有不同风格的古董的确切名字，他们担心自己的沉默无语可能会暴露自己的无知。换言之，一种旅游耻辱感的产生，不是因为自己做了旅游者，而是因为自己不是一个合格的旅游者，是因为自己不能以一种"本应如此"的方式去审视所有看到的东西。就此，麦肯奈尔得出的结论是：所有的旅游者——不仅仅限于布斯汀等人所认可的那些知识分子——在某种程度上都渴望欣赏和融入所访问的社会和文化，这是其旅游动机的一个根本内容。[①] 这种欣赏和融入，就是对目的地社会所具有的独特的本真性的关注和追求。

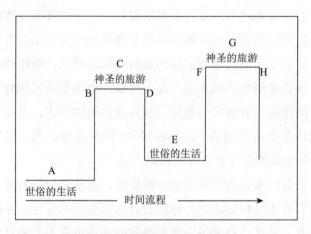

图 5-2　格雷伯恩的神圣游程

资料来源：引自格雷伯恩，并据他本人的文字描述略有改动。

与麦肯奈尔的观点十分相近的就是格雷伯恩（Nelson H. H. Graburn）所提出的神圣游程（sacred journey）模型，他们在渊源上自然都来自涂尔干有关世俗和神圣的学说。在格雷伯恩的模型中，实际上存在着两个世界，一个被称为世俗的生活，另一个被称为神圣的旅游。这种划分，与我们前文所建立的旅游世界模型具有类似的结构，所不同的是，格雷伯恩的模型直接强调旅游的神圣

① Dean MacCannell: The Tourist: A New Theory of the Leisure Class. Berlin: Schocken Books, 1976:10.

意义，可能也正因为这种直接强调，使他的旅游业具有某种神秘色彩，并自然地缩小了旅游范畴所涵盖现象的广泛性。但是，在这个模型当中确实也揭示了一些东西。[①]

在这个模型中，一个突出的特征是格雷伯恩将旅游过程放在一个时间流的框架当中来进行考察。他追随利奇（Leach）对时间问题的认识，[②] 把神圣与世俗事件在生活当中的有规律的、交替发生的事实，当作测量时间存在性的标尺。每一个有意义的事件都标志着某一段时间，因此也标志着生活本身。每一段世俗或神圣的阶段，就是一段微观生活，有着确切的开始、过程和结局，而这些"生活"的开始和结尾都以仪式作为标志，这些仪式都贯穿在个人的生命历程当中。所以，在整个时间流当中，生命的意义就可以借助于这些有意义的事件来加以证明或诠释。

在图 5-2 中，一个人的生活流是由其旅游的生活和世俗的生活交替构成的，这里截取了其中的两个周期四个片断。第一个周期的主体是由 A 阶段和 C 阶段构成的，它们都是生命的组成部分，但却有不同的精神内涵。A 阶段代表着世俗的阶段，被认为是一种日常生活，是一种普通和不可避免的生活，与其相对，C 阶段却代表着另一种生活，它非同寻常，也许比真实生活还要"真实"。在这个周期的另外两个阶段 B 和 D，相对于 A 和 C 这两个主体性阶段而言，它们都是过渡性的，标志着生活特性转换的开始和终结，而这种变换也都通过意识性的活动来完成。格雷伯恩甚至认为，在这两个过渡性阶段当中所发生的仪式往往充满了危险和矛盾，至少充满了紧张。因为在这种意味着"逸出于"或"回归到"世俗生活世界的关节点上，对既往的眷恋和对未来的期待、对危险的忧虑和对刺激的憧憬、对平庸的感受和对差异的发现，等等，所有这些，都在这种转换关头凸现出来，从而使这两个其貌不扬的过渡阶段充满了张力。

当一次旅游结束之后，关于生命的一个有意义的循环就结束了，我们又回到了世俗人间，回到了 E 阶段。经过这次旅游，"我们已是一些全新的人，因为我们已经历了一种生命的再创造。"我们的"忧虑和担心减少了，新的观点增

---

① 格雷伯恩：旅游：神圣的旅程，见瓦伦·史密斯：《东道主与游客：旅游人类学研究》，昆明：云南大学出版社，2002：第 27-30 页。

② E. Leach: Rethinking Anthropology. London: Athlone Press, 1961.

加了，幸福感也增加了，后者因无忧无虑的美好记忆而抵消了日常生活工作所带来的焦虑。这反过来又激发了想去旅游的愿望，并为下次度假做准备。这样，F 和 G 就不同于 B 和 C，因为我们已经历了从 A 到 E 的阶段。"[①]

旅游者的旅程是人生的一部分，是他自己可以把握控制的一个过程。在这样一个神圣游程（sacred journey）当中，旅游者所体验到的，不仅是一种地理上的变化，或某种状况的象征性改变。旅游被人们看作最好的一种生活，就因为它有一种神圣的意义，使人激动，使人更新，使人自我完善。和那些宗教朝圣者相比，现代旅游者通过旅游所获得的回报，也类似于朝圣者一样，得到的是为旅游者所推崇的价值，身心得到了恢复，身份得到了保持，还经历了不同的奇异事物。

从这个模型中我们看到，像其他仪式活动一样，旅游度假是沿着一个时间维度发生的，而且遵从一个共同的模式。简而言之，它们看上去像是加法利（Jafari）所界定的"环"[②]，这个环由预期、退出日常生活、空间分离和文化逆转、回归（也被称为反向文化惊厥，即当日常生活又来纠缠我们的时候的一种遭遇）等一系列过程构成。但是，旅游之后的生活已经今非昔比，因为我们所度过的每一次旅行，都使我们跨越了一个阶段，我们已经变了。在这里，我们可以把旅游者的行为描绘成一种打破常规生活结构、构建某种特殊的宽松氛围的行为，在这里可以把一切统统忘掉，年龄、社会地位、性别等，都可以淡然处之。这样一个生活氛围处于社会的边缘，在罗马人那里被称为"边城"（limes），在其中通行一些新的、暂时的规则和角色。在这种宽松的环境——神圣空间——当中，度假仪式向所有人展示了各种新的图景、新的感受和新的机会。这种环境实际上就是我们所说的"休整"（re-creation）。

虽然格雷伯恩和麦肯奈尔都一样强调旅游所具有的神圣感，反映了作为人类学家在看待旅游文化问题时他们所普遍具有的那份乡愁（nostalgia）情结，但是，格雷伯恩没有像麦肯奈尔那样坚持旅游的目的是对本真性的追寻。这使得他的模型更容易为人们所接受。因为，尽管他的神圣旅程中的神圣二字有些

---

① 格雷伯恩：旅游：神圣的旅程，见瓦伦·史密斯：《东道主与游客：旅游人类学研究》，昆明：云南大学出版社，2002：第 25 页。

② Jafari 在这方面所得出的这个模式，被西方学术界称为"Jafari loop"。

夸张，有些不可知的色彩，但将它与我们常常能体验到的精神世界当中的愉悦感相比照，还是说得过去的。所以，这个模型几乎不用怎样改造，就和我们所倡导的旅游体验的愉悦追求具有审美愉悦和世俗愉悦这两面性是吻合的。其实我们已经看到，在科恩那里，以及在其他一些学者那里（如冉恩等），就扬弃了格雷伯恩模型中的神秘意味，转而将这种带有宗教色彩的快感体验归入审美体验的范畴，从而使旅游体验的解释更令人信服。[①] 而在科恩的一篇专门讨论旅游体验的本真性和商品化问题的文章中，关于麦肯奈尔的所谓真实性的问题就更没有位置了。[②]

在这篇文章中，科恩分析了现代社会之所以把追求本真性作为一种价值观的根源。他认为，这是当今社会与成员个人极端对立状态下个体对社会所产生的虚无感所致。在这样的社会状况当中，个体不得不返归自我以寻求实在。本真性这个概念就是用以解释这种个体体验的一种方式。而从现代存在主义哲学人类学的角度看，由于现代社会是假拟的（inauthentic），因此，那些追求本真性的现代人在企图通过获得实在而克服自身与社会的对立时，就不得不求助于外部世界。这样，恰如麦肯奈尔所极力鼓吹的那样，寻求本真性也就顺理成章地成了现代旅游的主要动机。但是，麦肯奈尔本人也发现，他的这个术语由于未加清晰界定而被引进旅游学研究领域之后，造成了很多混淆。在麦肯奈尔的作品当中，而且也包括他的追随者们的作品当中，追求本真性（quest for authenticity）被用作一个最原始的概念，也是一个仅仅靠用例子来说明却没有经过严格界定的概念。在这种情况下，人们就不得不靠直觉来揣摩这个术语的含义。它似乎是指自我与社会规制之间的某种一致性的追寻，这种一致性曾赋予前现代社会的个体以本体感（reality）。相应地，那些追寻本真性的被疏离了的现代旅游者寻找的就将是那种淳朴的、原始的、自然的东西，没有被现代性所染指的东西。旅游者只能指望在别的地方和别的时间发现它们，因为在自己所处的社会当中是没有这些东西的。[③]

---

① E. Cohen: A Phenomenology of Tourist Experiences. The Journal of the British Sociological Association, 1979:179–201.

② E. Cohen: Authenticity and Commoditization in Tourism. Annals of Tourism Research, 1988, 15:371–386.

③ Dean MacCannell: The Tourist: A New Theory of the Leisure Class. Berlin: Schocken Books, 1976:160.

　　科恩指出，在旅游研究当中这样来使用"本真性"这个概念，困难在于它本是一个哲学概念，现在却把它不加限定地用到社会学分析当中。另外，在旅游研究当中，这个概念是被用来评价现代旅游者作为一个观察者的标准的，而问题是，被旅游者所观察的人与物（tourees）是否都秉持这个概念？如果是，那为什么他们自认为可以构成他们自己文化的本真性的方面却几乎从来不被提及？最后，由于社会学家和旅游者都属于现代社会，因此，社会学家不言而喻能够理解旅游者追寻的"本真性"是什么意思。这样，"本真性"就由这些现代人赋予了某种既定的或"客观的"而且只在别的世界才具有的品质。在旅游者与社会学家之间存在的唯一明显的差异是后者比前者更慎重一些，因此他也就能透过表面发现那些"被表演的本真性"（the staged authenticity）的骗局。① 而那些大咧咧的、傻呵呵的旅游者，在这种情况下总是等着上当。如果他们真有社会学家那双火眼金睛，他们就会拒绝观赏这种"被表演的本真性"，因为它是做作的、不真实的。科恩指出，麦肯奈尔和其他采用这种概念框架的人并没有提出这样的可能性：旅游者和社会学家会从完全不同的角度衡量本真性的问题。而恰恰是这一点，决定了可以对旅游者追寻本真性这个命题进行根本的质疑。为此，科恩在这个问题上继续展开，对旅游者如何看待本真性问题进行了深入的探讨。

　　笔者在此赞同科恩的意见。这不仅是因为，科恩在研究旅游体验方面一直坚持的现象学方法是笔者撰写此书的动力，而且科恩就旅游体验的一些基础理论的认识也一直对笔者思考相关问题有所启迪，尤其更为重要的是，通过自己的观察，也得出了不少与科恩观点相近的结论。所以，就旅游体验的本真性诉求这一命题，通过审视现代社会旅游者出行的方式、方向、他们对体验的自我评价，我们不难得出这样的结论：那种以人类学家的"乡愁"情结来揣测旅游者的旅游动机并最终把这种动机仅仅限定在对本真性的追求上，是值得商榷的。应该说，如今大量的旅游吸引物都是舞台化了的，是被表演的，也许是不真实的，但并不意味着是没有价值的。如果我们再结合科恩对旅游体验方式的划分来思考这个问题的话，一个很自然的结论就出来了：不同的旅游者有不同的体

---

① Dean MacCannell: Staged Authticity: Arrangements of Social Space in Tourist Settings. American Journal of Sociology, 1973, 79 (3): 589–603.

验追求，对自我体验质量的评价，不取决于作为他者的知识分子、社会学家或人类学家，而取决于旅游者个人的心理标准。在这个问题上无视个人的主观能动性，就会陷入机械唯物主义的泥沼。旅游者的旅游体验过程，从个体评价标准来看，在一定程度上会满足于眼见为"实"。而只要他满足于此，这种"真实"就是他所要的"真实"。

三、旅游体验过程引起的文化商品化

旅游发展过程中出现的文化商品化问题，与旅游体验中的本真性问题是一个问题的两个方面，至少是两个高度相关的问题。因为文化商品化的实质和结果，就涉及旅游体验目的的本真性达成问题。因此，从学术渊源或流派来看，主张旅游体验以探寻本真性为目的的人，往往与担心文化商品化的学者在思想上非常默契，在表达上遥相呼应。因此，我们在此特意将他们结合起来探讨。

早在 20 世纪 70 年代，在瓦伦·史密斯所主编的《东道主与游客：旅游人类学研究》一书中，一篇由康乃尔大学的格林伍德（Greenwood）所撰写的充满哀婉情调，题为《文化能用金钱来衡量吗》的文章，曾引起人们的广泛关注和响应。

格林伍德在文章中明确提出这样的观点："旅游业给一个地区和一个国家的经济带来了巨大发展，但也进一步导致了贫富不均的情况。于是旅游业似乎加深了社区内裂痕的出现。因此旅游业并不像一系列急功近利者所说的那样是一种万灵药。"[1] 这样的结论，是通过观察西班牙富恩特拉比亚（Fuenterrabia）城市的旅游文化促销方式而得出的，并因此而提出了地方文化商品化的问题。在对待这个问题的态度上，格林伍德特别对自己作为人类学学者的身份做出强调，认为"人类学家对文化的看法与经济学家和旅游规划者把文化看作一种'引诱'，一种'自然资源'或是一种'服务'的观点是完全不同的。人类学家的观点以使我们更加理解文化商品化在旅游业中所带的破坏性，使我们更需要懂

---

[1]　戴维·格林伍德：文化能用进金钱来衡量吗——从人类学的角度探讨旅游作为文化商品化问题，见瓦伦·史密斯：《东道主与游客：旅游人类学研究》，昆明：云南大学出版社，2002：第 185–201 页。

得为什么文化商品化这一问题需要引起每个旅游业从业人员的重视和审视。"可能正是他这种有点固执的态度以及他在文章中所采用的很多近乎耸人听闻的表达形式，成就了他这篇案例分析文章的影响。对于旅游过程中文化的商品化问题，在此后就成了一个备受关注的话题。

这样一种态度，以及这种态度所支持的研究课题、研究方法以及研究结论，在旅游文化学、旅游人类学或旅游社会学领域，似乎成了一种弥漫的态势。在瓦伦·史密斯后来主编的《重访东道主与游客：21 世纪的旅游问题》一书中，再次发扬了这样的主题。[①] 其中麦肯奈尔的《论文化的商品化》、托马斯（Pi-Sunyer Brooke Thomas）和戴尔布特（Daltabuit）的《玛雅文化旅游》都对这种逻辑发挥得淋漓尽致。对此，艾罗姆拜瑞（Aramberri）在他撰写的书评文章中给予了相当激烈的批评。他指出，这些人类学家"作者们还在不依不饶地哀悼玛雅社区的旧有结构的解体，慨叹消费主义已经浸透到社会生活当中。他们甚至一丁点也不愿意考虑为什么许多玛雅人对此都并不忧虑。"他们"惋惜的只是西式的便装已经取代了老式服饰；惋惜现代医学和商业药品顶替了玛雅牧师的权威；惋惜各种印刷媒体，尤其是电视，成了娱乐和消息的新型渠道；惋惜人们消费类似可口可乐、雀巢咖啡和其他著名品牌的商品，而不追随传统饮食。""显然，在这种发自内心的保持玛雅文化的借口当中，哪一方面都考虑到了，唯独不给现在的尤卡坦半岛的玛雅人一席之地。如果我们都追随与托马斯和戴尔布特相同的人类学传统，那么，关于玛雅文化就只有一种怀旧的声音，而真正的玛雅人可能会认为，倘若他们真要是回到各位作者所建议的旧日时光，他们的命运会更糟。"[②] 艾瑞姆拜瑞的思想不外乎认为，在社会历史进程不可阻挡、现代化过程大势所趋的历史规律和宏观背景之下，如何对待文化变迁的态度以及保护优秀的传统文化的途径等方面，或许那些"文化中人"更有权利说话。当一个诗人在冬日黄昏之际路过乡下，看到一位破衣烂衫的老农民蜷缩在低矮的土墙角闭目享受那一缕斜射而来的阳光的温暖的时候，他会产生一种强

---

① Smith, Brent (Eds): Hosts and Guests Revisited: Tourism Issues of the 21st Century. Cognizant Communication, 2001.

② Julio Aramberri: The Shaky Theoretical Foundation of Tourism Research. Tourism Recreation Research, 2002, 27(2).

烈的欣赏的冲动，并祈祷这一幅美景能够长驻人间。但这位农民可能会对这位异乡人白净的面皮、儒雅的风姿、华贵的服饰、悠然的姿态和骄人的坐骑（也许是美洲豹、也许是陆地巡洋舰）心生无限艳羡，甚至诅咒这世界的差异。就这一点而言，老农和诗人是处在不同的世界，难以沟通的。

就旅游体验中所出现的文化的商品化问题，科恩的态度也是很明确的：文化的商品化不一定就会导致本土文化的消亡，即使要消亡那也是有条件的，原因也是非常复杂的。那些以旅游者需要为导向生产出来的旅游产品，由于它们变成了本土民族或文化同一性的一种变异符号——一种在外来公众面前进行自我展示的工具，因此通常也为当地人获得了新的意义。尽管它们成了商品，但它们旧有的意义并不一定为此而丧失，它们依然会在不同的层次上为内部公众所钟爱。巴厘岛的仪式表演很好地说明了这一点。[①] 科恩还指出，文化的商品化也并不一定会毁掉文化产品对旅游者的意义，因为这些旅游者通常都是为此而来的，甚至即使是那种本来是"本真的"但经过这种商品化过程的浸染而变化了味道的文化，在旅游者看来也还是"本真的"。科恩甚至认为，对于大多数旅游者来说，旅游就是一种游戏，这种游戏虽然是虚拟的，但他所代表的意义却是真实的，能够反映世界本体的，旅游者全身心地投入这些游戏，扮演着其中的虚拟角色，假装这个体验过程是一个真实的体验，并从这种体验中获得极大的快乐。

---

① 　E. Cohen: Authenticity and Commoditization in Tourism. Annals of Tourism Research, 1988, 15:371–386.

第六章

旅游体验的质量

　　不管是对于旅游者还是对于向旅游者提供服务和产品的旅游企业经营管理人员而言，旅游体验的质量都可以说是他们从事旅游及相关活动的生命线。高质量的旅游体验给旅游者预期甚至超过预期的旅游满足，也从而奠定了旅游企业获得经济效益的长久基础。相反，低劣的旅游体验使旅游者美好的愿望破灭，也注定要使旅游企业进一步牟利的梦想破灭。尽管对这样的命题不管是学术界还是实业界都不否认，但对旅游体验质量的深入研究还相当匮乏，因此值得关注。

　　在本文的前面各章，我们对旅游体验的一些主要方面进行了基础理论模型方面的构建。这些模型对于认识旅游体验的本质、帮助旅游者改进他们旅游体验的方式、提高他们的体验质量，都是最基本的理论铺垫。在这一章，我们主要在更具操作性的层面，来探讨旅游体验的质量问题。

一、旅游体验质量的巅峰状态

　　当苏轼在既望之日与客泛舟游于赤壁之下时，面对"清风徐来，水波不兴……白露横江，水光接天"的境界，他不禁生出"浩浩乎如冯虚御风，而不知其所止；飘飘乎如遗世独立，羽化而登仙"的感觉。毫无疑问，这种感觉是一种难得的、融入的境界，是一种特殊的体验，是沉浸在自然山川当中的个人刻意寻求的一种巅峰状态，是一种精神感悟。

　　就某个方面而言（比如情绪的放纵），苏轼的这种体验带有尼采所说的"酒神"状态的成分，是一种迷醉。在尼采的哲学体系中，有一个十分重要的概念，那就是"酒神"。尼采用希腊酒神狄奥尼索斯来象征情欲的放纵。他描述说，酒神状态是"整个情绪系统激动亢奋"，是"情绪的总激发和总释放"（《偶像的黄昏》："一个不合时宜者的漫游"第 10 节）。这个象征来自希腊的酒神祭，在这种仪式上，人们打破一切禁忌，狂饮滥醉，放纵性欲。

　　按照尼采的描述，酒神的状态似乎来自对一种巨大的惊骇的超越性的体验。他指出，叔本华就曾经描述过这种巨大的惊骇：当人突然困惑地面临现象的某种认识模型，届时充足理由律在其任何一种形态里看来都碰到了例外，这

时，他就被惊骇抓住了。在这惊骇之外，如果再补充上个体化原理崩溃之时
从人的最内在基础即天性中升起的充满幸福的狂喜，我们就可以瞥见酒神的
本质。把它比拟为沉醉是最贴切的。尼采说："或者由于所有原始人群和民族
的颂诗里都说到的那种麻醉饮料的威力，或者在春日熠熠照临万物欣欣向荣
的季节，酒神的激情就苏醒了，随着这激情的高涨，主观逐渐化入浑然忘我
之境。"[1]"在酒神的魔力之下，不但人与人重新团结了，而且疏远、敌对、被
奴役的大自然也重新庆祝她同她的浪子人类和解的节日。大地自动奉献它的供
品，危崖荒漠中的猛兽也驯良地前来。酒神的车辇满载着百卉花环，虎豹驾驶
着它前行。一个人若把贝多芬的《欢乐颂》化作一幅图画，并且让想象力继续
凝想数百万人颤栗着倒在灰尘里的情境，他就差不多能体会到酒神状态了。此
刻，奴隶也是自由人。此刻，贫困、专断或'无耻的时尚'在人与人之间树立
的僵硬敌对的樊篱土崩瓦解了。此刻，在世界大同的福音中，每个人感到自己
同邻人团结、和解、款洽，甚至融为一体了。摩耶的面纱好像已被撕裂，只剩
下碎片在神秘的太一之前瑟缩飘零。人轻歌曼舞，俨然是一更高共同体的成员，
他陶然忘步忘言，飘飘然乘风飞飏。他的神态表明他着了魔。就像此刻野兽开
口说话、大地流出牛奶和蜂蜜一样，超自然的奇迹也在人身上出现：此刻他觉
得自己就是神，他如此欣喜若狂、居高临下地变幻，正如他梦见的众神的变幻
一样。人不再是艺术家，而是艺术品：整个大自然的艺术能力，以太一的极乐
满足为鹄的，在这里透过醉的战栗显示出来了。"[2]这是何等样迷狂的境界！我
们如此不厌琐细地摘引尼采对酒神状态的描述，就是为了让大家从这里看出，
尼采所描述的酒神状态，是一种对个体的解除并进而复归到原始自然的一种
体验。

　　但更多地，苏轼的体验主要属于亚里士多德的审美体验，与马斯洛所提出
的"高峰体验"以及奇克森特米哈伊的畅爽（flow）更为接近。马斯洛（1987）
认为，高峰体验是"自我实现"或健康心理的倏忽短暂的插曲。"这种体验可能
是瞬间产生的、压倒一切的敬畏情绪，也可能是转瞬即逝的极度强烈的幸福感，
或甚至是欣喜若狂、如醉如痴、欢乐至极的感觉（因为'幸福感'这一字眼已

---

① 尼采：《悲剧的诞生》，北京：三联书店，1986：第5页。
② 尼采：《悲剧的诞生》，北京：三联书店，1986：第6页。

经不足以表达这种体验）。""在这些短暂的时刻里，他们沉浸在一片纯净而完善的幸福之中，摆脱了一切怀疑、恐惧、压抑、紧张和怯懦。他们的自我意识也悄然消逝。他们不再感到自己与世界之间存在着任何距离而相互隔绝，相反，他们觉得自己已经与世界紧紧相连融为一体。他们感到自己真正属于这一世界，而不是站在世界之外的旁观者。""这些美好的瞬时体验来自爱情，来自审美感受（特别是对音乐），来自创造冲动和创造热情（伟大的灵感），来自意义重大的顿悟和发现，来自女性的自然分娩和对孩子的慈爱，来自与大自然的交融（在森林里，在海滩上，在群山中，等等），来自某种体育运动，如游泳，来自翩翩起舞时……"所以，马斯洛明确表示，高峰体验绝非迷信，而是一种自然产生的情感经历。"它们不仅在健康人中产生，而且在一般常人甚至在心理病态的人身上出现"。[①]

奇克森特米哈伊（Csikszentmihalyi）花了 20 年时间，搜集了数百名男女对其工作中的"畅爽"状态的描述。[②]这些人包括攀岩者、国际象棋冠军、外科医生、篮球运动员、工程师、管理人员以及档案管理员。他们所描述的忘我情形与上述体验的特点不谋而合。在畅爽状态下，情感不是自我克制、规行矩步，而是积极进取、意气风发，体验主体在处理眼前的工作时得心应手，游刃有余。奇克森特米哈伊认为，畅爽是一种愉快至极的体验，其特点是满心欢快，甚至是欣喜若狂。畅爽的感受是如此美妙，所以，从其本质来看，它是十分有益的。在这种状态下，人们做事专心致志，心无旁骛，物我合一，有如行云流水一般。同时，畅爽也是一种忘却自我的状态。此时，任何穷思极想或忧虑心绪都已荡然无存。在这种状态下，人们全神贯注于手边的工作，已无自我意识，人们聚精会神，完全专注于眼前的事情，觉察不到时空变换，岁月流逝。真正达到了物我两忘的境地。人们一旦进入畅爽状态，对手中的事情就能驾轻就熟，对任何变化都能应付自如。在这种状态下，自身的技能发挥得淋漓尽致，而本人对此却浑然不知，对成败与否淡然置之，超越于一般的功利性，行为本身的乐趣构成了动力。

① 马斯洛：谈谈高峰体验，见林方：《人的潜能和价值》，北京：华夏出版社，1987：第366–368页。
② M. Csikszentmihalyi, I. S. Csikszentmihalyi: Optimal Experience: Psychological Studies of Flows of Consciousness. New York: Cambridge University Press, 1988.

　　获得畅爽体验或高峰体验有几种路径。其中之一是有意识地专注于手中的工作，因为从本质上讲，畅爽就是注意力高度集中。在此状态下，信息反馈似乎就在所专注的事情中往返循环。要做到自制冷静且精力集中，须付出相当的努力，这也就是最初的代价。然而，一旦能专心致志，专心致志本身就转化为一股动力，既能使人们排除杂念，又能让人做起事来得心应手。另外，当手头的工作是自身所擅长的，同时又对自身能力稍有挑战时，畅爽的状态也会来临。奇克森特米哈伊指出："当工作比平常稍费点劲时，人们的注意力即使是最集中的，也会多尽一分力。如果事情做起来太轻松了，人们就会厌腻。反之，事情如果太棘手了，他们又会心烦意乱。畅爽就从这厌腻与心烦意乱的窄缝中奔流而来。"这一点在奇克森特米哈伊所提出的模型中反映得很清楚，在我们所提供的改进模型中也是如此（见图6-3和图6-4）。

　　畅爽与情绪短路截然不同，其特征是乐趣及美妙之感自然出现，并由此而产生效率。而在情绪短路状态下，边缘系统兴奋如脱缰之马，压制了大脑其余部分的活动。在畅爽状态下，注意力既放松又专注。这种专心致志与厌烦倦怠或焦虑愤怒时那种强打精神集中注意力的情况有天壤之别。畅爽时，情绪并非死水一潭，而是在不断激发越来越强烈的欢愉情绪。畅爽就在这种注意力高度集中的基础上奔腾而出，欢愉情绪不过是注意力高度集中的副产品。事实上，传统的经典文献把这种专注状态描述为摈弃一切杂念的喜悦境界，所以，畅爽实际上是注意力高度集中的升华。处于畅爽状态下的人，给人的印象是一切难题都可迎刃而解，精妙绝伦的自我发挥总是能够达到自然流畅、随心所欲的境界。

　　因此，可以说，无论是尼采的"酒神"还是马斯洛的"高峰体验"，直到奇克森特米哈伊的"畅爽"，他们的理论都描述了人在获得精神的沉醉状态时那种极度幸福、极度快乐的境界。这些境界确实是令人着迷的。旅游者出行的目的，往往就怀有体验这种沉醉的梦想。不过，并不是每个旅游者，也不是每次旅游体验，更不是在任何地方的旅游体验，都能达到这样的状态。在每一个具体状态下或每一种具体情境当中，旅游者的旅游体验质量都会呈现极不相同的特性。这种特性主要表现在情感层面（当然很多时候是借由精神通道），呈现不同的强弱程度，让人获得不同程度的快乐体验。所以，尽管旅游者的目标可以向着酒神、高峰体验或畅爽而去，但体验的具体差异是客观存在的。为了衡量这种差异，就涉及构建旅游体验质量的测量方法问题。

二、旅游体验质量的测量：愉悦度或满意度

尽管在涉及质量概念时我们可以借鉴在自然科学中那样采用一系列的客观标准或指标对事物进行测量的办法，但是，对于旅游体验这种心理感受质量来说，以往人们所尝试的许多貌似客观的所谓科学方法——往往以过度分解的指标和量化的尺度为特征——都存在对旅游体验整体感受进行分析所造成的肢解的后果。这种方法在认识意识现象方面与现象学的世界观大相径庭，在解释现象的深层根源方面疲软无力。所以，在我们看来，对于旅游体验这种发生在旅游世界的某种具体情境当中、直接涉及旅游者主观判断、受旅游者主观价值认识深刻影响的心理学范畴的问题，只有恰当地采用一些主观变量予以测量才有可能给出真实的判断。一旦做到了这种测量的恰当性，其科学性就在一个更高的层次上确立起来了。

为了做这样的测量，许多学者努力构建了一些方法论方面的基础性的讨论平台。李（Yiping Li, 2000）和杰克逊（M. S. Jackson, 1996）都使用了正感体验（positive experience）和负感体验（negative experience）来描述旅游者的体验感受。李的旅游体验转换模型概括了旅游者通过在场体验最终形成了可能影响旅游者个人与目的地的关系以及旅游产业发展前景的逻辑过程（见图6-1）。正感体验形成满足的心态，或者说，会有比较高的满意度，旅游者所获得的这种感受可名之为满足感，表现在我们提出的情感体验模型上（见图4-2），即快乐感；负感体验会有很低的满意度，甚至是走向反面，形成失望的心态，产生厌恶、懊悔和憎恨的感觉，这种感觉可以叫作挫折感，表现在我们提出的情感体验模型上即痛苦感。不管是正感体验或满足感，还是负感体验或挫折感，都可以统一在愉悦度这个单一的维度上，其两端分别对应于情感状态的快乐和痛苦。由此，我们便可以构筑一个衡量旅游体验质量的一般性模型。

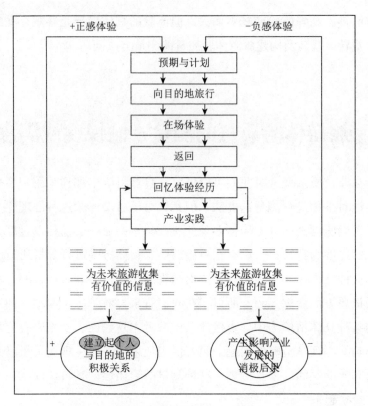

图 6-1　旅游体验转换模型（Yiping Li, 2000）

在最粗略或最概括的层次上，我们可用以下几个主观指标来衡量旅游者旅游体验的质量：即满足感、淡漠感、失望感。但是，为了提供既可以用来衡量旅游者旅游体验质量的客观指标，又可以作为旅游企业经营者经营管理决策参考依据的信息，国外有些学者在探讨人们对服务产品质量体验的感受时，往往进一步提出一些比较容易测量的具体指标。诸如可感受性、可靠性、保险程度、快捷程度、专注程度和形象等。根据萨里大学的埃金茨（Ekinci, 2001）博士在《确认质量变量》一文中的观点，他将人们对饭店质量的评估变量确定为有形因素、可进入性、员工行为与态度、可靠性、出品质量、快捷程度[1]。这种分类对确定旅游体验质量的测量虽然有一定启发，但旅游者旅游体验的特殊性也限制了这些指标的适用性。从旅游者的旅游需要出发，考虑旅游者观赏、交往、消

---

[1]　Yuksel Ekinci: Validating Quality Dimensions. Annals of Tourism Research, 2001, 28(1).

费和模仿的对象物的特点，我们可以看出，旅游者所获得的体验，不一定完全来自企业的服务，还来自某些外在的自然和社会因素的状况。而旅游审美体验又是一种十分复杂的情感过程。因此，就难以用上述可以衡量企业一般服务产品供给质量的指标来衡量旅游体验的质量。在通常情况下，经过对旅游体验进行必要的项目分类，明确问题的性质，或多或少可以使用瑟斯顿量表或李科特量表对旅游者旅游体验的质量进行心理测量[①]。但所得的结果只有一定的结构识别意义，而从总体的角度上看，只能在一定程度上反映旅游者对旅游体验的满意程度。当然，上述三个指标实际上也可以分解，以便更有解释力地描述旅游者的心理状态。比如，满意的表现可能是具体而多样的，引起旅游者兴奋、欣慰、惊奇、爱好等等心理反应的，恐怕都会令旅游者有满足感；而疲累、乏味、过于熟悉、不安、严重偏离预期目标等，则会使旅游者产生淡漠甚至失望的感觉。在这里，结合本文第四章的情感模型当中的一些具体维度和指标，可以发展出一些比较系统全面的质量测量体系。关于这种技术层面的问题，笔者在这里并不想展开探讨，值得一提的事，中山大学的汪纯本先生一直致力于这种技术测量，相关成果可资参考。而国外在这个领域的研究成果已经可以算是叠床架屋、林林总总了。这些成果的长短优劣一时难以评说，但总体上的不足主要还是产生自对旅游体验质量的基本理论认识上的贫乏。本章的重点还是希图在理论上对这些问题尽可能摸索出一些结构性的、一般性的知识。下面就先从国外一些有关旅游体验质量的主要实证研究成果进行一番梳理和分析，来认识一下究竟有什么样一些因素影响着旅游体验的质量。

　　杰克逊（Jackson）等人曾对引起正感旅游体验和负感旅游体验的原因进行了归纳。他认为，引起正感体验的因素，可能包括能力水平高、努力程度高、任务容易完成以及运气好；而引起负感体验的因素，可能是因为能力欠缺、不够努力、任务难度大以及运气不好。为此，他还根据自己的调查样本的实际情况列举了一些具体例子加以说明（见表6-1）。[②]

---

① Douglas Jeffrey, Yanjun Xie: The UK Market for Tourism in China. Annals of Tourism Research, 1995, 22(4).

② Mervyn S. Jackson et al: Tourism Experiences within an Attributional Framework. Annals of Tourism Research, 1996, 23(4).

　　罗斯（Ross）在对旅游者的热带雨林旅游体验的研究中，曾要求旅游者对他们所访问的热带旅游目的地北昆士兰的实际形象进行评价，然后根据同样的标准列举出他们理想的旅游目的地。结果显示，旅游者对理想的旅游目的地的属性的罗列，包括良好的道路状况，奇特的景观，不很拥挤的度假地，便宜的公共交通，多样的自然环境，友好的当地居民和接待社区，新奇的野生动植物，以及给人一种本真性的体验。[①] 这里透露出一个信息：旅游者的旅游体验质量，受很多因素的影响。不过，这里集中反映的，还主要是旅游者对旅游目的地方面的期望。实际上，一个旅游者会不会满怀愉悦回到家中，这不单纯取决于旅游目的地的各种因素，也不单纯依靠旅游企业接待人员小心谨慎、热情周到的服务。除了这些之外，还有许多错综复杂的因素，包括来自旅游者自身的各种因素，这些因素在不同的时间和场合以及在不同的人身上会以完全不同的方式发生着作用，从而制约着旅游体验的质量。

表 6-1　造成正感体验和负感体验的四种因素举例

正感体验	负感体验
有能力： ·前往艾珀罗克湖（Lake Eppalock），花数日时间尝试滑水，成功了。 ·站在塞尔兹伯格（Salzburg）火车站的时刻表前，意识到我有钱又有时间，可以到欧洲的任何地方——这可是最大的自由和权利。 很努力： ·到国外去，见到了罗马教皇，游览了整个意大利。 ·希腊，购物，买一大堆衣服，到处都走，见到很多人。 任务轻松： ·前往艾德莱德观看庞帝克一级方程式大赛，万事顺遂。 ·坐着摩托车沿大洋路兜风。 好运气： ·在国外旅游竟然邂逅未来的丈夫。 ·尽管巴厘岛很棒，而最开心的事情是在那儿遇见了乔尼·范翰姆。他太绝了。	没能力： ·去滑雪，排长队，结果我跌倒了，造成了多米诺骨牌效应。 ·去罗马，迷路了，找不到饭店，求助他人，他们听不懂我说什么，我也听不懂他们说什么。 不努力： ·每年都到同样的度假地区，没什么别的事情可做。 ·坐船旅游，船上很乏味，我能做的，不是喝醉，就是灼伤了皮肤。 任务艰巨： ·五个成年人坐着一辆中型轿车不停地走了 18 个小时到昆士兰。 ·在露营公园，设施很差。 坏运气： ·我那个假期一半时间是躺在医院的病床上。 ·在出国旅行期间行李弄丢了。 ·海滨度假，却遭遇两周的连阴雨天。

　　冉恩（Ryan）在其著作《休闲旅游：社会科学的透视》中，将影响旅游体

---

　　① G. Ross: Tourist Destination Images of the Wet Tropical Rainforests of North Queensland. Australia Psychologist, 1991:153-157.

验的因素划分为先在因子、干涉变量、行为和结果几个因素，并且认为旅游体验的质量是这些因素相互作用的结果。在他的这个分析模型中，先在因子由个性、社会等级、生活方式、家庭生命周期阶段、目的地的营销和形象定位、过去的知识和经验、期望以及动机所构成，并且动机受其他因素的影响而对各个干涉变量施加影响。这些干涉变量包括旅游体验中的延误、舒适、便利和目的地的可进入性，目的地的性质，住宿的质量，景点的数目和活动内容的多少，以及目的地的种族特性。在旅游行为过程中，旅游者感知到的期望与实在的偏差的大小、他们与目的地居民以及同行的旅游者之间的相互作用的性质，要受到诸多方面的因素的影响，取决于旅游者自身对一些随时可能要发生的情况积极适应的能力，取决于他们建立可以使自己获得归属感的人际关系的能力，也取决于旅游者的活动方式等。这些综合因素最终决定着旅游体验的满意程度。冉恩用图 6-2 所示的模型来说明他的观点[①]。

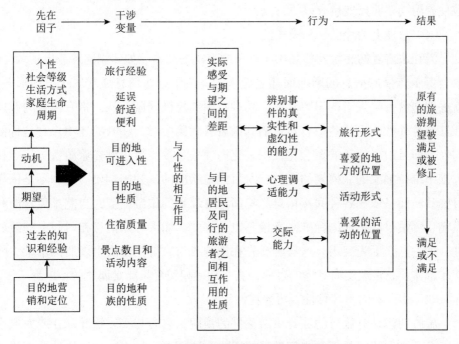

图 6-2　旅游期望与旅游体验满足之间的关系

---

① Chris Ryan: Recreation Tourism: A Social Science Perspective. Berlin: Routledge, 1991.

在这一模型中，除了我们比较熟知的那些因素之外，旅游期望在这里扮演着十分重要且微妙的角色，深刻地影响着旅游体验的质量。所以，我们在此特别对旅游期望做进一步的探讨。

说得极端一点的话，旅游者旅游体验的质量恐怕在他还没有走出家门时就可能已经差不多有了结果。仔细考虑一下，这个命题是有道理的。

现代的旅游，尤其是出国旅游，一般都是一个家庭或个人的一项重要的经济决策。人们通过旅游所要获得的满足，往往是一个经过长期酝酿、精心预算的目标体系。当这些目标被列入行动计划之中时，就会进一步成为人们的心理预期，这便是旅游期望，即旅游者对旅游所能获得的愉悦体验的心理预期。它的产生过程通常是旅游主体对有关旅游客体和部分旅游媒介的知识获取过程，是由于潜在的旅游者因其心理状态与实际所处的环境之间的矛盾而萌生的调谐的欲望。

由于旅游期望在形成过程中受信息的丰度、准确度以及传播质量的影响，致使旅游期望明显地具有以下特点：

（1）总体上的片面性和模糊性

潜在旅游者的旅游期望是由于以不同形式的载体（如印刷图片、电视画面、语言等）传播的信息的影响而建立起来的，由于这些信息通常属于重塑形式，就必然包含着提供者的思想观念、功利意识和思维局限，从而带有极大的倾向性甚至片面性。当这些信息再传播到旅游者大脑中时，注入的还不仅是这种倾向性，而且由于信息的概念化或图式化而使信息接受者（潜在旅游者）只能在大脑中维持抽象的、模糊的有关旅游目的地状况的认知与期望。这种不是依靠身临其境而是依靠各种间接信息影响而建立起来的旅游期望，自然难免片面和模糊，哪怕仅以个人的标准来衡量，也是如此。如果考虑信息在时间上的滞后性，这一点会更为突出。这势必要先在地构成与旅游体验发生矛盾的基础，因为旅游体验总是现实而具体的过程，它与期望相契合只能是偶然的。

（2）指向上的可转移性或可替代性

旅游期望是对旅游的综合供给条件的预期，它会与实际状况存在或大或小的差异，导致期望与现实之间的对接困难，这一点已如上述。由于旅游体验的开始意味着部分费用支出业已发生（旅游者需要克服空间和时间的障碍先期到达旅游目的地），这就为旅游者适时调整旅游期望提出了内在的要求。因为很显然，一个已经到达旅游目的地的旅游者，不会因为目的地的供给条件与既有期望大相径庭就干脆放弃旅游。他必须调整旅游期望以谋求满意的旅游效果，必须以积极的态度和行动去捕捉本不属于他已建立的旅游期望范围之内、但却可以为他提供旅游乐趣的种种其他机会。这就是说，当旅游者固有的旅游期望不能获得满足时，就可能产生期望转移或被替代的情况。这一特征说明了作为旅游产品的提供者的各种旅游企业在争取满足顾客旅游期望方面的主动性和回旋余地有多么大。对于企业来说，如果产品提供出现了什么瑕疵，那么，只要在出现问题时能及时、妥善地予以纠正和补救，就可能换得旅游者的体谅，就可能不破坏旅游者的期望。

旅游期望的转移也不仅仅发生在旅游的对象物令旅游者失望的情况下。既然旅游期望的建立是抽象的、模糊的，它就同样有可能是有缺陷的，它未必能预料到对象物全部的美的实在和效用。因此，旅游者在旅游目的地获得意外的惊喜这种情况也是有的，甚至是经常的。虽然我们对此一时刻旅游者如何调整其旅游期望尚无很透彻的理解，但我们相信，此时旅游者固有的期望是不会静止不变的。

（3）在旅游体验过程中逐步外化并成为度量旅游体验质量的标尺

旅游期望在建立过程中只是抽象化的概念，而在实现的过程中却总是要面临与具象相对接的考验。由于旅游的过程是与物质世界相接触而求得畅神怡性的审美感受和快感愉悦，因此，旅游期望，哪怕不是以其独立的具体内容，也要以可以作为其表征的客观世界的物质形式，间接地被明朗化、清晰化、具体化。这个过程可以是协调的，这就是当期望的结构与水平同外部世界相契合时；这个过程也可能是矛盾的，这就是当期望的结构和水平与外部世界相参差时。前一种情况会使旅游者获得满足，而后一种情况却可能转化为激发各种实际矛盾的促导因子。在这一过程中，旅游期望实际上是在履行着一个可借以评价旅游价值的标尺的职能。旅游期望的这一特点，事实上也向旅游企业的宣传促销工作提出了挑战，因为旅游企业可能常常要处在强调旅游产品魅力以便吸引更多的顾客的同时又过分使旅游期望膨胀从而引发种种矛盾的两难境地。

由此可见，虽然旅游期望是在旅游行为发生之前产生的，但可以想象它将会对旅游行为及其效果产生相当积极的影响。一些西方学者在观察客人对饭店产品质量的感知时也注意到，客人期望的现实性和可操作性对体验的满意程度是至关重要的，离开了这种现实性和可操作性，就会在服务质量上表现出明显的差距。就是说，旅游期望会在最初的层面上以主观的力量影响旅游体验的质量。从这一点可以再一次看出，旅游体验作为一个整体目标，是在旅游期望这个具有整体特性的心理过程的组织下逐渐实现或显现的。

按照美国心理学家弗罗姆所提出的期望理论，期望值是激发人采取行动的主观动力。这种动力取决于两个因素，一个是对目标价值的认识，即对所谓效价的估量。二是目标实现的概率。由于目标实现的概率不得不先期估算，实际上也就成了期望概率。这个关系可以用下式表示：

$$行为激发力量（M）＝目标价值（V）×期望概率（P）$$

当旅游者在计划出游时，他会通过各种渠道弄清旅游可以获得的价值，并能形成对这些价值的判断。旅游产品的提供者所做的促销努力，亲朋好友的口碑荐介，从其他途径获得的有关知识，以及对自身需求的认识，等等，都将成为旅游者形成判断的依据。一般而言，旅游在西方国家已经成为一种基本的生活需要，因此，对旅游所做出的估价在一般的西方旅游者那里会显得更为重要。当然，一次具体的旅游会涉及不同的旅游者个体，因此，不同的旅游经历对他而言自然也就有不同的意义。另外，目标价值实现的可能性，或者说，目标的可操作性则构成行为激发力量的另一个因素。一个再好的目标，倘若不具有实现的可能性，也不会成为激发行为的动力。

前面提到，旅游期望形成之后，不会一成不变。这里客观上存在着旅游者积极调整其期望以求得适应的可能性与必要性。当旅游者开始其旅游体验时，他的期望可能会马上遭遇到意想不到的挫折：刚步入候机大厅就可能被告知航班延迟；一路风尘住进旅馆，恰遇停水停电；期盼已久的水光山色因游人如织而暗淡无光。这些都会发生，也经常发生。相对于旅游期望的先验性、片面性、概括性、模糊性和虚拟性而言，旅游体验所具有的延迟性、具体性和真实性注定要形成二者间的反差。这种反差从而也将成为旅游失望感的源泉。如果旅游者在旅游体验过程中以消极的态度对待这种反差，甚至任由懊恼的情绪左右其行为，其结果自然要萌生挫折感、失望感。显然这不是一个理智的旅游者愿意采取的态度。事实上，当我们能够认识我们的需求所具有的巨大的弹性这一特点时，就会有信心去对原来的期望做以调整了。最初的调整可能发生在对目的地选择上的有意或无意的变更，然后的调整则发生在旅游体验过程中。这些调整要通过一系列的行为表现出来，而行为则受到对追求满足的导引。显然，存在于旅游者个体方面的个性特点、行为特征、旅游者对目的地的认知状况以及进行判断的内在过程方面的差异，将极大地影响旅游者怀有的期望及其调整期望的能力。

关于旅游期望与旅游体验的这种差异及其影响，不少西方学者做了研究。有人把这种差异当作旅游者对体验感到满意或不满意的源泉。这样的模型主要建立在服务的物质内容、可靠性、反应性、保证性和移情作用几个变量的基础上，在解释旅游者满意或不满意的原因方面有一定的应用价值。而奇克森特米哈伊（M. Csikszentmihalyi）等人则提出了另一种方法[①]。他们认为在追求休闲的人们当中，所获得的满意度取决于他们面临的挑战的性质和应付挑战的技能。如果前者超过了后者，就会出现不满，参与的积极性可能也由此而降低；如果后者超过了前者，则产生枯燥厌倦之感。这个模型已被人们扩展为一个"八径模型"（eight-channel model）（见图6-3）。这一模型不仅对那些为特殊癖好而度假的活动适用，也可以用来描述某些旅游体验过程。例如，在空港被耽搁的旅客实际上就经历了一个从唤起到焦虑再到担心直至淡漠的过程。他们最终因无力控制局面而沮丧，这就是技能无法应付挑战的例子。像这样的模型确实为旅游体验的研究开阔了视野。

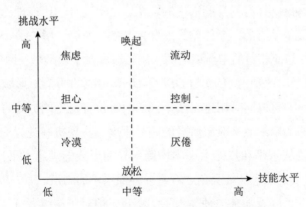

图6-3 旅游体验的"挑战—技能"模型（一）

不过，这个模型也不够清晰，用技能水平和挑战水平这两个维度也难以全

① M. Csikszentmihalyi, I. S. Csikszentmihalyi: Optimal Experiences: Psychological Studies of Flows of Consciousness. New York: Cambridge University Press, 1988.

面概括旅游体验的质量的影响因素，为此，笔者与学生一起，提出了一个改进模型（见图6-4），在维度当中加入了期望与感受这两个更具一般性和综合性、与旅游体验的关系更直接、对旅游体验质量的影响也更大的两个衡量维度。这样，新的模型便增进了解释力。

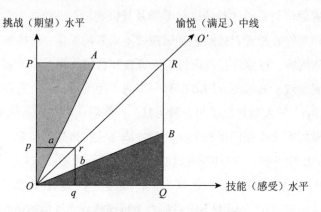

图6-4　旅游体验的"挑战—技能"模型（二）

在这个改进模型中，我们重新界定了若干特征值和特征域。图中的 OR 线（45°线）可以称为"一般满足线"，它来自于期望与感受的均衡、旅游者所面临的挑战水平与自身所拥有的技能水平的均衡。由于这种均衡在理论上意义比较严格，在实践上又是动态的、个体差异的和偶然的，所以，用一条45°直线来表示是极为恰当的。与此相对的是典型的两个扇形域和两个矩形域，即分别由 OPR 与 OQR 构成的两个扇区和由 Oprq 与 OPRQ–Oprq 构成的两个矩形域。这个模式的重要价值在于：它可以同时用这大小不同（同时位置也不同）的两个矩形域和相对位置不同的两个扇形域来对旅游者的满足程度和实现机制进行刻画。两个矩形被用来描述因挑战水平和技能水平的均衡差异而形成的满足水平差异。换言之，矩形 Oprq 所代表的满足从社会角度看是一种低水平的满足。而 OPRQ–Oprq 所代表的满足从社会角度看却是一种高水平的满足，但对于旅游者自己而言，只要处在"一般满足线"的状态上，就是一种高水平的满足。不管线上的点是在哪个矩形域内。但是，对于不同的旅游者来说，"满足"能否获得或如何获得，还决定于挑战水平与技能水平的相互关系。在 OPR 扇形域之内，挑战水平高于技能水平，在这种情况下，旅游者在形成期望的过程中，畏却、不安、恐惧的心理在发挥作用，因此往往影响其期望值定位趋低的倾向，而恰恰在这种情况下，旅游者会有较多的获得意外惊喜的机会，满足度由此而大大提高。这种提高的程度与技能水平和挑战水平的差异程度有关。反映在模型中，就是在整个 OPR 区域中的 OPA 小扇区所潜藏的意外满足的机会多于 OAR 区域，当然能获得这种满足的可能性在两个区域中恰好相反。在 OQR 扇区之内，技能水平高于挑战水平，这时旅游者的反应往往是乏味、没有激情、没有行为动力。这种情况的严重程度反映在模型中，就是在整个 ORQ 扇区内，OBQ 要比 ORB 更具有这种性质。

　　这个模型最终能够突出说明的是：任务如果过于繁难，就会令人焦虑；但如果任务过于简单，行为者又会感到厌烦；只有当任务的难易程度恰好与行为者的技能水平相匹配的时候，行为者才会全身心地投入，从而忘记了时间与周围环境的存在，至少在一段时间内完全"进入"了这种体验。这个基本结论，其实恰恰是奇克森特米哈伊要用他的模型加以表达而未能清晰呈现出来的。

　　这里还有一个对旅游业经营实践很有启发的思想：当旅游企业通过促销等手段过度地渲染了某种旅游体验的挑战水平时，旅游体验的结果就可能是因真实的挑战水平偏低而使旅游者失望。所以，因失望而造成的不满足感既可能因旅游者自身期望过高而产生，也可能归咎于旅游企业的不恰当宣传。而另一方面，旅游企业在提供服务的过程中，如果能创造性地针对每一个旅游者的特殊要求提供一些意想不到的服务，则会改变旅游者的满足程度。也就是说，在上述模型的两个扇区（OPR 与 OQR）中，都有改变旅游者满足度的机会和潜力，但旅游者从中所获得的满足在形成机制上是不同的，甚至是相悖的。

三、旅游体验质量的不可分析性：现象学方法的回归

　　一旦我们想要去或被迫去研究旅游体验的质量尤其是要去量化具体的旅游者对一次具体的旅游体验过程的质量进行评价时，我们面临的将不只是对旅游体验本身在本质上和现象上进行解释的问题，而可能面临一个最终将我们置于

一个根本无法自救的方法上的陷阱：我们对旅游体验的本质认识将面临在实践操作环节上方法的严峻挑战。

本文以上对旅游体验现象的所有分析或综合，都努力体现一种整体地、尊重体验本身现象层次的思想。即使我们不时地会像结构主义者那样去设法透视支撑旅游体验现象运动变化的内部条件和组成，但我们总是希望，最终我们会回到一个对旅游体验的整体不予残忍地肢解的基本观点上来。这样一种思想，在我们对旅游体验进行纯理论的分析时，还不太容易遭遇到太多的障碍，但当我们不得不勉强来考虑旅游体验质量的测度问题时，倘若不加留意，就会马失前足，坠落于构造主义的泥潭而遭灭顶之灾。

近年来国外旅游学术界对旅游体验的研究，主要集中在对满意度的研究，基本建立在一种"工具性的"视野的基础上。比如，国际标准化组织（IOS）在对质量的定义中充分体现了这种视野："质量是一种产品或服务所具有的能够满足已言明的或未言明的需要的各种特征或特性的总和"。按照这种观点，产品或服务就被看作一种客观实体，由各种相互割裂的、可以识别和量化的属性所构成，认为对这种产品或服务的满意度与这些不同的属性分别地相关联（Knopf, Barnes, 1980; Pizam, 等, 1978）。[①] 在国内，人们对旅游体验的理解以及学术关注，也基本停留在这个层次，从专家学者到政府官员再到专业学生，他们的学术成果、施政基点甚至课堂小作文，都是从这样一种既简单易懂又操作方便的角度来展开的，从而误导了旅游体验研究的方向。比如，目前十分流行的定量分析、时髦的实证主义分析、"神秘的"多元统计分析，都建立在将对象整体拆解为部分而进行研究的方法之上。实事上这些方法在拆解过程中所依赖的有关整体结构的知识准备的贫乏程度足以使那些拼了吃奶的力气建立起来的若干关于局部的指标显得荒唐可笑，而且，即使那些看似比较科学的努力，也由于根本点的错位而只能产生南辕北辙的效果。

这种看待质量的观点，在国外已经有了越来越多的争议。原因是，首先，当抛开整体而只关注要素时，有关一种旅游产品的符号和情感价值被忽略了（Colton, 1987），而这些价值与旅游者投射到旅游景观上的主观意义相联系，因

---

① 本处各未标明引文均见于 Tourist experience and Attractions.

此也构成旅游体验的意义。根据这种带有"移情"论的观点，人类个体不是环境刺激信息的一种被动接受者，而是通过意义建构而对环境做出积极解释的主动者（Wang, 1999）。奇克森特米哈伊（Csikszentmihalyi, 1991）在《畅爽：最佳体验心理学》中对此也曾有所认识。他说："我所发现的事实就是：快乐并不是所发生的什么。它不是某种幸运或随机的结果，也不是那种用钱可以买到或用权力可以获取的东西。它不依赖于外部事件，但是，却依赖于我们如何解释它。其实，快乐是一种必须事先有所准备并经由个人加以精心培育和保护的状态。那些善于控制内心体验的人，将有可能控制他们的生活质量。我们当中任何人如果接近这种状态，都可能是快乐的。"① 其次，人类在体验环境过程中，是把环境当作一个有机整体，而不是对各种属性做机械的拆解和组合。这样，体验的过程是体验主体与环境整体不断互动从而形成某种以主观感受为主的心理反应。这种心理绝对是符合"部分之和小于整体"这个铁律的。这种"小于"的表现，一种是"意义的完全不同"，一种是"程度的高低不同"。而对于体验主体来说，他关注局部的时候，除了是关注局部的缺陷之外，不会是别的什么；如果是别的什么，那也会由此而加速改变对整体的认识，而整体认识一旦形成，反过来又决非单一的局部所能完全解释。

这样一种观点，在哲学上，使我们自然去联想现象学的方法。在运用这种方法对旅游体验现象进行全面分析并构建一个旅游体验的知识框架的基础上，我们需要再次用这种方法唤醒人们对旅游体验质量衡量方面的方法论的警惕。

作为一种方法论的工具，现象学所关心的是自由而公正地描述确实出现的直接经验。它是一种"不加修改的"观察，而在这种观察中，经验是按照原样被接受的（既不分析为元素，也没有加以人为的抽象），它所包含的几乎是朴素的常识性的经验，而不是由受过某一个体系的特殊训练的内省者所报告的经验。②

"现象学"一词来自两个希腊词汇的组合：phainomenon（外观）和logos（理由或词汇），所以，这个词意味着一个深入地探寻表面现象的内在本质的过程。事物的外观是任何可意识到的东西，现象学所关注的就是意识问题。所以，任何反映意识层面的事物都可以成为现象学研究的正统领域。现象学家反对自然

---

① Csikszentmihalyi: Flow: The Psychology of Optimal Experience. Harper & Raw, 1991.
② 杜·舒尔茨：《现代心理学史》. 北京：人民教育出版社，1981：第287页。

科学将意识作为一个客观事物从而进行定量研究的方法，因为意识在本质上不是一个客观事物，有很多意识现象也很难用实验科学的定量方法加以处理。现象学研究从调查资料所反映的意识内容开始研究，并不仅仅关注体验的客体或主体，而是更加关注存在与意识相交汇的点。从这个方面来说，现象学方法对于研究旅游体验具有不可否认的优势。这表现在：首先，旅游体验是一个关于人的主题，对这个主题的研究，需要一种现象学的方法，以避免使用那些仅适用于对物质实体进行研究的方法；其次，旅游体验是一种感觉体验，每个体验个体必须对被体验的现象进行独立的个人观察。当搜集到的是这样的信息时，研究人员要能够比较灵活地处理这些信息资料，因为这些资料可能体现了不同的旅游体验视角。①

正是基于现象学的这种核心精神，本文努力构造了用以支撑各种不同层次的旅游体验研究的现象范畴，从作为旅游的相对意义而存在的生活世界，到旅游体验赖以发生的旅游世界，再到更小的旅游体验情境范畴：旅游氛围情境、旅游行为情境（旅游场），等等。不管这些范畴的实际意指范围有多大，它们共同的特点是，始终以一个整体描述的概念姿态出现，这种范畴构建原则，体现的是现象学的方法。

既然如此，在探讨旅游体验质量的测量问题时，笔者认为，能够最起码体现现象学思想的操作办法是：在任何一种场合，当论及旅游体验的质量时，都不要忘了最具统合力量的一个衡量维度：旅游体验的愉悦度。这是最高层次的一种测量。任何对旅游体验质量进行拆解的企图，在放弃了对这个维度的基本尊重的前提下，都可能是伪科学的。

因此，对待旅游体验问题，不管是研究这种现象的本质规定性，还是研究其应用领域的操作性问题，秉持一种现象学的视角、运用现象学的方法，可能是一个比"科学的方法"（主要指实证的方法）更科学的方法。

---

① Yiping Li: Geographical Consciousness and Tourism Experience. Annals of Tourism Research, 2000, 27(4):863–883.

参考文献

［1］奥托.人类潜在能力的新启示.//马斯洛,等.人的潜能和价值.北京:华夏出版社,1987.

［2］爱德华·傅克斯.欧洲风化史——风流世纪.沈阳:辽宁教育出版社,2000.

［3］博克.论崇高与美.//朱光潜.西方美学史.上卷.北京:人民文学出版社。

［4］北京大学哲学系美学教研室.西方美学家论美和美感.北京:商务印书馆,1982.

［5］H.B.丹尼什.精神心理学.北京:社会科学文献出版社,1998.

［6］戴维·格林伍德.文化能用进金钱来衡量吗?——从人类学的角度探讨旅游作为文化商品化问题.//瓦伦·史密斯.东道主与游客:旅游人类学研究.昆明:云南大学出版社,2002.

［7］戴维·波普诺.社会学.沈阳:辽宁人民出版社,1988.

［8］杜·舒尔茨.现代心理学史.北京:人民教育出版社,1981.

［9］弗洛伊德.精神分析引论.北京:商务印书馆,1984.

［10］弗洛伊德.精神分析引论新编.北京:商务印书馆,1987.

［11］弗洛伊德.文明及其缺憾.合肥:安徽文艺出版社,1987.

［12］弗兰克·戈布尔.第三思潮——马斯洛心理学.上海:上海译文出版社1987.

［13］F.弗尔达姆.荣格心理学导论.沈阳:辽宁人民出版社1988.

［14］菲利普·麦基恩.走向旅游业的理论分析:巴厘岛经济的双重性和内在文化变化.//瓦伦·史密斯.东道主与游客:旅游人类学研究.昆明:云南大学出版社,2002.

［15］冯俊杰.戏剧与考古.北京:文化艺术出版社,2002.

［16］格雷伯恩．旅游：神圣的旅程．// 瓦伦·史密斯．东道主与游客：旅游人类学研究．昆明：云南大学出版社，2002.

［17］郭净．被表演的喜剧．// 杨慧，等．旅游、人类学与中国．昆明：云南大学出版社，2001.

［18］龚鹏程．游的精神文化史论．石家庄：河北教育出版社，2001.

［19］何塞·安东尼奥·哈乌雷吉．游戏规则——部落．北京：新华出版社，2004.

［20］赫伯特·施皮格伯格．现象学运动．北京：商务印书馆，1995.

［21］赫根汉．人格心理学导论．海口：海南人民出版社，1986.

［22］荷妮．自我的挣扎．北京：中国民间文艺出版社，1986.

［23］黑格尔．美学．第一卷．北京：商务印书馆，1979.

［24］胡妙胜．充满符号的戏剧空间．北京：知识出版社，1985.

［25］黄宝生．印度古典诗学．北京：北京大学出版社，1999.

［26］克利福德·格尔兹．文化的解释．上海：上海人民出版社，1999.

［27］康德．判断力批判．北京：人民出版社，2002.

［28］卡尔·考夫卡．格式塔心理学原理．杭州：浙江教育出版社，1997.

［29］让－克鲁德·考夫卡．女人的身体，男人的目光．北京：社会科学文献出版社，2001.

［30］李猛．舒茨和他的现象学社会学．// 杨善华．当代西方社会学理论．北京：北京大学出版社，1999.

［31］李仲广，卢昌崇．基础休闲学．北京：社会科学文献出版社，2004.

［32］吕明，郝春东．旅游心理学．广州：广东旅游出版社，2000.

［33］罗杰斯．成为一个人意味着什么？．// 马斯洛．人的潜能和价值．北京：华夏出版社，1987.

［34］罗歇·苏．休闲．北京：商务印书馆，1996.

［35］麦金托什等．旅游学——要素·实践·基本原理．上海：上海文化出版社，1985.

［36］马斯·古德尔，杰弗瑞·戈比．人类思想史中的休闲．昆明：云南人民出版社，2000.

［37］马斯洛.谈谈高峰体验.//林方.人的潜能和价值.北京：华夏出版社，1987.

［38］尼采.悲剧的诞生.北京：三联书店，1986.

［39］那坦森.现象学宗师：胡塞尔.台北：允晨出版公司，1982.

［40］欧文·戈夫曼.日常生活中的自我表演.昆明：云南人民出版社，1988.

［41］荣格.心理类型学.西安：华岳文艺出版社，1989.

［42］托马斯·古德尔，杰弗瑞·戈比.人类思想史中的休闲.昆明：云南人民出版社，2000.

［43］腾守尧.审美心理描述.北京：中国社会科学出版社，1985.

［44］泰奥多·德布尔.胡塞尔思想的发展.北京：三联出版社，1995.

［45］王朝闻.美学概论.北京：人民出版社，1981.

［46］王柯平.旅游美学纲要.北京：旅游教育出版社，1997.

［47］王尔敏.明清时代庶民文化生活.长沙：岳麓书社，2002.

［48］维雷娜·卡斯特.克服焦虑.北京：三联书店，2003：7.

［49］瓦西留克.体验心理学.北京：中国人民大学出版社，1989.

［50］吴伟士.西方现代心理学派别.北京：人民教育出版社，1963.

［51］肖伟胜.现代性困境中的极端体验.北京：中央编译出版社，2004.

［52］谢彦君.论旅游的原始化与现代化.旅游学刊.1990（4）.

［53］谢彦君.旅游地生命周期的控制与调整.旅游学刊.1995（2）.

［54］谢彦君.基础旅游学.2版.北京：中国旅游出版社，2004.

［55］约翰·凯利.走向自由——休闲社会学新论.昆明：云南人民出版社，2000.

［56］∏·M·雅科布松.情感心理学.哈尔滨：黑龙江人民出版社，1988.

［57］杨英杰.清代满族风俗史.沈阳：辽宁人民出版社，1991.

［58］章士荣.心理学哲学.北京：社会科学文献出版社。

［59］周晓虹.现代社会心理学史.北京：中国人民大学出版社，1993.

［60］朱光潜.悲剧心理学.北京：人民文学出版社，1983.

［61］郑乐平.经济·社会·宗教——马克斯·韦伯文选.上海：上海社会

科学院出版社 , 1997.

［62］Adler J. Travel as Performed Art. American Journal of Sociology, 1989, 94:1366–1391.

［63］Aramberri Julio. The Shaky Theoretical Foundation of Tourism Research. Tourism Recreation Research, 2002,27(2).

［64］Beach Frank. Current Concepts of Play in Animals. // Dietland Müller–Schwarze. Evolution of Play Behavior. Stroudsburg: Dowden, Hutchison and Ross, 1978: 325–326.

［65］Boostin D J. The Image: A Guide to Pseudo–Event in America. New York: Harper & Row, 1964.

［66］Chaney D. Fictions of Collective Life. London: Routledge, 1993.

［67］Cohen E. Tourism as Play. Religion, 1985,15(3): 291–304.

［68］Cohen E. The Thai Prostitutes and Farang Men: The Edge of Ambiguity. Annals of Tourism Research, 1982, 9:403–428.

［69］Cohen E. A Phenomenology of Tourist Experiences. The Journal of the British Sociological Association, 1979:179–201.

［70］Cohen E. Primitive and Remote. Annals of Tourism Research, 1989, 16: 30–61.

［71］Cohen E. Authenticity and Commoditization in Tourism. Annals of Tourism Research, 1988, 15, 371–386.

［72］Cohen E. Towards a Sociology of International Tourism. Social Research, 1972, 39(1).

［73］Crick Malcolm. Representations of International Tourism in the Sosiao Sciences. // Yiorgos, Apostolopoulos. The Sociology of Tourism. London: Routledge, 1996.

［74］Crompton J L. Motivations for Pleasure Vocation. Annals of Tourism Research, 1979, 6(4).

［75］Csikszentmihalyi M. Optimal Experience: Psychological Studies of Flows of Consciousness. New York: Cambridge University Press, 1988.

［76］Csikszentmihalyi M. Flow: The Psychology of Optimal Experience. NewYork: Harper & Raw Publishers, 1991.

［77］Csikszentmihalyi M, Judith LeFevre. Optimal Experience in Work and Leisure. Journal of Personality and Social Psychology, 1989, 56(5).

［78］Dann G. Tourist Motivations: An Appraisal. Annals of Tourism Research, 1982, 8(2).

［79］Dann G. Anomie, Ego-Enhancement and Tourism. Annals of Tourism Research, 1977, 4(4): 184–194.

［80］Davidoff, Linda L. Introduction to Psychology. 3rd ed. McGraw-Hill, Inc, 1987.

［81］Durkheim E. The Elementary Forms of the Religious Life. London: Allan & Unwin, 1915.

［82］Ekinci Yuksel. Validating Quality Dimensions. Annals of Tourism Research, 2001, 28(1).

［83］Feifer W. Going Places. London: MacMillan,1985.

［84］Gnoth Juergen. Tourism Motivation and Expectation Formation. Annals of Tourism Research, 1997, 24 (2), 283–304.

［85］Goeldner C R, J R B Ritchie, R W McIntosh. Tourism: Principles, Practices, Philosophies. John Wiley & Sons, Inc, 2000.

［86］Goffman Erving. The Presentation of Self in Everyday Life. New York: Doubleday, 1959:144.

［87］Gotllieb A. American's Vacations. Annals of Tourism Research, 9:65–87.

［88］Graumann C F. Motivation. Wiesbaden: Akad.Verlagsges, 1981.

［89］Gray H P. International Travel-International Trade. Health Lexington, 1970.

［90］Hemilton-Smith E. Four Kinds of Tourism. Annals of Tourism Reesearch, 1987, 14:332–334.

［91］Ahola S E. Toward a Social Psychological Theory of Tourism Motivation: A Rejoinder. Annals of Tourism Research, 1982, 9(2).

［92］Jackson M S, et al. Tourism Experience within an Attributional Framework. Annals of Tourism Research, 1996, 23(4): 798-810.

［93］Jeffrey D, Xie Y. The UK Tourism Market for China. Annals of Tourism Research, 1995, 22(4).

［94］Pine B J, Gilmore J H. The Experience Economy, Work is Theatre & Every Business a Stage. Cambridge: Harvard Business School Press, 1999.

［95］Klugman K. The Alternative Ride. // Klugman, et al.Inside the Mouse: Work and Play at Disney World. London: Rivers Oram Press, 1995: 163-179.

［96］Knopf R C, Barnes J D. Deteminants of Satisfaction with a Tourism Resources: A Case Study of Visitors to Gettysburg National Military Park. // D E Hawkins, E L Shafer, J M Rovelstad. Tourism Marketing and Management Issues. Washington DC: George Washington University, 1980: 217-237.

［97］Krippendorf Jost. The New Tourist: Turning Point for Leisure and Travel. Tourism Management, 1986.

［98］Krippendorf J. The Holiday Makers. Heinemann, 1987.

［99］Leach E. Rethinking Anthropology. London: Athlone Press, 1961.

［100］Lowenthal D. Geography, Experience and Imagination: Towards a Geographical Epistemology. Annals of the Association of American Geographers, 1961: 241-260.

［101］Li Yiping. Geographical Consciousness and Tourism Experience. Annals of Tourism Research, 2000, 27(4): 863-883.

［102］Lundberg D. The Tourist Business. Chicago: Institutions/Volume Feeding Management Magazine,1972.

［103］MacCannell Dean. In Hosts and Guests Revisited: Tourism Issues of the 21st Century. Smith edited. Philadelphia: The University of Pennsylvania Press.1989.

［104］MacCannell Dean. Staged Authenticity: Arrangements of Social Space in Tourist Settings. American Journal of Sociology, 1973, 79 (3): 589-603.

［105］MacCannell Dean. The Tourist: A New Theory of the Leisure Class. Schocken Books, 1976.

［106］Mclaren Deborah. Rethinking Tourism and Ecotravel: The Paving of Paradise and What You Can Do to Stop It. Kumarian Press, 1998.

［107］M S Jackson, et al. Tourism Experiences within an Attributional Framework. Annals of Tourism Research, 1996, 23(4).

［108］Nash D. Anthropology of Tourism. Oxford: Pergamon, 1996.

［109］Oppermann Martin. Sex Tourism and Prostitution: Aspects of Leisure, Recreation, and Work. New York: Cognizant Communication Corporation, Elmsford ,1998.

［110］Page S. Urban Tourism, Analysing and Evaluating the Tourist Experience. //The Tourist Experience: A New Introduction. Cassell: Wellington House, 1997.

［111］Parrinello G L. Motivation and Anticipation in Post–Industrial Tourism. Annals of Tourism Research, 1993, 20:233–249.

［112］Pearce P L. The Ulysses Factor: Evaluating Visitors in Tourist Settings. New York: Springer Verlag, 1988.

［113］Pearce PL. The Social Psychology of Tourist Behavior. New York: Pergamon, 1982.

［114］Pearce P L. The Fundamentals of Tourist Motivations. //Tourism Research: Critiques and Challenges, Routledge, 1993.

［115］Pieper Josef. Leisure: The Basis of Culture. New York: New American Library, Mentor Books, 1963.

［116］Pizam A, et al. Dimensions of Tourist Satisfaction with a Destination Area. Annals of Tourism Research, 1978, 5:314–322.

［117］Pollio H R, et al. The Phenomenology of Everyday Life. Cambridge University Press, 1997.

［118］Quan Shuai, Ning Wang. Towards a Structural Model of the Tourist Experience: an Illustration from Food Experiences in Tourism. Tourism Management, 2004, 25: 297–305.

［119］Ross G. Tourist Destination Images of the Wet Tropical Rainforests of North Queensland. Australia Psychologist, 1991:153–157.

［120］Ryan Chris. The Tourist Experience: A New Introduction. Cassell: Wellington House, 1997.

［121］Ryan Chris, Rachel Kinder. Sex, Tourism and Sex Tourism: Fulfilling Similar Needs? Tourism Management, 1996, 17(7):507-518.

［122］Ryan Chris. Recreation Tourism: A Social Science Perspective. Routledge, 1991.

［123］Shaffer J B. Humanistic Psychology. Englewood Cliffs: Prentice Hall, 1978.

［124］Schutz. The Phenomenology of Social World. Northwestern University Press, 1967.

［125］Smith, Brent. Hosts and Guests Revisited: Tourism Issues of the 21st Century. Cognizant Communication, 2001.

［126］Turner L, Ash J. The Golden Hordes: International Tourism and the Pleasure Periphery. London: Constale, 1975.

［127］Turner V, Turner E. Image and Pilgrimage in Christian Culture. New York: Columbia University Press, 1973.

［128］Urry John. The Tourist Gaze: Leisure and Travel in Contemporary Societies. SAGE Publications, 2000.

［129］Wyllie R W. Tourism and Society: A Guide to Problems and Issues. Venture Publishing, Inc. 2000.

［130］Wang N. Tourism and Modernity: A Sociological Analysis. Pergamon, 2000.

［131］Wang N. Rethinking Authenticity in Tourism Experience. Annals of Tourism Research, 1999, 26(2): 349-370.

［132］Wang N. Logos-modernity, Eros-modernity, and Leisure. Leisure Studies, 1996, 15(2): 121-135.

［133］Yiannakis A, Gibson H. Roles Tourists Play. Annals of Tourism Research, 1992, 19(2): 287-303.

后 记

这篇算作博士学位论文的作品终于暂时画上一个句号。原本以为这个过程结束的时候会感觉轻松一点，现在看来，这种轻松感几乎无从说起。

首先，这个工作只能算是开了一个头，而且这个头开得还不充分。如果说旅游体验研究是一座冰山的话，现在的工作只能算作一角。虽然不敢奢望自己能描述整座冰山，但还是希望自己现有的这点描述是建立在坚实的基础上的，是令我自信的。而现在，这种自信并没有建立起来，因为我发现，即使通读相关领域的英文学术文献，就不是一年半载所能完成的。所以，一个很大的遗憾是，尽管我做出了不小的努力，但是，我并没能够把英语世界的研究成果比较公允全面地呈现给大家，更遑论整个旅游学术界在这方面的积累和贡献了。

其次，在这个论文的准备过程中，时间本来是相当充分的，因为导师卢昌崇先生在我刚入学不久就已经给我确定了这个选题，指明了方向。但是，论文的写作过程实际上是仓促的。究其原因，还是自己太过懒惰了。这样仓促的写作，留下了各种类型的遗憾和歉疚，这使得我没有办法轻松起来。

还有，论文中的一些架构、一些范畴的界定，都缺乏细致的思考。一些命题的提出，还带有主观臆断甚至猜测的成分。对于一篇严肃的学术作品，这当然是不合适的。这方面的遗憾也使我难以释然。

如果说它可以算作一个阶段性的成果的话，那是因为它毕竟出笼了。为此，我似乎也可以为之略微感到一点创作后的欣快。我愿意将这份欣快感首先与我的老师卢昌崇先生分享，正是由于他的学术洞察力和敏感性，才使我得以确立这样一个可以毕生为之奋斗的选题，也正是由于他不时地对论文写作方向的匡正、研究方法上的指引甚至论文表达上的点拨，才使得我获得了许多超出论文之外的裨益。特别是，在我就学的这几年当中，卢老师在学术上对我的影响、宽容和慷慨，作为学生，是难以用语言加以表达的。所以，如果我的论文能给我一点快乐，我就希望这一点快乐也同时归于卢老师，并感谢他多年来对我的拳拳期望和谆谆教诲。

　　就在我进行论文写作的过程中，正值学校教学评估的准备工作，我的两位搭档，李晓华书记和邱国栋副院长，主动为我承担了大量日常的和评估准备的行政工作，没有他们以及我的全体同事们的这种支持，我难以有不问"政事"的时间，那样的话，这篇论文的完成几乎就是不可能的。所以，我要特别地感谢他们。甚至他们对我论文写作的期待，或许也产生了一些"皮格马利翁效应"。

　　我还要感谢与我同时参与几个旅游项目研究的同事，他们在项目工作方面的积极投入，卸去了我的应尽的责任，使我得以闭门写作。在这方面，这些老师所做的大量的、创造性的而又琐细的工作，是令人难以忘怀的。

　　当然，要感谢的人很多，包括我的家人、我的学生。在这份不起眼的稿子里，留有他们汗水和心血的痕迹。另外，我所在的师兄弟的团队，也是一个令人奋进的团队，从他们那里所获得的帮助、教益和灵感，或许已经在我的文章的某个地方落地开花了。所以，我也自然要感谢这个团队的存在，并希望总是它的一分子。

谢彦君

2005 年 5 月 13 日

补 记

在 1999 年出版的《基础旅游学》一书中，我将"旅游体验"这一范畴正式纳入旅游基础理论研究，时至今日，旅游体验作为一个有特色的研究领域，已经引起国内学者的高度重视，旅游产业发展实践也不断演绎旅游体验的理论指导价值。

在这十余年当中，我所采取的研究策略通常是两种：一种是纯思辨性的讨论，另一种则遵循实证科学的原则去探求抽象命题。按照我最初的想法，是计划写三部著作来探求"旅游体验"这一领域的一些基础命题，它们分别是《旅游体验研究：一种现象学的视角》《旅游体验研究：走向实证科学》和《旅游体验研究：构建旅游世界》。第一部著作的目标在于解释旅游以及旅游体验的本质问题。鉴于旅游学界长期固守着世界旅游组织的权威定义的现实，我所能接受的哲学思想，便不再是实证主义的，而是现象学的，其主旨是在本体论意义上寻求对旅游本质认识的突破，并探索走向情境论的旅游体验理论。尽管这一思想路线并未能够很好地实现，但还是催生了第一部著作《旅游体验研究：一种现象学的视角》的内容框架。此书在 2005 年出版的时候，相关的学术土壤还不够肥沃，个人对相关问题尤其是哲学理论问题的把握还很肤浅，因此，该书在不少地方存在着阐释不够充分甚至有所偏颇的缺憾，反映了当时本人的思想局限。

出版于 2010 年的第二部著作《旅游体验研究：走向实证科学》，本想也由自己独立完成，但限于个人精力并迫于尽早回应学界对上一本著作的某些关切，我不得不利用指导研究生的机会，引导学生从科学实证的角度展开对旅游体验的研究，试图获得某些一般抽象命题。所以，这部著作其实是一个集体成果，展现的是学生们的才华和科学认知。它与第一部著作分别从科学实证和哲学思辨两个角度隐喻了旅游知识的双重存在。今天，如果让我站在知识的角度去通观这两部著作所贡献的知识类型，以及它们在本体论意义上所体现的基本的知识观，我愿意说，第一部著作主要体现的是我新近提出的"缘识"的观点（尽管该著作的观点一旦披露便也即刻凝固为常识），而第二部则体现的是"常识"的观点（见《灵水识谭》）。这是知识的两种基本类型。因此，当今天以姊妹篇的形式重新出版这两部著作时，也算是在基本思想上统合了两部著作最初的写作意图。

不过，如有可能，我还是希望能再完成一部著作：《旅游体验研究：构建旅游世界》。在这部著作中，将力求融通旅游世界的各个层面，并把旅游世界打成一个整体，让旅游体验成为旅游世界的核心并发挥其知识硬核的作用。不过，这还仅仅是一个计划，将来很难说它是否能够如约而至。

这一次，中国旅游出版社应读者要求，以姊妹篇的形式重新出版上述两部著作，我要特别在此表示感谢。一方面，这种感谢是针对读者的，没有读者的理解和接受，旅游体验研究的相关成果不可能具有这样的生命力；另一方面，也感谢出版社能对这两部作品的重新出版进行颇具新意的谋划，使得它们也许会换发出新的青春活力。此外，我也十分感谢多年来与我朝夕相处的学生们，他们在日常的学术批评氛围中成长，在蒙受学界同行的关爱中一点点步入科学研究的门径。由于他们的努力，使得我们团队的旅游体验研究逐渐形成了自己的特色。

愿旅游体验研究最终能够成为旅游学知识谱系中的重要一脉。

谢彦君

2017 年 6 月 13 日于大连灵水湖畔

项目策划：段向民
责任编辑：段向民
责任印制：谢　雨
封面设计：谢彦君

图书在版编目（ＣＩＰ）数据

旅游体验研究：一种现象学的视角 / 谢彦君著. --
北京 ：中国旅游出版社，2017.12（2021.11重印）
　　ISBN 978-7-5032-5795-7

　　Ⅰ．①旅… Ⅱ．①谢… Ⅲ．①旅游－研究 Ⅳ.
①F590

　　中国版本图书馆CIP数据核字(2017)第061499号

书　　　名：旅游体验研究：一种现象学的视角

作　　　者：谢彦君著
出版发行：中国旅游出版社
　　　　　（北京静安东里 6 号　邮编：100028）
　　　　　http://www.cttp.net.cn　E-mail:cttp@mct.gov.cn
　　　　　营销中心电话：010-57377108，010-57377109
　　　　　读者服务部电话：010-57377151
排　　　版：北京旅教文化传播有限公司
经　　　销：全国各地新华书店
印　　　刷：三河市灵山芝兰印刷有限公司
版　　　次：2017 年 12 月第 1 版　2021 年 11 月第 2 次印刷
开　　　本：720 毫米 ×970 毫米　1/16
印　　　张：14.5
字　　　数：224 千
定　　　价：35.00 元
Ｉ Ｓ Ｂ Ｎ　978-7-5032-5795-7